Y, VIMOS SU GLORIA

Y, VIMOS SU GLORIA

Libro Uno

Eleazar Barajas

Número de Control de la Biblioteca del Congreso de EE. UU.:   2022900001
ISBN: Tapa Blanda   978-1-5065-3955-3
                 Libro Electrónico   978-1-5065-3956-0

Información de la imprenta disponible en la última página.

Fecha de revisión: 06/01/2022

Para realizar pedidos de este libro, contacte con:
Palibrio
1663 Liberty Drive, Suite 200
Bloomington, IN 47403
Gratis desde EE. UU. al 877.407.5847
Gratis desde México al 01.800.288.2243
Gratis desde España al 900.866.949
Desde otro país al +1.812.671.9757
Fax: 01.812.355.1576
ventas@palibrio.com
838241

ÍNDICE

INTRODUCCIÓN

Las profundidades literarias y teológicas que el Evangelio de Juan describe son de llamar la atención. "El Evangelio de Juan puede llamarse el evangelio del conocimiento positivo, seguridad y consuelo. Es la historia subjetiva antes que la objetiva. Evidentemente desea dar a todo cristiano el conocimiento absoluto y la seguridad interior de aquel conocimiento".[1] Quiere llevar a su auditorio a que por medio del doble conocimiento: el subjetivo y el objetivo, vean "la gloria del unigénito del Padre".[2]

En este *Primer Libro* que he escrito en base a mensajes que hacen posible ver "la gloria del unigénito del Padre", oh, como dijo el apóstol Juan: "Y vimos su gloria", no presenta en su totalidad estas profundidades porque el propósito no es un estudio sistemático ni teológico de este Evangelio, sino que, son mensajes, en especial, para el Pueblo de Dios, aunque no se deja afuera la predicación de la salvación para los que aún no son Pueblo de Dios. Los académicos en la literatura hebrea y del Nuevo Testamento, teólogos de varias épocas

---

[1]   B. H. Carroll. *Comentario Bíblico Numero 6. Los cuatro evangelios (I).* Trd. Sara A. Hale. (Terrassa (Barcelona), España. Editorial CLIE. 1986), 19.

[2]   Juan 1:14, (RV, (960).

y los investigadores de la literatura bíblica dicen que el Evangelio de Juan es un Evangelio diferente; es el Cuarto Evangelio con un mensaje, aunque no totalmente diferente, sí con un énfasis teológico que los otros tres no lo tienen. Por ejemplo:

"Es en Juan solamente en donde hallamos el primer ministerio de Judea, el ministerio en Samaria, el gran discurso sobre el pan de vida en Capernaum, el discurso sobre el buen pastor, y especialmente el gran discurso después de la cena del Señor, como está relatado en los capítulos 14, 15, 16 y 17 - que son parte del Segundo Libro -. Estos cuatro capítulos de Juan constituyen el libro de consuelo del Nuevo Testamento, así como los últimos veintisiete capítulos de Isaías constituyen el libro del consuelo en el Antiguo Testamento".[3]

Juan, el escritor de cinco obras literarias que encontramos en el Nuevo Testamento (Un Evangelio, tres cartas y el Apocalipsis), "si, como opinan muchos, la madre de Juan se llamaba Salomé y era hermana de María, madre de Jesús, Juan sería primo hermano del Señor".[4] Además, de acuerdo con Marcos 1:20, que dice que cuando Jesús lo llamó para seguirle, él y su hermano Jacobo dejaron a su padre Zebedeo en la barca con los jornaleros, indica que Juan era de

---

[3] B. H. Carroll. *Comentario Bíblico Numero 6. Los cuatro evangelios (I).* Trd. Sara A. Hale. (Terrassa (Barcelona), España. Editorial CLIE. 1986), 21.

[4] Comentario en la *Biblia de Letra Grande. Santa Biblia: Revisión de 1960.* (Corea. Editorial Caribe. 1998), 1470

una familia acomodada. Fue a Juan que Jesucristo, mientras estaba en la cruz, le dejó a su madre bajo su cuidado.[5] De acuerdo al libro de los Hechos de los Apóstoles y la Carta a los Gálatas, Juan es mencionado junto a Pedro como uno de los líderes de la Iglesia Primitiva y Pablo, lo llama *"columna"* de la iglesia en Jerusalén.[6] Juan, entonces, no fue una persona desconocida en los inicios del cristianismo.

Como dije antes, Las profundidades literarias y teológicas que el Evangelio de Juan describe son de llamar la atención. De esas profundidades literarias y teológicas en el Evangelio de Juan, se destacan tres grandes temas, los cuales son:

1.- *Jesús es Dios.* Juan identificó a Jesús como la Palabra que estaba con Dios en el principio (1:1-2); el 'unigénito del Padre' (1:14) que 'nos lo ha dado a conocer' (1:18). Jesús es 'igual a Dios' (5:18) y se identifica así mismo como Dios (8:58; 9:35-37; 10:36; 14:9).

2.- *Jesús es el Mesías.* Los milagros documentados en Juan funcionan principalmente como 'señales' que apuntan a la identidad mesiánica de Jesús, señales

---

[5] Juan 19:26-27

[6] Los dos estaban en el Aposento Alto (Hechos 1:13); Los dos van al templo y los dos son hechos prisioneros Hechos 3 y 4). Los dos apoyaron el ministerio de Felipe en Samaria (Hechos 8:14-25). Juan es mencionado como "Columna" de la iglesia (Gálatas 2:9).

de la presencia de Dios en las obras y las palabras de Jesús, cada una pidiendo un compromiso: ¿Quién es realmente este Jesús?

3.- *La elección entre creer y no creer.* Los milagros de Jesús fomentaron la creencia en algunos (2:11; 9:1-39; 11:1-44), pero solo endurecieron la oposición de otros (11:46-57). Comúnmente afirmamos que 'ver es creer', pero en Juan 'creer es ver'.[7]

El Evangelio de Juan, tiene mucho material literario, histórico, gramático, moral, religioso y teológico. Estos veinte mensajes que he escrito sobre algunos textos de este Evangelio muestran parte de ese material. Cuando digo *parte* es porque estos son mensajes para el Pueblo de Dios contemporáneo; son mensajes escritos en un contexto cultural de la época en la que vivimos, y no necesariamente un estudio del Evangelio de Juan en el que nos remontemos a la historia y a las otras ciencias de aquella época. Aunque, al hacer una hermenéutica bíblica, histórica y teológica de los pasajes usados para estos mensajes, necesariamente se toca parte de la cultura del Siglo Primero de la Era Cristiana.

---

[7] Comentario en la *Biblia de Estudio NVI Arqueológica: Un viaje ilustrado a través de la cultura y la historia bíblicas.* (Miami, Florida. Editorial Vida. 2009), 1763.

A Juan se le conoce como el *Teólogo* porque en sus escritos combate las ideas de los primitivos gnósticos; grupo filosófico que enseñaba un tipo de "religión carente de preocupación moral, y que hablaba de una salvación como fruto de conocimientos esotéricos y de una falsa espiritualidad que menospreciaba todo lo material".[8] Y, también combate las herejías de otro grupo llamado como los docetas o "el docetismo, el cual negaba la naturaleza humana de Jesús, o la consideraba como un mero disfraz de su divinidad (I Juan 5:1)".[9]

Así es que, con sus apologéticas teológicas y la misión pastoral que se notan en sus cartas, Juan tuvo una labor defensiva de los principios que había aprendido de su Maestro, el Señor Jesús. En su Evangelio. Juan, dice que el propósito principal de haberlo escrito fue para que sus lectores creyeran que Jesús era el Cristo, el Hijo del Dios.[10]

Les agradezco a los críticos de estos mensajes; algunos me han dado palabras de aliento: ¡Gracias! Otros, sus críticas son aparentemente negativas, yo no las he tomado en ese sentido sino como un estímulo para seguir predicando la Palabra de Dios en el estilo y formato que Dios me permite hacerlo. Un siervo de

---

[8]   Comentario en la *Biblia de Letra Grande. Santa Biblia: Revisión de 1960.* (Corea. Editorial Caribe. 1998), 1472

[9]   Comentario en la *Biblia de Letra Grande. Santa Biblia: Revisión de 1960.* (Corea. Editorial Caribe. 1998), 1472

[10]   (Juan 20:31).

Dios me mandó una nota electrónica que decía: *"Por favor no cambie su manera de ser"*. Mi respuesta fue que mientras Dios no me cambie, no tengo porque cambiar. Es más, si tuviera que cambiar, ¿qué cambiaría? No lo sé ni me interesa por el momento. Lo que sí me interesa es lo que dice la Biblia para aquellos tiempos y para los nuestros; porque la Biblia sigue siendo el Libro Contemporáneo.

Así que los mensajes que he escrito en este Primer Libro que he titulado: *Y vimos su Gloria (*Libro Uno*)*, tienen el propósito de fortalecer la fe y la doctrina de los creyentes en Cristo Jesús en base a lo que dice el antiguo y al mismo tiempo muy moderno libro que llamamos Biblia. Espero que estos primeros mensajes sobre el Evangelio de Juan cumplan su propósito. Que lo hagan mientras son expuestos desde el púlpito o cuando ya están siendo leídos por los amantes de la lectura en español.

Eleazar Barajas
La Habra, California.

TODO ES EN DIOS

"De su plenitud todos hemos recibido gracia sobre gracia, pues la ley fue dada por medio de Moisés, mientras que la gracia y la verdad nos han llegado por medio de Jesucristo".

Juan 1:16-17, (NVI)

INTRODUCCIÓN.

"Adelina Domínguez murió en San Diego. Su muerte fue noticia porque, de acuerdo con el Libro Güines de los Records, era la norteamericana más vieja. Con 114 años, había sobrevivido a todos sus hijos y a algunos nietos. Cuando le preguntaron el secreto de su longevidad, según los informes de Associated Press, dijo que era gracias a Dios y a su plan y propósito para su vida. En sus propias palabras: 'Sabía que Dios tenía un propósito para mi vida'."[11] ¡Todo es en Dios!

---

[11]   Patricia Ribeiro. *FUISTE HECHO PARA LA FAMILIA DE DIOS: Una vida con propósito - Parte 3.* (La Habra, California. Internet. Correo Electrónico. Consultado el día 25 a las 8:51 am.) parit046@outlook.com> https://outlook.live.com/mail/0/inbox/id/AQMkADAwATYwMAIt

No tengo ninguna duda de que Dios es Absoluto, Práctico, Eterno, Creador y Sustentador, estos son algunos de los atributos de Dios, por eso, decimos que lo que ha existido, todo lo que existe y lo que viene; todo está bajo el control de Dios; es decir, Todo es en Dios. Y no me refiero al panteísmo que enseña que todo es Dios, sino que es en Dios, ¿cómo es que todo es en Dios?, lo es porque Jesucristo es "La Suma total de todo"; es una Fuente Inagotable y, además, es el Libertador de todo. A continuación, te explico estas declaraciones.

I.- CRISTO JESÚS: "LA SUMA TOTAL DE TODO".[12]

El testimonio y predicación de Juan el Bautista fueron de gran valor en el inicio del ministerio de Jesús de Nazaret; Juan le abrió el camino. Así que lo que notamos en estos textos que hemos leído al iniciar este mensaje es que: "Juan recogió el testimonio del Bautista, haciendo notar que consideraba a Jesús como superior a él. Aquí el evangelista da la razón de esa posición, al decir que de *'su plenitud tomamos todos'*."[13] Cuando habla de su plenitud, el apóstol Juan dice que de esa plenitud de Jesucristo "todos hemos

---

[12]   William, Barclay. *Comentario al Nuevo Testamento: Volumen 5: JUAN I.* (Terrassa (Barcelona), España. Editorial CLIE. 1995), 89

[13]   Samuel Pérez Millos. *Comentario exegético al texto griego del Nuevo Testamento. JUAN.* (Viladecavalls (Barcelona), España. Editorial CLIE. 2016), 144

recibido gracia sobre gracia". Es decir que Dios no solo no da de su gracia, sino que en Cristo Jesús no da mucho más de gracia. Esto es a lo que me refiero cuando digo que Cristo Jesús es "La Suma total de todo". Nada está fuera de su alcance; en Cristo todo se encuentra y de Jesús de Nazaret todo se recibe. ¡Él es "La Suma total de todo"! Pues, todo es en Dios.

Es interesante saber que la palabra griega plenitud (*Pleroma: πλήρωμα*) que usa Juan en estos versículos para decir que en Cristo Jesús se encuentra todo lo que deseamos y necesitamos en esta vida y en la futura, solamente se usa aquí, en ninguna otra parte del Evangelio se menciona; la encontramos en las cartas Pablo a los Efesios y a los Colosenses pero aquí, en el Evangelio de Juan, solo aparece en este versículo.[14] Juan no necesita volver a escribir esta palabra pues el resto el Evangelio habla de la divinidad de Jesucristo como el Creador y Sustentador de todo lo que existe. Su Evangelio dice que Jesucristo es *La Suma de todo*. Juan, en este sentido, se une al pensamiento del apóstol Pablo, cuando hace mención de que en Cristo se encuentra todo porque así fue la Voluntad del Padre; al Padre le agradó "que en el habitase toda la plenitud".[15] Es decir, Cristo Jesús es *La Suma total de todo*.

---

[14]   Efesios 1:23; 3:19; 4:13; Colosenses 1:19; 2:9; Juan 1:16.

[15]   Colosenses 1:19, (RV, 1960).

Los sabios del tiempo de Pablo, los que se conocen en la Historia de la Teología y la Filosofía como los gnósticos, decían que "el que llevó a cabo la obra de la creación fue un dios inferior – al que ellos llaman el Demiurgo-, que desconocía al verdadero Dios y Le era hostil".[16] Así que cuando hoy escuchamos decir a algunos que Jesucristo es uno más entre los dioses y que es inferior a Mahoma o a Buda o a Moon o a otro supuesto iluminado por Dios que, supuestamente ha sido enviado a este mundo para continuar y terminar la obra de Jesucristo, ya sabemos que esto no es nada nuevo; toda la Historia de la Iglesia Cristiana está manchada con personas elocuentes, egoístas, carismáticos, mentirosos, egocéntricos y blasfemos.

¿Qué fue lo que enseñó el apóstol Pablo? "La enseñanza de Pablo es que el Agente de la Creación fue el mismo –Jesucristo-."[17] Y lo fue por cuatro importantes, razonables y teológicas cosas que menciona la Biblia:

A.-Jesucristo es el primogénito de toda creación. Entendiendo que el termino *primogénito* no hace referencia a ser el primero en ser creado, sino que es un título de honor, de la misma manera como la

[16]   William Barclay. *Comentario al Nuevo Testamento. Filipenses, Colosenses y 1ª y 2ª Tesalonicense. Volumen 11.* Trd. Alberto Araujo. (Terrassa (Barcelona), España. Editorial CLIE. 1999), 149.

[17]   William Barclay. *Comentario al Nuevo Testamento. Filipenses, Colosenses y 1ª y 2ª Tesalonicense. Volumen 11.* Trd. Alberto Araujo. (Terrassa (Barcelona), España. Editorial CLIE. 1999), 149.

nación de Israel. Dios le dijo a Moisés que le dijera al faraón: "Israel es mi hijo, mi primogénito".[18]

B.- Todas las cosas fueron creadas por Jesucristo. La Biblia habla de que todas las cosas visibles e invisibles que existen en este mundo son obra del poder creativo del Señor Jesucristo.

El autor del Genesis dice que: "Dios, en el principio, creó los cielos y la tierra". "Sabed que Él, el Señor, es Dios; Él nos hizo, y no nosotros a nosotros mismos; pueblo suyo somos y ovejas de su prado" (Gn.1:1, NVI; Sal.103:3 LBLA).

C.- Todas las cosas fueron creadas para Jesucristo. Esto es parte de lo que Jesús les dijo a los discípulos antes de subir al Cielo; él les dijo: ""Toda autoridad Me ha sido dada en el cielo y en la tierra".[19]

D.- En Cristo Jesús subsisten todas las cosas. "Esto quiere decir que el Hijo no es solamente el Agente de la Creación en el principio, y la meta final de la Creación, sino también el que mantiene el universo unido entre el principio y el fin",[20] es decir que Jesucristo es y sigue siendo el que cuida y sustenta este mundo.

---

[18]   Éxodo 4:22, (RV, 1960.

[19]   Mateo 28:18, (Reina Valera Gómez),

[20]   William Barclay. *Comentario al Nuevo Testamento. Filipenses, Colosenses y 1ª y 2ª Tesalonicense. Volumen 11.* Trd. Alberto Araujo. (Terrassa (Barcelona), España. Editorial CLIE. 1999), 149. Nota: las cuatro cosas que menciona Pablo en Colosenses 1:15-17, las escribí siguiendo las ideas de William Barclay.

Esto es lo que ha dicho Juan; que, en Cristo Jesús, se encuentra "La Suma total de todo". En Jesucristo podemos confiar plenamente, aunque la pandemia del coronvirus-19 siga avanzando. ¿Por qué? Porque Cristo Jesús es *La Suma total de todo*. ¡Jesús es la *Pleroma* de Dios! Además, ¡todo es en Dios!

II.- CRISTO JESÚS: "ES INAGOTABLE".

Ahora bien, como Jesucristo es *La Suma total de todo* y todo es en Cristo Jesús, porque como Dios que lo es, entonces: ¡Todo es en Dios! Con esta idea podemos afirmar el segundo pensamiento que encontramos en estos textos de Juan 1:16-17: *Cristo Jesús: Es Inagotable*. No existe la manera de decir que ya sabemos todo de Dios; no hay manera de saber a ciencia cierta todo lo que pensaba Dios antes y después de la creación. Las obras de la Redención, la Santificación, la Glorificación y del Nuevo Nacimiento aun con suficiente explicación bíblica, teológica, psicológica y filosófica, surge en nuestra mente la misma pregunta que se hizo el gran Nicodemo: "¿Cómo puede un hombre nacer siendo viejo?"[21] No sabemos con exactitud cuando él piensa volver a este mundo por Segunda vez. Nos hacemos conjeturas y sacamos teorías basadas en los relatos bíblicos. La Escatología Bíblica es tan amplia y al mismo

---

[21]   Juan 3:4, (RV, 1960).

tiempo tan concreta que causa dudas, confusión y malas interpretaciones. Gran parte de todo lo dicho es porque: Cristo Jesús: ¡Es Inagotable!

El apóstol Juan dijo que en Jesús existía todo con estas palabras: "Porque de su plenitud tomamos todos, y gracia sobre gracia" (ὅτι ἐκ του πληρώματος αὐτού ἡμές πάντες ἐλάβμεν καὶ χάριν ἀντὶ χάριτος)[22] "La Palabra que usa Juan para *plenitud* es una gran palabra: - en el idioma griego es – *plêrôma* (πλπρώμα), que quiere decir la suma total de todo lo que hay en Dios".[23] Otra vez, ¡todo es en Dios! Entiendo que toda esta idea es difícil de concebir en nuestras mentes y, sin embargo; ¡Todo es en Dios!

Volvamos con los sabios que ya he mencionado anteriormente; los Gnósticos. Se llamaban así porque era los amantes del conocimiento. Su nombre viene de la palabra griega *gnosis* que significa conocimiento. Así que: "En contraste con el conocimiento progresivo de los gnósticos…, en Jesucristo existe la infinita y totalmente la plenitud no del hombre ni de su ciencia, sino de Dios mismo".[24] ¡Todo es en Dios! ¿Y qué quiero decir con todo esto? Quiero decir "que en

[22] Kurt Allan, Matthew Black, Carlo M. Martini, Bruce M. Metzger, and Allen Wikgren. *Juan 1:16.* The Greek New Testament (Germany. Biblia-Druck, D-Stuttgart. 1994), 314.

[23] William, Barclay. *Comentario al Nuevo Testamento: Volumen 5: JUAN I.* (Terrassa (Barcelona), España. Editorial CLIE. 1995), 89

[24] Samuel Pérez Millos. *Comentario exegético al texto griego del Nuevo Testamento. JUAN.* (Viladecavalls (Barcelona), España. Editorial CLIE. 2016), 144

Jesús moraba la totalidad de la sabiduría, el poder y el amor de Dios".[25] Te explico esta plenitud de Dios en Cristo Jesús de esta manera:

A.- La sabiduría de Dios. Si consideramos la sabiduría como un tributo de Dios, entonces la tenemos que relacionar con la Omnisciencia. Es difícil hacer una deferencia entre ambas. Sin embargo, el teólogo Wakefield dice que la Sabiduría es: "Aquel atributo de la naturaleza de Dios por medio del cual, El conoce y ordena todas las cosas para la promoción de su gloria y para el bienestar de sus criaturas".[26]

El jueves 23 de abril del 2020, recibí un correo electrónico con un mensaje muy interesante, que dice así:

"Dios escogió a Jonás sabiendo que huiría.
Eligió a David sabiendo que cometería adulterio.
Escogió a Pedro, sabiendo que lo negaría.
Eligió a Judas, sabiendo que lo traicionaría.
Tus debilidades no escandalizan a Dios.
Él te eligió, aunque tuvieras defectos.
¡No te rindas![27]

[25] William, Barclay. *Comentario al Nuevo Testamento: Volumen 5: JUAN* I. (Terrassa (Barcelona), España. Editorial CLIE. 1995), 89

[26] H. Orton Wiley y Paul T. Culbertson. *Introducción a la Teología Cristiana.* Trd. H. T. Reza. (Kansas City, Missouri, E.U.A. Casa Nazarena de Publicaciones. 1969), 115.

[27] Miguel Zúñiga. Mensaje en Internet. (La Habra, California. Internet. Mensaje enviado el día 22 a las 14.34 hora de California. Recibido el 23 de abril del 2020).??

El mensaje de este correo no es muy agradable. La interrogante es: ¿por qué Dios, en su sabiduría infinita, escogió y eligió a personas como las mencionadas en este correo electrónico si sabía cómo le responderían? Me parece que la respuesta más correcta está en la definición del teólogo Wakefield cuando dice: "El conoce y ordena todas las cosas para la promoción de su gloria y para el bienestar de sus criaturas". Es decir: ¡Todo está en Dios! Esta es la razón por la cual, a Jesucristo, no le escandalizan tus debilidades; se entristece cuando le fallas, pero no se escandaliza. A Pedro le dijo que antes de que el gallo cantara le iba a negar tres veces. A Pablo le preguntó la razón del por qué lo perseguía. ¡Jesucristo no se escandaliza por tus defectos! ¡Ya los conoce! Su Sabiduría va más allá de nuestros pensamientos y es antes de que hagamos cualquier decisión. ¡Todo es conocido por el Señor porque todo está en Dios! No existe la manera de escondernos de su presencia y su sabiduría.

Este es otro de los aspectos que no conocemos al cien por ciento de lo que es la plenitud de Dios en Cristo Jesús. ¡Todo es en Dios! El apóstol Pablo, en una hermosa Doxología que exalta la sabiduría de Dios, dijo:

"¡Qué profundas son las riquezas de la sabiduría y del conocimiento de Dios!

¡Qué indescifrables sus juicios e
impenetrables sus caminos!
'¿Quién ha conocido la mente del Señor, o
quién ha sido su consejero?'
'¿Quién le ha dado primero a Dios, para
que luego Dios le pague?'
Porque todas las cosas proceden de él, y
existen por él y para él.
¡A él sea la gloria por siempre! Amén".[28]

Cristo Jesús es Inagotable porque en el habita la
plenitud de la Sabiduría. Y, además, por qué; ¡Todo es
en Dios! Y, siendo Jesucristo Dios, entonces, todo está
en Jesucristo y toda sabiduría divina se desprende de
su presencia. Así que, "¡a él sea la gloria por siempre!
Amén".

B.- *El poder de Dios.* El poder de Dios es lo que
los teólogos llaman la *Omnipotencia de Dios.* Es un
atributo que hace a Dios independiente de todos y
de todo; él hace todo lo que le place conforme a su
voluntad. Nadie puede hacer lo que él hace y nadie
puede impedir que lo haga. El profeta Isaías exalta
esta grandeza de Dios con estas palabras admirables
palabras: "Dios tiene su trono sobre la bóveda que
cubre la tierra, y ve a los hombres como si fueran
saltamontes. Él extiende el cielo como un toldo, lo
despliega como una tienda de campaña. Él convierte

---

28   Romanos 11:33-36, (NVI).

en nada a los grandes hombres y hace desaparecer a los jefes de la tierra. El Dios Santo pregunta: '¿Con quién me van a comparar ustedes? ¿Quién puede ser igual a mí?' Levanten los ojos al cielo y miren: ¿Quién creó todo eso? El que los distribuye uno por uno y a todos llama por su nombre. Tan grande es su poder y su fuerza que ninguno de ellos falta".[29]

Para W. A. Tozer, Isaías 40:22-23 y 25-28 es un pasaje admirable. Un texto que ha salido de la mente más brillante de todos los siglos. "Es el pensamiento del gran Dios..., que se mueve a través del universo, con sus miles de millones y billones de años luz, con sus mundos tan grandes que rodo nuestro sistema solar se vería como un grano de arena... Diría que este es el pensamiento más elevado que conozco, dentro y fuera de la Biblia. Y Dios hace esto por 'la grandeza de su fuerza, y el poder de su dominio' (Isaías 40:26)".[30] El evangelista Juan dice que TODO ese poder está en Jesucristo porque en el habita toda la plenitud de la deidad. Esto quiere decir que él tiene todo el poder de hacer contigo todo lo que le place en su santa voluntad. El mensaje de Juan es que en éste poder, a ti y mi, nos da gracia sobre gracia. ¿Y qué significa esta expresión? Te la explicaré más adelante.

---

[29]   Isaías 40:22-23 y 25-28, (DHH).

[30]   A. W. Tozer. *Los Atributos de Dios. Volumen Uno: Con guía de estudio. Un viaje hacia el corazón el Padre.* Trd. María Mercedes Pérez, María del C. Fabri Rojas y María Bettina López. (Lake Mary, Florida. Casa Creación. 2013), 24-25

C.- El amor de Dios. Este atributo de Dios está dentro de lo que es la moralidad del Ser Supremo. Juan dice que "Dios es amor",[31] es decir que el amor de Dios es parte esencial de Dios: Dios no existe sin el amor y el amor no existe sin Dios. El amor es la cualidad dominante de Dios, así como la más atrayente. "Al examinar algunas hermosas facetas de esta gema de su personalidad, comprenderemos mejor por qué dice la Biblia que 'Dios es amor'."[32]

Ahora bien, he comentado que todo lo que Dios es está en la persona de Jesús, él es la *Pleroma* de Dios. Es decir que TODO lo que es Dios; TODO es en Jesucristo. Entre ese TODO está el amor, el poder divino y la sabiduría incomparable. "Por eso Jesús es inagotable. Una persona puede acudir a Jesús con cualquier necesidad, y encontrarla suplida; o cualquier ideal, y encontrarlo realizado".[33] ¡Nada está fue de Dios! Por consiguiente, ¡nada está fue de Jesucristo! Todo lo que necesitamos ahora y en el futuro está en Cristo Jesús: Sabiduría, Poder y Amor de Dios son virtudes que adornan la personalidad de Jesucristo, porque: ¡Todo es en Dios!

---

[31]   I Juan 4:8, (RV, 1960).

[32]   Los Testigos de Jehová. (La Habra, California. Internet. *Estudio 4: Dios es amor.* Consultado el día 24 de abril del año 2020), ¿? https://www.jw.org/es/biblioteca/libros/acerqu%C3%A9monos/amor/

[33]   William, Barclay. *Comentario al Nuevo Testamento: Volumen 5: JUAN I.* (Terrassa (Barcelona), España. Editorial CLIE. 1995), 89

III.- CRISTO JESÚS: LIBERTADOR DE TODO.

He comentado que en Jesucristo habita la Sabiduría de Dios; el Poder Divino, y el Amor del Ser Supremo. Pues bien, aunque no son las únicas virtudes del Señor Jesucristo, son más que sufrientes para dar libertad a todos y de todo. Esto también es parte de cuando Juan dice: "gracia sobre gracia". Es decir que cuando recibimos a Jesucristo como nuestro Salvador personal, lo hicimos por causa de la gracia de Dios derramada sobre nuestras vidas y, fuimos salvos de todos nuestros pecados. Para el sabio Agustín de Hipona esta gracia es la fe. Agustín se preguntó: "¿Qué gracia hemos recibido primero? La fe. Y se llama gracia porque se da gratis".[34]

Ahora bien, desde el momento en que fuimos salvos recibimos la gracia de Dios; es decir, recibimos la gracia de la fe con la que hemos sido salvos. Pero, en el caminar cristiano, encontramos dificultades, encontramos barreras demasiado altas; encontramos criticas; encontramos chismes; encontramos pandemias; encontramos problemas familiares ya sea con los hijos o con los padres o con el cónyuge; problemas y más problemas. ¿Con que poder enfrentamos todos esos problemas? ¡Con la

---

[34] Santo Tomás De Aquino. *Cantena Aurea. Comentarios sobre el Evangelio de San Juan.* (San Bernardino, California. Ivory Fall Books. 2016), 27 H. Orton Wiley y Paul T. Culbertson. *Introducción a la Teología Cristiana.* Trd. H. T. Reza. (Kansas City, Missouri, E.U.A. Casa Nazarena de Publicaciones. 1969)116.

gracia de Dios! Es decir que, aquí es donde Dios nos da gracia sobre gracia. Necesitamos la gracia de Dios juntamente con ese Poder espiritual y esa Sabiduría divina para no ser derrotados en esas tribulaciones. ¡Esto es gracia sobre gracia!

Ahora bien, la segunda parte del texto de Juan 1:16-17, dice que "la ley fue dada por medio de Moisés, mientras que la gracia y la verdad nos han llegado por medio de Jesucristo". Una vez más, Pablo, asegura que la gracia de Dios llega a nosotros por medio de Jesucristo. La Redención hecha por Jesucristo es poner al ser humano en otra dimensión: la dimensión de la libertad. ¿Libertad de qué? ¡De todo!

La ley de Moisés es, hasta la fecha, Decretos Divinos insuperables. Ninguna otra Constitución es tan efectiva y correcta como la Ley Mosaica. En la antigüedad, el Código de Hammurabi era lo máximo. Todo un imperio se gobernó en base a sus decretos, pues fue "uno de los documentos jurídicos más antiguos relacionados con los derechos humanos".[35] Y sin embargo entre sus leyes está, por ejemplo, esta declaración: "… dictaba el ahogamiento del cervecero en su propia bebida, si ella fuera mala". El Código de

---

[35] Profe en Historia. *Código de Hammurabi – Significado, Historia y Características. El Código de Hammurabi fue un conjunto de leyes para organizar y controlar la sociedad, creadas en Mesopotamia, hacia el siglo XVIII a. C. El creador fue el rey Hammurabi, el responsable de fundar el primer imperio babilónico.* (La Habra, California. Internet. Consultado el día 23 de abril del 2020), ¿? https://profeenhistoria. com/codigo-de-hammurabi/

Hammurabi no era nada amable ni perdonador: Es decir, no era un Código perfecto.

Pues bien, aunque la Ley de Moisés es PERFECTA, aun así, es una Ley. La gracia de Dios, tal y como la conocemos en el Nuevo Testamento, "no existía en el Antiguo Testamento porque la Ley amenazaba y no ofrecía ayuda; mandaba, y no curaba; señalaba la enfermedad, pero no la quitaba, sino que preparaba para presentarse al médico que había de venir con la gracia y la verdad".[36] Es decir que en la Ley de Moisés no hay tal cosa de una libertad para hacer o no hacer tal cosa, hay una o más ordenanzas mosaicas que lo prohibirán o lo aprobarán. En cambio, en la gracia de Dios, aunque el mismo apóstol Pablo se llama esclavo de Jesucristo juntamente con Timoteo, lo dice en el sentido de servir a Dios por la Ley del Amor no por la de Moisés. Lo mismo dicen, Tito, Santiago, Pedro, Judas y Juan; todos se consideran siervos de Jesucristo por Amor.[37]

Con la venida de Jesucristo y su Obra Redentora, ya no debemos obedecer la Ley de Moisés, sino que debemos obedecer el cumplimiento de esa ley Mosaica, ella anunció que llegaría el Mesías de la Familia de Judá para cumplir con todos los requisitos de la Ley. Jesús, el Mesías de Dios anunciado en la Ley de

---

[36]   Santo Tomás De Aquino. *Cantena Aurea. Comentarios sobre el Evangelio de San Juan.* (San Bernardino, California. Ivory Fall Books. 2016), 27 Juan 1:14

[37]   Romanos 1:1; Filipenses 1:1; Tito 1:1; Santiago 1:1; 2 Pedro 1:1; Judas 1; Apocalipsis 1:1.

Moisés. Este Mesías llegó para darnos la libertad de todos nuestros pecados; de todas nuestras tendencias; de todos nuestros hábitos y de todos nuestros malos pensamientos.

Así que te pregunto: ¿Jesucristo, puede darte la libertad de todo lo antes mencionado? ¡Claro que lo puede hacer! ¿Por qué? Porque Cristo Jesús es Libertador de todo. Y, además: ¡Todo es en Dios!

CONCLUSIÓN.

Juan, el discípulo amado dice que Jesucristo está lleno de todo lo que es Dios; dice que es Dios mismo. Un Dios en el que podemos contemplar "su gloria", la misma gloria que le "corresponde" a Jesucristo el cual está lleno de gracia y de verdad".[38] Por eso en Cristo Jesús: ¡Todo es en Dios!

Así que, cuando pensamos en que todo es en Dios, aseguramos de que Cristo Jesús es *La Suma total de todo*; es una Fuente Inagotable, y de que él es el UNICO Libertador de nuestros Pecados, entonces, podemos decir que en Cristo Jesús estamos complemente seguros porque Él es el *Pleroma* de Dios. ¡Todo es en Dios!

---

[38] Juan 1:14, parafraseado de la Nueva Versión Internacional.

¿SABÍAS QUE DIOS TE CONOCE COMPLETAMENTE?

> *Mientras Jesús estaba en Jerusalén, en la fiesta de la Pascua, muchos creyeron en él al ver las señales milagrosas que hacía. Pero Jesús no confiaba en ellos, porque los conocía a todos. No necesitaba que nadie le dijera nada acerca de la gente, pues él mismo conocía el corazón del hombre."*
>
> Juan 2:23-25, (DHH)

INTRODUCCIÓN.

Annalie Hall fue ligeramente atropellada por el coche del señor J. R. Randall que manejaba su chofer. Annalie trabajaba en una fábrica de zapatos y rentaba un apartamento con una amiga. El policía que atendió el accidente le dijo que, como estaba muy nerviosa esperaría al día siguiente para hacer el reporte del accidente.

La amiga del departamento inmediatamente vio la oportunidad de obtener dinero con una demanda.

Aconsejó a su amiga para que se hiciera la víctima. Le dijo a su amiga que con la demanda ya no volverían a trabajar en la fábrica de zapatos. Annalie le dijo que ella no podría hacer tal cosa, pues el accidente solo había sido un rozón, estaba completamente sana. Yo soy cristiana y no puedo mentir. "- ¡Ay, por favor! Eso no es nada. Eso lo hace todo el mundo." Annalie se negó a mentir. El policía llegó para hacer el informe. Annalie le dijo que todo estaba bien. Cuando el policía le preguntó si no iba a poner una demanda ella le dijo que no. El policía sacó una tarjeta, se la dio y le dijo, el dueño del coche quiere que lo vea, este es su domicilio. La tarjeta decía: "Preséntate en mi oficina el miércoles a las dos de la tarde".[39] La amiga, enojada por la negativa de su plan, decidió abandonarla en el apartamento diciéndoles que se las arreglará sola con la renta. "Me dio tanta cólera por lo que hiciste que me voy de aquí. Cuando estés sola y tengas que pagar la renta, te arrepentirás por no seguir mis consejos". Le dijo su amiga.

Annalie se presentó ante el señor Randall. Después de algunas preguntas, entre ellas el por qué no puso una demanda, ella le dijo que porque era cristiana. Un minuto de silencio y el señor Randall le dijo: "¡Qué valiente eres, señorita!... Necesito una secretaria... Yo creo que tú eres una persona en la

---

39   Gospel Herald. *¿Cuál tarjeta?* (Costa Rica. Artículo publicado en la Revista: La Antorcha de la Verdad. Marzo-abril, 2020. Volumen 34, Número 2), 16.

que puedo confiar".[40] Annalie aceptó el puesto de secretaria del señor Randall. Esa misma semana, Annalie se mudó a uno de los hoteles del señor Randall en donde tenía un cuarto para ella sola y también los alimentos; todo gratuito más el salario duplicado de lo que ganaba en la fábrica de zapatos.[41]

Tú puedes pensar y hacer lo que quieras, pero Dios te conoce perfectamente. Nada de lo que tú eres, piensas y haces, sorprende a Dios. Por ejemplo, Dios te conoce y sabe cuál es la razón de tu vida. Dios te conoce y es bueno contigo. Y, además, Dios te conoce y es empático contigo. ¡Dios te conoce completamente!

I.- DIOS TE CONOCE Y SABE CUÁL ES LA RAZÓN DE TU VIDA.

El profeta Jeremías dice que: "El corazón humano es lo más engañoso que hay, y extremadamente perverso. ¿Quién realmente sabe qué tan malo es? Pero yo, el Señor, investigo todos los corazones y examino las intenciones secretas. A todos les

---

[40]   Gospel Herald. *¿Cuál tarjeta?* (Costa Rica. Artículo publicado en la Revista: La Antorcha de la Verdad. Narzo-abril, 2020. Volumen 34, Número 2), 17, 21. Nota: La historia completa está en La Antorcha de la Verdad en las páginas 1-21.

[41]   Gospel Herald. *¿Cuál tarjeta?* (Costa Rica. Artículo publicado en la Revista: La Antorcha de la Verdad. Marzo-abril, 2020. Volumen 34, Número 2). La historia completa se encuentra en las páginas 1, 13-17, 20-21.

doy la debida recompensa, según lo merecen sus acciones".[42]

¿Te das cuenta? Tú puedes pensar y hacer lo que quieras, pero Dios te conoce perfectamente. Nada de lo que tú eres, piensas y haces, sorprende a Dios. Por ejemplo, Dios te conoce y sabe cuál es la razón de tu vida. Dios te conoce y es bueno contigo. Y, además de que Dios te conoce, también es empático contigo. ¡Dios te conoce completamente!

A.- La Pascual.

"En Egipto el Señor habló con Moisés y Aarón. Les dijo: 'Este mes será para ustedes el más importante, pues será el primer mes del año. Hablen con toda la comunidad de Israel, y díganles que el día décimo de este mes todos ustedes tomarán un cordero por familia, uno por cada casa. … el animal que se escoja puede ser un cordero o un cabrito de un año y sin defecto, … comerán el cordero de este modo: con el manto ceñido a la cintura, con las sandalias puestas, con la vara en la mano, y de prisa. Se trata de la Pascua del Señor. …Este es un día que por ley deberán conmemorar siempre.

---

[42]   Jeremías 17:9-10, (NTV).

Es una fiesta en honor del Señor, y las generaciones futuras deberán celebrarla".[43]

Desde Egipto hasta Palestina, la gente del tiempo de Jesucristo llegó a cumplir con la Ley de Moisés que ordenaba que todo varón de la nación de Israel tenía que celebrar la *Fiesta de la Pascua*: Era una ley.[44] Así que, me imagino que algunos de los hombres llegaron a Jerusalén para cumplir con una ley y no meramente para una celebración de adoración o de gratitud como era la pascua.

B.- Clases de fe.

Ahora bien, Jesús, como buen judío y cumplidor de la Ley de Moisés, también llegó a Jerusalén para celebrar la Pascua. Así que: "Mientras Jesús estaba en Jerusalén, en la fiesta de la Pascua – dice Juan que "-, muchos creyeron en él al ver las señales milagrosas que hacía".[45] En base a este relato juanino, tenemos que hacernos la pregunta: ¿Qué clase de fe o creencia es la que mostraron los judíos en Jerusalén al ver las señalas que Jesús hacía? Los israelitas esperaban al Mesías el cual debería de hacer más milagros que Jesús. Sin embargo, "... muchos de entre la multitud

---

[43]   Exodo 12:1-14, (NVI).

[44]   Éxodo 12:3-27

[45]   Juan 2: 23a, (DHH).

creyeron en él y decían: 'Cuando venga el Cristo, ¿acaso va a hacer más señales que este hombre?'."[46]

¡Y siguen con su énfasis en las señales! Con ese énfasis en las señales, entonces, pues, ¿qué clase de fe es la que mostraron? Lo que se puede notar en su actitud es que "… es una fe limitada e imperfecta que tenía que ser alimentada continuamente por medio de señales y prodigios para que se mantuviese (4:48). Pero esa fe que admira al que realiza tales prodigios no alcanzó a creer en El cómo el Hijo de Dios, único objeto de fe para salvación".[47] ¡Era una fe en base a obras!

C.- ¿Sabías que Dios conoce la clase de fe que tienes?

En uno de los viajes misioneros de Jesucristo "llegaron a donde estaba la gente, se acercó un hombre a Jesús, y arrodillándose delante de él le dijo: —Señor, ten compasión de mi hijo, porque le dan ataques y sufre terriblemente; muchas veces cae en el fuego o en el agua. Aquí se lo traje a tus discípulos, pero no han podido sanarlo. … Jesús lo sanó y después "los discípulos hablaron aparte con Jesús, y le preguntaron: —¿Por qué no pudimos nosotros expulsar el demonio? Por la poca fe que

---

[46]   Juan 7:31b, (NVI).

[47]   Samuel Pérez Millos. *Comentario exegético al texto griego del Nuevo Testamento. JUAN.* (Viladecavalls (Barcelona), España. Editorial CLIE. 2016), 284.

tienen —les respondió—. Les aseguro que, si tuvieran fe tan pequeña como un grano de mostaza, podrían decirle a esta montaña: 'Trasládate de aquí para allá', y se trasladaría. Para ustedes nada sería imposible".[48]

¿Lo notaron? Jesús les dijo a sus discípulos que "si tuvieran fe tan pequeña como un grano de mostaza" podrían hacer grandes cosas y asegura diciendo que "para ustedes - nada sería imposible.

Ahora bien, como Dios te conoce y sabe cuál es la razón de tu vida, entonces, Él sabe qué clase de fe tienes; él sabe en lo que crees y como es tu creencia. Él sabe si tienes una fe "que se caracteriza por ver".[49] O la clase de fe que cree y acepta lo que Dios dice aun sin saber y ver lo sucedido.

D.- No le debemos nada a Dios.

Cuando leo los Evangelios y, en especial el Evangelio de Juan, me da la impresión de que los judíos del tiempo de Jesucristo y de Pablo, por el hecho de ser el pueblo de Dios, pensaban de la misma manera como piensa el incrédulo poeta Omar Khayyám, "El creía que Dios le debía algo".[50] Me da,

---

[48]   Mateo 17:20, (NVI).

[49]   Samuel Pérez Millos. *Comentario exegético al texto griego del Nuevo Testamento. JUAN.* (Viladecavalls (Barcelona), España. Editorial CLIE. 2016), 284.

[50]   A. W. Tozer. *Los Atributos de Dios. Volumen Uno: Con guía de estudio. Un viaje hacia el corazón el Padre.* Trd. María Mercedes Pérez, María del C. Fabri Rojas y María Bettina López. (Lake Mary, Florida. Casa Creación. 2013), 43

pues, la impresión de que los judíos de ese tiempo pensaban que el Mesías debería de hacer milagros entre su pueblo para que creyeran en él.

Es muy cierto que Dios te conoce y sabe cuál es la razón de tu vida. Pero Dios no te debe nada. No, Dios no te debe nada. Tú y yo somos los que le debemos. ¡Y le debemos mucho! El pagó con su vida terrenal nuestra libertad del pecado y del poder de Satanás. Sin embargo, como Él es bueno y misericordioso contigo y conmigo, no nos cobra nada.

E.- Nada de obras.

Esta es la razón por la cual Dios no acepta ninguna obra para ganarse la salvación, aunque sea una obra muy buena con la que tu pienses que Dios te debe la salvación. Dios que conoce perfectamente tu vida y tu razón de vivir, te ha dado la salvación gratuitamente. El apóstol Pablo dijo que somos salvados por la gracia de Dios.[51] Tú no puedes comprar con nada la salvación, solo tienes que elegir: Recibirla o escoger seguir los consejos de Satanás que te llevaran a una pérdida de la comunión con Dios.

En la entrevista con el señor J. R. Randall, mientras Annalie estaba muy nerviosa y después de que le confesó que era cristiana:

---

[51]   Efesios 2:8-9.

"El abrió una gaveta y extrajo dos tarjetas.
En una estaban escritas estas palabras
siniestras:

'Sigue al diablo y él te dará el mundo
con todo su pecado junto con una
degradación y al final la muerte'.

En la otra tarjeta estaban escritas estas
palabras:

'Sigue a Cristo y te dará la paz y la
vida eterna'. Luego el señor Randall se
dirigió a ella y le dijo:

- Tú has escogido esta última tarjeta,
¿verdad?

- Sí, señor – le respondió Annalie.

- Yo también he escogido esta tarjeta
para mi vida – dijo él y volvió a meterlas
en la gaveta".[52]

Dios conoce cuál es la razón de tu vida. Dios
sabe que has decidido y también sabe lo que vas a
hacer a partir de ahora en adelante. Recuerda que,
el hábito no hace al monje; aunque lo distingue. Es
decir, no me digas o me muestres que eres cristiano;
hermana, no me muestres que eres cristiana y que
estás sirviendo en el Reino de Jesucristo. ¡No me lo
digas, hazlo por gratitud a Dos! ¡Sigue adelante! ¿Por
qué? Porque Jesucristo está presente y Él sabe cuál

---

es la razón de tu vida; El sabe con qué clase de fe le estás sirviendo.

Aunque no tengo ninguna duda de que el Señor sabe cuál es el motivo de que tú estés en la iglesia, si tengo una inquietud y, por eso te pregunto: ¿Sabes tú cual es la razón de tu vida? ¿Sabes cuál es el propósito por el cual Dios aun te concede la vida en esta tierra? ¡Piénsalo!

II.- DIOS TE CONOCE Y ES BUENO CONTIGO.

En su profecía contra la ciudad de Nínive, el profeta Nahúm "declara que Dios está enojado con Nínive y va a acabar con los asirios, un pueblo poderoso y cruel. En ese momento, el pueblo de Judá celebrará la victoria de Dios".[53] En base a esa victoria, Nahúm, le dice al pueblo: "**Bueno es el Señor**; es refugio en el día de la angustia, y protector de los que en él confían. – A esta declaración de bondad, se une el salmista para decir–: El Señor es justo en todos sus caminos y **bondadoso** en todas sus obras".[54]

Pues, bien, otro de los atributos de Dios es Su Bondad. "La bondad de Dios es aquel atributo por razón del cual Dios desea la felicidad de sus

---

[53] Comentario en la *Biblia de Estudio Esquematizada*. (Brasil. Sociedades Bíblicas Unidas. 2010), 1333.

[54] Nahúm 1:7; Salmo 145:17. Las **bols** y las *itálicas* son mías.

criaturas".[55] ¡Maravilloso! ¿No te parece así? Este atributo, aunque parezca re-abundancia es una obra de bondad de Dios que es voluntaria. Nadie obliga a Dios a mostrarte Su bondad, él lo hace voluntariamente porque quiere verte feliz. Oh, como decía mi abuelita, Doña María Pardo: "¡Muchacho, sonríe de oreja a oreja! ¡Has llegado con bien!" Esto nos decía cuando regresábamos del campo cargando la leña y nos sentábamos a quejarnos del cansancio. Hermano, hermana en Cristo Jesús, ¡sonríe, Dios es bueno contigo!

La bondad de Dios es también aquella actitud que: "Se refiere primordialmente a su benevolencia, o aquella actitud que trata de promover la felicidad de sus criaturas".[56] Por eso, ¡Alégrate, sonríe! Dios que te conoce quiere que seas feliz; quiere que sonrías de "oreja a oreja". ¡Dios es bueno contigo!

El evangelista Juan dice que: "Jesús no confiaba en ellos, porque los conocía a todos".[57] Notemos, pues que: "La razón de esa desconfianza de Jesús hacia las gentes, descansaba en el conocimiento que tenía del corazón de cada uno de ellos".[58] Y,

---

[55]   H. Orton Wiley y Paul T. Culbertson. *Introducción a la Teología Cristiana*. Trd. H. T. Reza. (Kansas City, Missouri, E.U.A. Casa Nazarena de Publicaciones. 1969), 116.

[56]   H. Orton Wiley y Paul T. Culbertson. Introducción a la Teología Cristiana. Trd. H. T. Reza. (Kansas City, Missouri, E.U.A. Casa Nazarena de Publicaciones. 1969), 116.

[57]   Juan 2:24b, (DHH).

[58]   Samuel Pérez Millos. *Comentario exegético al texto griego del Nuevo Testamento. JUAN*. (Viladecavalls (Barcelona), España. Editorial CLIE. 2016), 285.

aun así, Jesucristo les dio de comer, los sanó de las diversas enfermedades y los libros de los azotes y de la esclavitud por parte de los demonios. Dios que los conocía muy bien fue bueno con ellos a pesar de sus críticas, rechazos y blasfemias que recibió de ellos. Dios que te conoce muy bien, es bueno contigo.

Afortunadamente el Señor Jesucristo es el único que puede conocer todo tu interior exactamente. Cuando digo afortunadamente es porque nosotros seguimos el dicho o proverbio muy popular que dice: "Caras vemos, corazones no sabemos".[59] El otro lado de la moneda es que Dios si sabe lo que existe detrás de esa *"cara"*; él sí sabe lo que hay en tu corazón. Y aun así, debes de saber que: "Dios es de buen corazón, gentil, amable y benevolente en su intensión".[60] Eso significa que el Señor nunca va a buscar ni hacer algo malo contra ti. Él es bueno contigo. ¡Él es bueno con nosotros! Mis amados hermanos y hermanas en Cristo Jesús y amigos; jóvenes, tú y yo: "Debemos de creer que Dios nunca piensa algo malo sobre nadie, y

---

[59]   "*Caras vemos, corazones no sabemos*" es un dicho popular originario de los nahuas o mexicas que actualmente significa que no podemos confiar en las apariencias de las personas porque no nos dice nada sobre lo que son ni sobre lo que piensan. (La Habra, California, Internet. Consultado el 26 de abril del 2020), ¿? https://www.significados.com/caras-vemos-corazones-no-sabemos/

[60]   A. W. Tozer. *Los Atributos de Dios. Volumen Uno: Con guía de estudio. Un viaje hacia el corazón el Padre.* Trd. María Mercedes Pérez, María del C. Fabri Rojas y María Bettina López. (Lake Mary, Florida. Casa Creación. 2013), 40

jamás ha tenido un mal pensamiento sobre alguien".[61] No creamos a aquellos que dicen que Dios es malo y que te mandará al infierno. La gente se va al infierno porque rechazan la salvación de Jesucristo, pero Dios no manda a nadie al infierno. ¡Dios no condena a nadie!

Dios es infinitamente bueno. Y esa infinitud de bondad es la que comparte contigo: ¡Él es bueno contigo! En la mayoría de las veces no alcanzas a notar la bondad de Dios y si acaso la llegas a notar, no la crees. Aun así, Dios sigue siendo bueno contigo. "¿Por qué digo esto? Porque la infinitud es un atributo de Dios. Es posible que el sol brille, pero no infinitamente brillante porque no tiene toda la luz que hay. Es posible que una montaña sea grande, pero no infinitamente grande. Es posible que un ángel sea bueno, pero no infinitamente bueno. Solo Dios puede reclamar infinitud".[62]

El buen corazón de Dios se muestra en la bondad que tiene hacia ti. Dios te conoce de la misma manera como el Señor Jesús conocía los corazones de los invitados a la fiesta en la ciudad de Jerusalén. No puedes esconderle nada a Dios. Cuando tú dices que

[61] A. W. Tozer. Los Atributos de Dios. Volumen Uno: Con guía de estudio. Un viaje hacia el corazón el Padre. Trd. María Mercedes Pérez, María del C. Fabri Rojas y María Bettina López. (Lake Mary, Florida. Casa Creación. 2013), 40

[62] A. W. Tozer. Los Atributos de Dios. Volumen Uno: Con guía de estudio. Un viaje hacia el corazón el Padre. Trd. María Mercedes Pérez, María del C. Fabri Rojas y María Bettina López. (Lake Mary, Florida. Casa Creación. 2013), 40

crees en Dios, Él sabe infinitamente que es lo que crees de él y cómo y el por qué lo crees. Y, aun así, Dios sigue siendo bueno contigo.

III.- DIOS TE CONOCE Y ES EMPÁTICO CONTIGO.

Empatía. "Esta palabra deriva del término griego **empátheia**, recibe también el nombre de inteligencia interpersonal (término acuñado por Howard Gardner) y se refiere a la habilidad cognitiva de una persona para comprender el universo emocional de otra".[63] El Diccionario de la Real Academia Española dice que "empatía, a partir del gr. ἐμπάθεια *empátheia* – se puede definir de estas dos maneras -. 1. f. Sentimiento de identificación con algo o alguien. 2. f. Capacidad de identificarse con alguien y compartir sus sentimientos".[64] Esta es la actitud de Jesucristo hacia nosotros. ¡Él es empático contigo!

La última parte del Texto de Juan 2:16-17, dice que Jesucristo: "No necesitaba que nadie le dijera nada acerca de la gente, pues él mismo conocía el corazón del hombre". Este texto nos lleva al conocimiento

---

[63]   Julián Pérez Porto y Ana Gardey. *Definición de empatía*. (La Habra, California. Internet. Definición Publicada en el 2008. Actualizada: 2012. Consultada el 14 de diciembre del 2021), ¿? https://definicion.de/empatia/
Definición de: (https://definicion.de/empatia/)

[64]   Diccionario de la Real Academia Española. *Definición de empatía*. (La Habra, California. Internet. Consultado el 14 de diciembre del 2021), ¿? https://dle.rae.es/empat%C3%ADa

más profundo del ser humano; nos lleva a entender o tratar de entender la naturaleza humana. Habla de ese conocimiento que en la mayoría de nosotros ni siquiera conocemos. Pero al mismo tiempo es un conocimiento que no escapa al ojo y sabiduría de Jesucristo. Pues: "Jesús conocía demasiado bien la naturaleza humana; sabía que había muchos para los que Él no era más que una maravilla de nueve días; sabía que había muchos que se sentían atraídos por las cosas sensacionales que hacía; sabía que no había nadie que entendiera el camino que había escogido; sabía que había muchos que Le habrían seguido mientras siguiera haciendo milagros y maravillas y señales, pero que, si empezara a hablarles de servicio y de autonegación, de rendirse a la voluntad de Dios, o de una cruz y la necesidad de asumirla, se le habrían quedado mirando con una mirada ausente y Le habrían dejado solo".[65]

La gente dejaría a Jesús tan solo como la compañera de apartamento de Annalie cuando vio que su amiga no estaba dispuesta a cumplir con sus ambiciosos deseos. Si la gente no ve milagros; ¡¿Para qué seguir con Dios?! Los profetas Jeremías, Oseas, Ezequiel, Amós, Abdías, Miqueas, Nahum, Sofonías, Hageo, Habacuc y Malaquías nunca vieron un solo milagro hecho directamente por Dios. ¿Por

---

[65]   William Barclay. *Comentario al Nuevo Testamento: Volumen 5: JUAN I.* (Terrassa (Barcelona), España. Editorial CLIE. 1995), 141

qué siguieron anunciando las profecías de Dios? Ellos no estaban interesados en ver milagros; no era gente sensacionalista: ¡Eran siervos de Dios!

Pero los que estaban en Jerusalén celebrado la *fiesta de la Pascua* era otro tipo de gente; gente que quería ver espectáculo para creer que Dios sí está obrando. Oh, como alguien dijo saliendo de un culto de mucha música, danza, llanto y testimonios, aunque de poca Palabra de Dios: "Hoy sí se derramó el Espíritu Santo". ¡Ah, la naturaleza humana! Esa naturaleza que le obligaba al apóstol Pablo a hacer lo que no quería hacer.[66] Es esa naturaleza que te atrapa para que hagas o digas cosas aun contra Dios y aun así, Dios te conoce y es empático contigo.

Cuando decimos que Dios tiene simpatía por el ser humano, lo que estamos diciendo es que Dios siente lo que nosotros sentimos y sufre con nosotros exteriormente. Aunque es un Dios tan personal que aquí está entre nosotros y con nosotros, cuando es simpático ve y en parte siente lo que sentimos. Pero, cuando te digo que Dios te conoce y es empático contigo, la cosa cambia porque el Señor, además de que siente lo que tu sientes y sufre lo que tu sufres, en la empatía no es solo que siente y sufre exteriormente contigo, sino que, por decirlo de esta manera, se sienta contigo; está a tu lado sufriendo y sintiendo lo mismo que tu sientes y sufres. No es un *lo siento*

---

mucho; no es un *estoy en tu dolor* ni tampoco un *mi pésame en tu situación* y seguimos nuestro camino. Cuando Dios es empático contigo se sienta contigo; llora contigo y se alegra contigo.

La empatía que Dios tiene contigo, el escritor del libro a los Hebreos la describe con estas palabras: "Por eso era preciso que en todo se asemejara a sus hermanos, para ser un sumo sacerdote fiel y misericordioso al servicio de Dios, a fin de expiar los pecados del pueblo. Por haber sufrido él mismo la tentación, puede socorrer a los que son tentados. Porque no tenemos un sumo sacerdote incapaz de compadecerse de nuestras debilidades, sino uno que ha sido tentado en todo de la misma manera que nosotros, aunque sin pecado. Así que acerquémonos confiadamente al trono de la gracia para recibir misericordia y hallar la gracia que nos ayude en el momento que más la necesitemos".[67]

Notemos que este pasaje muestra la empatía de Jesucristo. El sintió y sufrió lo mismo que cualquier otro ser humano. Las tentaciones de poder, las tentaciones de dominio y las tentaciones carnales también él las sintió y las sufrió como cualquier otro ser humano. Su empatía por el ser humano fue en gran parte la que lo llevó a la cruz el Calvario, con la diferencia de que allí, él tomó nuestro lugar; no

---

[67] Hebreos 2:17-18; 4:15-16, (NVI).

quiso que tú y yo sintiéramos y viéramos lo que él sintió y vio en la gente.

No confundamos empatía con simpatía y menos con tradiciones, Por ejemplo, la tradición de las cachetadas: "En algunos lugares del norte de Inglaterra, el lunes de Pascua las mujeres tenían derecho para golpear a sus maridos; el martes los hombres golpeaban a sus esposas mientras que, en diciembre, los sirvientes reprendían a sus amos".[68] Y todo era para ser simpáticos en ese tiempo de pascua, aunque pensaban que eran más que simpáticos, empáticos, pues sentían lo mismo que sus cercanos vecino. Creían que eran empáticos con sus semejantes. No, eso no es ser empáticos; por lo menos no al estilo de Dios. Dios sintió y se dolió, no dio para que sintieran y se dolieran.

En un mensaje anterior les dije que Dios es un Dios alegre; un Dios que le gusta reírse. Es decir que: "Dios es entusiasta. Se entusiasma consigo mismo en las Personas de la Trinidad. Las Personas de la Trinidad se deleitan infinitamente cada una con la otra. El Padre está infinitamente complacido con el Hijo y el Hijo está infinitamente complacido con las otra dos Personas de la Trinidad. Él se deleita en toda su creación, y en especial en los hombres hechos a su

---

68   Milenio 2020. *Éste es el origen de la celebración de Pascua.* (La Habra, California, Internet. Artículo publicado por MILENIO DIGITAL en la Ciudad de México / 21.04.2019 11:53:50. Consultado el día 25 de abril del 2020), ¿? https://www.milenio.com/cultura/pascua-2019-que-es-y-por-que-se-celebra

imagen".[69] Y lo hace porque te conoce perfectamente y en ese conocer es empático contigo. Tú te ríes, él se ríe contigo y consigo mismo; Tú lloras, él llora contigo y consigo mismo; Tú cantas, el canta contigo y consigo mismo: ¡Él es empático contigo!

CONCLUSIÓN.

Dios te conoce completamente. ¿Conoces tú a Dios, aunque no sea completamente porque a Él no lo podemos conocer al cien por ciento? Dios te conoce perfectamente; es muy bueno contigo y además es empático contigo. ¿Cómo respondes a estas virtudes divinas?

---

[69]   A. W. Tozer. *Los Atributos de Dios. Volumen Uno: Con guía de estudio. Un viaje hacia el corazón el Padre*. Trd. María Mercedes Pérez, María del C. Fabri Rojas y María Bettina López. (Lake Mary, Florida. Casa Creación. 2013), 31

LA NECESIDAD DE UN CAMBIO

No te sorprendas de que te haya dicho: "Tienen que nacer de nuevo". Dios no envió a su Hijo al mundo para condenar al mundo, sino para salvarlo por medio de él.

Juan 3:7, 17, (NVI).

INTRODUCCIÓN.

El Gran Valle del Uxpanapa, en los estados de Oaxaca y Veracruz, México, por lo general, recibe al visitante con un intenso calor en gran parte del año, además, también con lluvia. Y, cuando en esta zona llueve, en verdad cae mucha agua; es decir, no son lluvias de las que apenas mojan el suelo como es en la zona de Los Ángeles, California y sus alrededores. No, no es así, sino que son lluvias de aquellas que empapan tanto al suelo como a todo aquel que no está preparado para recibirla.

En el mes de septiembre del año 1984, Benito Sánchez, Moisés Román y su servidor, hicimos un viaje misionero al Poblado #14. Este era el último de los pueblos metidos en la selva del Gran Valle del Uxpanapa. La avioneta Cessna nos dejó en el Poblado #7, de allí caminamos con un poco de lluvia hasta nuestro destino. Toda la tarde y la noche llovió.

Al día siguiente, todavía con lluvia, Benito y yo regresamos; dejamos a Moisés en la Iglesia Bautista del Poblado #14 para que le ayudara al pastor Marcos en el ministerio de la iglesia. Allí estaría por seis meses. A causa de la lluvia, la avioneta no regresó por nosotros. Caminamos bajo la lluvia por unas ocho horas. Después una camioneta nos llevó hasta la "Puerta del Uxpanapa". ¡Allí ya era la civilización! La lluvia había parado.

Nos secamos con el sol de las tres de la tarde. Abordamos el autobús hacia la ciudad de Tuxtepec, Oaxaca. Al subirnos notamos que los pasajeros se tapaban la nariz cuando pasábamos junto a ellos buscando un asiento. Casi por dos días estuvimos mojados, más de ocho horas caminamos entre la lluvia y el calor y tres horas viajando en una camioneta; por dos días no nos habíamos bañado ni cambiado de ropa. Benito y yo, estando todo ese tiempo juntos, no sabíamos que apestábamos. ¡Necesitábamos un buen baño y ropa limpia! ¡Necesitábamos un cambio urgente![70]

---

[70]   Eleazar Barajas. *Un 16 en el 14: Las Misiones*. (Bloomington, IN. Editorial Palibrio. La historia completa se encuentra en el libro titulado: *Centro Educativo Indígena: Historia del Centro Educativo Indígena en las ciudades de Córdoba, Veracruz y Tuxtepec, Oaxaca, México*. 2021), 531-548

En el dialogo que encontramos en Juan 3:1-7, 17, entre Jesús y Nicodemo, se menciona un cambio urgente; Nicodemo tenía que nacer de nuevo. ¿Cómo se lleva a cabo ese cambio? ¿Qué podemos aprender de este dialogo? Les invito a que pensemos en las siguientes tres declaraciones: La primera es: El saber es como ver. La segunda es: La necesidad de un cambio radical, y, la tercera es: El poder para el cambio.

I.- EL SABER ES COMO VER.

La doctora Ana María Olivia, especialista en electrónica, en un video hablando sobre los efectos negativos del 5g que tanto gusta a los amantes de los celulares por su rapidez en dar las respuestas, dice, entre otras cosas que hace más de cien años, cuando se descubrieron los Rayos "X", en el laboratorio del científico alemán y Doctor en Física Wilhelm Roentgen fue la novedad científica del momento. La novedad aumento cuando: "El 22 de diciembre de 1895 realizó la primera radiografía humana, usando la mano de su mujer con un anillo en el dedo".[71]

Todo era felicidad, la ciencia progresaba. Sin embargo, la doctora Olivia dice que la esposa de Roentgen dijo que esto traería serias consecuencias.

---

[71]   Ciencias Naturales. *Descubrimiento de los Rayos X.* (La Habra, California, Internet. Consultado el 18 de mayo del 2020), ¿? Xhttps://www.areaciencias.com/fisica/descubrimiento-de-los-rayos-x.html

¡Y lo fue y lo es! La señora murió a consecuencias de la radioactividad producida por los Rayos "X". La doctora Olivia sigue diciendo: "Ya lo sabemos. Somos seres electromagnéticos que podemos ser alterados en nuestras células y causar daños a nuestro organismo con el contacto con otra fuerza eléctrica: ¡Ya lo sabemos!"[72] Y aun así preferimos el Celular 5g. ¿Nos causa problemas? ¡Sí! "Pero hay veces que no se entiende porque no se quiere entender".[73] Creo que todos conocemos el dicho: "No hay peor ciego que el que se niega a ver".[74]

Benito y yo sabíamos que necesitábamos un buen baño y que deberíamos de cambiarnos de ropa porque teníamos mal olor. ¡Eso ya lo sabíamos! Lo que no sabíamos era la cantidad de mal olor que teníamos y el efecto que les causó a los pasajeros del autobús que abordamos. Muchas veces no pensamos en las cosas que usamos como para decir que existen o no existen. Cuando llegamos a saber algo de ellas entonces decimos que existen, aunque no veamos el todo de ellas. William Barclay dice que: "Hay un montón de cosas en este mundo que usamos todos los días que la mayoría de nosotros no sabemos cómo funcionan.

---

[72]   Ana María Olivia. *Los efectos del 5g.* (La Habra, California. Video en YouTube. Visto el 18 de mayo del 2020). https://www.youtube.com/user/anamadaya

[73]   William Barclay. *Comentario al Nuevo Testamento: Volumen 5: JUAN I.* (Terrassa (Barcelona), España. Editorial CLIE. 1995), 155

[74]   William Barclay. *Comentario al Nuevo Testamento: Volumen 5: JUAN I.* (Terrassa (Barcelona), España. Editorial CLIE. 1995), 155

La electricidad, la radio, la Televisión, hasta el coche; entre otras muchas cosas; pero no por eso decimos que no existen.... Puede que no entendamos como obra el Espíritu Santo, pero Su efecto en las personas está a la vista de todos".[75] Nicodemo, al parecer, no sabía cómo trabaja el Espíritu Santo en las personas, pero, seguramente que la razón de tener un dialogo con Jesús, fue porque vio un cambio en los discípulos y en aquellas personas que creían en Jesús como el Mesías de Dios. Su comentario fue: "Rabí, sabemos que has venido de Dios como maestro, porque nadie puede hacer las señales que tú haces si Dios no está con él".[76] Así que, Nicodemo sabía. Sabía los resultados de andar con Jesús; sabía las Escrituras que hablaban del Mesías y sabía que Dios estaba con Jesús. El saber es como ver. Nicodemo estaba viendo al mismo Dios en la persona de Jesús y, ¡él lo sabía!

¿Hubo un cambio en Nicodemo? Él se dio cuenta quien era Jesús, sabía que Dios estaba con él, sabía que Jesús estaba haciendo milagros asombrosos. Nicodemo lo sabía. Lo que nosotros no sabemos es si con todo lo que sabía y con todo lo que logró ver en Jesús y su ministerio, aceptó a Jesús como su Maestro y Salvador personal. ¡Eso no lo sabemos! Nicodemo se quedó en la historia de los fariseos

---

[75] William Barclay. *Comentario al Nuevo Testamento: Volumen 5: JUAN I.* (Terrassa (Barcelona), España. Editorial CLIE. 1995), 157

[76] Juan 3:2, (Biblia de las Américas).

de la ciudad de Jerusalén. Benito y yo, llegamos a la ciudad de Tuxtepec, Oaxaca y de inmediato nos bañamos y nos cambiamos de ropa y de tenis. Nuestra apariencia y olor fue muy diferente. El agua, el jabón y la vestimenta provocaron un gran cambio en nuestras vidas.

Nicodemo, al parecer, no se dio un baño espiritual, al parecer no usó el jabón que le daría un perfume agradable para Dios y al parecer, no se cambió la ropa de pecado. No me agrada mucho el comentario que hizo el teólogo y filósofo Agustín de Hipona en cuanto a lo que Jesús dice en Juan 3:7, pero para que entendamos un poco de lo que el maestro Nicodemo no comprendía, usemos el comentario de Agustín; él dijo: "Como el hombre consta de dos sustancia, a saber: de cuerpo y de alma, debe tener dos clases de generaciones: la del agua, que es visible, se aplica para la limpieza del cuerpo y la el Espíritu, que es invisible, para la purificación del alma, que es invisible".[77]

El saber es como ver. Tú ya sabes quién es y que pueden hacer Jesucristo y el Espíritu Santo en tu vida. Al momento que sabes es como si estuvieran viendo que la única solución a todo el mal que acontece en la vida y en el mundo es Jesucristo. ¡Ya lo sabes! ¡Ya lo has visto! Ya estás enterado o enterada de que en

---

[77]   Santo Tomás de Aquino. *Cantena Aurea. Comentarios Evangelio: San Lucas.* (San Bernardino, California. Ivory Fall Books. 2016), 96

tu vida existe la necesidad de un cambio. Hermano, Hermana, báñate con el agua espiritual que es la Palabra de Dios, usa el poder del Espíritu Santo en tu vida el cual te dará un olor grato para Dios[78] y, vístete del amor y bondad de Jesucristo. La Biblia dice: "Vestíos, pues, como escogidos de Dios, santos y amados, de entrañable misericordia, de benignidad, de humildad, de mansedumbre, y de paciencia".[79] ¡Saber es como ver!

II.- LA NECESIDAD DE UN CAMBIO.

En el dialogo entre Jesús y Nicodemo, Jesús le dijo: "No te sorprendas de que te haya dicho: 'Tienen que nacer de nuevo'."[80] Esta es una necesidad espiritual. Seguramente que, si Benito y yo hubiésemos llegado a la ciudad de Córdoba, Veracruz sin el cambio operado en Tuxtepec, Oaxaca, nuestras esposas nos habrían obligado a bañarnos o nos dejarían afuera de la casa.

Pero, supongamos que yo no me quisiera bañar; supongamos que yo me sintiera cómodo con ese estilo de vida. ¿Qué pasaría con mi matrimonio? Lo sé. Mi esposa nunca me aceptaría en casa. En la vida personal como en la espiritual: "Si uno no quiere

---

[78] 2 Corintios 2:15.

[79] Colosenses 3:12, (RV, 1960).

[80] Juan 3:7, (NVI).

cambiar, le cerrará voluntariamente la mente, los ojos y el corazón al poder que lo puede cambiar".[81] En mi vida matrimonial razonaría que si mi esposa y mis hijos me aman tendrían que aceptarme tal y como yo quiero vivir. Cerraría mis ojos para no ver el desprecio de ellos y no aceptaría ninguna razón para el cambio. Por no ver la necesidad de un cambio, perdería mi familia.

¡Sí, el amor de Dios es inmenso! Pero el pecado es terrible. Dios ama a la persona, como seguramente mi esposa y mis hijos me seguirían amando, pero, Dios odia el pecado como mi familia odiaría mi estilo de vida. Sería una vergüenza para ellos. Gracias a Dios que él no se avergüenza de nosotros, pero sí nos pide que reflexionemos en la necesidad de un cambio.

El juego de palabras que Jesús usa en este pasaje para decirle a Nicodemo sobre la necesidad de tener un cambio es muy interesante, pues usa dos palabras similares, pero con diferente énfasis. Le dice a Nicodemo que puede sentir el viento, pero no sabe de dónde viene ni a donde va. La palabra viento en el idioma griego es *Pneuma* que significa viento y espíritu. Luego, Jesús, le dice que: "El Espíritu (*Pneuma*) es exactamente lo mismo. Puede que no sepas como obra el Espíritu Santo en las vidas de las personas; pero puedes ver sus efectos en las vidas

[81] William Barclay. *Comentario al Nuevo Testamento: Volumen 5: JUAN I.* (Terrassa (Barcelona), España. Editorial CLIE. 1995), 156

humanas".[82] No podemos ver el viento o aíre, pero vemos sus efectos en la naturaleza. Y, como ya lo he mencionado, Nicodemo sabía cómo obraba el Espíritu Santo porque vio sus efectos en el grupo apostólico.

Alcibíades, quien era el compañero del filósofo Sócrates en el estudio y la educación filosófica del siglo III a.c. le decía a su amigo: "¡Sócrates, te odio porque siempre que te encuentro me hacer ver como soy en realidad".[83] Alcibíades, cuando estaba frente a Sócrates, sabía que necesitaba cambiar. Tú sabes que necesitas cambiar. Cada vez que vienes a la iglesia o abres tu Biblia para leerla, sabes que la necesidad de un cambio en tu vida es apremiante; cuando estás en la presencia de Dios en tu tiempo Devocional, sabes que tienes que cambiar. Pero ¿por qué no cambias? ¡Tú lo sabes!

En una de las varias ocasiones en que Jesús manifestó su autoridad divina fue cuando perdonó los pecados a un paralítico y, además, lo sano. En aquella ocasión, Jesús le dijo al paralitico: "'Hijo, tus pecados te son perdonados', y los escribas tenían toda la razón al comentar: '¿Quién puede perdonar pecados sino solo Dios?' (Marcos 2:7). No se

---

[82]   William Barclay. *Comentario al Nuevo Testamento: Volumen 5: JUAN I.* (Terrassa (Barcelona), España. Editorial CLIE. 1995), 156

[83]   William Barclay. *Comentario al Nuevo Testamento: Volumen 5: JUAN I.* (Terrassa (Barcelona), España. Editorial CLIE. 1995), 165.

equivocaron en su doctrina, pero si se condenaron por su ceguera al no querer comprender el claro 'lenguaje' de las obras de poder de Jesucristo, que declararon no solo su poder, sino también su divina autoridad".[84]

Recuerden, Dios no condena a nadie. ¡Él es incapaz de hacerlo! El ama, salva, sana y perdona, pero no condena. Sin embargo, desde el momento en que tú sabes que necesitas un cambio y no lo haces, tú mismo o tu misma te condenas así mismo o así misma. Recuerda, también, "no hay peor ciego que el que no quiere ver".

III.- EL PODER PARA EL CAMBIO.

He comentado sobre que el saber es como ver. Es decir que una vez que tú ya sabes, ya puedes ver las consecuencias de cambiar o el de no hacerlo. También he comentado sobre la necesidad de un cambio. Todos en la vida necesitamos cambiar algo o mucho de nuestro estilo de vida. No somos los mismos que ayer. No seremos los mismos de hoy como lo seremos mañana. Cada día necesitamos cambiar nuestra manera de vivir la vida cristiana. Lo que no podemos cambiar es la salvación que existe en Cristo Jesús, no hay otro Salvador ni existe otra

---

[84] Ernesto Trenchard. *Introducción a los cuatro evangelios.* (Madrid, España. Literatura Bíblica. 1974), 188.

manera de ser salvos fuera de Jesucristo. La Biblia dice que: "Dios no envió a su Hijo al mundo para condenar al mundo, sino para salvarlo por medio de él".[85]

La mayoría de nosotros no sabe a ciencia cierta cómo trabaja en nuestro cuerpo una pastilla o un antibiótico líquido o una inyección, pero, si usamos esa medicina, quedamos sanos. No por el hecho de que sea un misterio para la mayoría de nosotros, los antibióticos o la medicina que tomemos no aplicarán su poder curativo por causa de nuestra ignorancia: ¡Ellos o ellas cumplirán su propósito sanador! Esto es lo que sucede con la Redención hecha por Jesucristo; no por el hecho de que sea un misterio deja de ser real y efectiva en las vidas de las personas. En ella existe un poder divino que se llama Jesucristo. Es un poder que cambia al peor de los pecadores o malhechores. El apóstol Pablo fue uno de ellos y el poder que existe en Jesucristo lo cambió totalmente. El poder para el cambio está en Jesucristo. Es un poder Salvífico; nos libera de nuestros pecados. Es un poder Redentor; nos ha comparado para ser propiedad de Dios, y al mismo tiempo Santificador; cada día nos ayuda para ser más agradables a Dios. ¡Es un poder que cambia todo el ser humano y nos hace gratos a Dios!

Ahora bien, ¿qué quiero decir con que en Cristo Jesús está el poder para el cambio? Quiero decir que

---

[85]   Juan 3:17, (NVI).

el creer en el Señor Jesucristo para obtener un cambio radical en nuestro ser y carácter "es el movimiento del corazón del hombre sumiso hacia el Salvador, para descansar en su Persona y confiar en la eficacia de su obra".[86] Es creer que la única manera de ser una persona que ya sabe, que ya ha visto y que entiende perfectamente sobre la necesidad de un cambio, lo va a hacer en la gracia y poder del Señor. Y lo va hacer porque sabe que en Jesucristo existe suficiente poder para cambiar.

El texto de Juan 3:17, dice que: "Dios no envió a su Hijo al mundo para condenar al mundo, sino para salvarlo por medio de él". Es decir, que cuando Jesús aplica su Poder Redentor no es como una droga maligna que hacer ver alucinaciones o que destruye algún órgano del cuerpo, sino que, el Poder Redentor es un poder sanador y reedificador. ¡Es un Poder que logra un cambio positivo total y concreto! No vemos cómo y cuándo lo hace porque "el Espíritu Santo es un Ser invisible, y así todo el que nace del Espíritu nace de una manera invisible".[87] Aunque vemos sus efectos del nuevo nacimiento.

---

[86]   Ernesto Trenchard. *Introducción a los cuatro evangelios.* (Madrid, España. Literatura Bíblica. 1974), 108.

[87]   Santo Tomás de Aquino. *Cantena Aurea. Comentarios Evangelio: San Lucas.* (San Bernardino, California. Ivory Fall Books. 2016), 98

CONCLUSIÓN.

Como ya sabemos, como ya vemos y como ya entendemos que es necesario cambiar, entonces: "Nuestra reacción nos ha salvado o nos ha condenado. Dios envió a Jesús por amor. Le envió para nuestra salvación, pero lo que se hizo por amor a resultado – en algunos - para condenación. NO es Dios el que condena; Dios solamente ama; es cada uno el que se condena así mismo".[88]

El obispo y doctor de la iglesia, Hilario,[89] dijo: "Las cosas de gran valor son las que dan a conocer la grandeza de amor… El Señor, amando al mundo, dio a su Unigénito y no a un hijo adoptivo".[90] Tú ya lo sabes y entiendes sobre la necesidad de cambiar. Por favor, no te tardes en hacerlo. Báñate, usa jabón perfumado y vístete del Poder Redentor de Cristo Jesús para que seas de olor grato hacia Dios.[91]

¡Amén!

---

[88]   William Barclay. *Comentario al Nuevo Testamento: Volumen 5: JUAN I.* (Terrassa (Barcelona), España. Editorial CLIE. 1995), 165

[89]   San Hilario – EWTN. San *Hilario Obispo y doctor de la Iglesia.* Su nombre significa "sonriente", nació en Poitiers, Francia, hacia el año 315. Sus padres eran nobles, pero gentiles. Ávido de saber, cultivó las letras y la filosofía. (La Habra, California. Internet. Consultado el 3 de mayo del 2020), ¿? www.ewtn.com/spanish/Saints/Hilario.htm

[90]   Santo Tomás de Aquino. *Cantena Aurea. Comentarios Evangelio: San Lucas.* (San Bernardino, California. Ivory Fall Books. 2016), 105.

[91]   2 Corintios 2:15.

La Nueva Normalidad

*Nuestro antepasado Jacob
nos dejó este pozo, del que
él mismo bebía y del que
bebían también sus hijos y
sus animales. ¿Acaso eres tú
más que él? Y dijeron a la
mujer: "Ahora creemos, no
solamente por lo que tú nos
dijiste, sino también porque
nosotros mismos le hemos
oído y sabemos que de veras
es el Salvador del mundo".*

Juan 4:12, 42, (NVI).

INTRODUCCIÓN.

En el siglo pasado se habló de la Modernidad.
Hablamos de los teólogos modernistas. Cuando
comencé mis estudios del Seminario comentábamos
sobre el comunismo, el socialismo, sobre el
radicalismo, sobre la Teología postmodernista y
el Premilenialísmo. Todos estos temas eran una
escatología dominante. Y terminamos el siglo
hablando de la Teología de la Liberación, de la
Teología de la fe y de una nueva manera de hacer

iglesia. Ahora, con la pandemia del coronavirus estamos hablando de la Nueva Normalidad.

La Nueva Normalidad es la vivencia en la que gran parte de los alimentos y cosas esenciales se compran por internet. Los rostros son cubiertos con pañuelos o tapa bocas. Las horas en casa son más largas. Los músicos componen y cantan desde sus casas. Los estadios deportivos son usados por los pájaros, lagartijas y ratas. Los parques están reverdeciendo. Las playas se ven limpias. Cesaron los saludos de mano y los brazos y besos de amistad. Nos lavamos las manos más seguidas. Las iglesias están cerradas y las predicaciones se ven, escuchan y leen en el internet. Las graduaciones estudiantiles son entre la familia más cercana con felicitaciones desde los automóviles. Las fiestas, la educación, los velorios y los entierros también son afectados por la Nueva Normalidad. Casi todo se dice y se hace con un cristal de por medio. ¡La pandemia del coronavirus ha cambiado a la sociedad mundial!

A partir del año 2020, ¡comenzamos a ser una cultura diferente!, ¿sabías que en los tiempos de Jesucristo los habitantes de Sicar, en Samaria, en Israel, también cambiaron su cultura? La gente de ese tiempo no era diferente que la de hoy, el ser humano sigue siendo el mismo; con las mismas necesidades; con los mismos deseos y con una dependencia natural. ¿Qué paso en Sicar para que la manera de vivir cambiara?

1.- UNA CULTURA DE MUCHOS AÑOS.

La cultura de los samaritanos tiene raíces de años. Comenzaron en el tiempo de la conquista de la tierra de Palestina por Josué. Los samaritanos son descendientes de José el hijo de Jacob. Esta es parte de la razón por la cual la mujer de Sicar le dijo a Jesús: "Nuestro antepasado Jacob nos dejó este pozo, del que él mismo bebía y del que bebían también sus hijos y sus animales. ¿Acaso eres tú más que él?

Ahora bien, esta expresión de la mujer es algo extraña porque, cuando el rey de Asiria conquistó a Samaria, se llevó a los israelitas "a Asiria, y los puso en Halah, en Habor junto al río Gozán y en las ciudades de los medos".[92] Siguiendo la política Asiria, repobló a Samaria con gente "de Babilonia, de Cuta, Ava, de Hanat y de Sefarvaim", a todos ellos los instaló en Samaria, "en lugar de los hijos de Israel".[93]

Entonces, cuando la mujer dice: "Nuestro antepasado Jacob nos dejó este pozo, del que él mismo bebía y del que bebían también sus hijos y sus animales", lo más probable es que ella era una

---

[92]   2 Reyes 17:6, (RV, 1960).

[93]   2 Reyes 17:24, (RV, 1960).

de las pocas personas de la descendencia de Israel que el rey de Asiria había dejado en Samaria o que había llegado de otro lugar para vivir allí después de la expatriación de Israel.

Entonces, pues, aquí tenemos dos grandes lecciones: *Primera*. Cuando Jesús envió en una tarea misionera a los Doce, les dijo que fueran "a las ovejas perdidas de Israel",[94] a ellas había que predicarles acerca del Reino de los Cielos. En otra ocasión, cuando, Jesús y sus discípulos se encuentran en Tiro y en Sidón en su retiro espiritual, allí "una mujer cananea" le suplica a Jesús que sane a su hija que estaba 'gravemente atormentada por un demonio". Jesús no respondió la súplica. La mujer insistió y Jesús da una respuesta muy difícil de comprender: "… respondiendo Él, dijo: No he sido enviado sino a las ovejas perdidas de la casa de Israel".[95] Solo a los de sangre israelita.

Segunda: Dios le había hecho una promesa a Abraham que dice: "… y serán benditas en ti todas las familias de la tierra".[96] Dios llamó a Abraham para ser de bendición. Su descendencia sería gente con la misión de bendecir. Así que es muy posible, siguiendo el plan divino, que la mujer de Sicar era una mujer israelita y, entonces, sus palabras tienen

---

[94]   Mateo 10:6, (RV, 1960).

[95]   Mateo 15:21-24, Biblia de las Américas).

[96]   Génesis 12:3, (RV, 1960).

coherencia. Ella es una hija de Israel y ella ha sido dejada en el plan divino para ser de bendición en Sicar.

En California tenemos ocho principales etnias y algunas de ellas con sus divisiones, por ejemplo, tenemos al indio americano y al nativo de Alaska.[97] Y, por supuesto que tenemos a los Hispanos o Latinos. A ti y a mí Dios nos ha salvado y por lo tanto, al igual que la samaritana, nos ha dejado vivir en esta zona para que seamos de bendición. ¡Estamos aquí, sobre un terreno con muchos años de cultura y religión diferente, para ser de bendición!

II.- RECHAZO DE LA NUEVA NORMALIDAD.

Esto era de esperarse, pues en Samaria había gente de diferentes culturas y lenguas. El racismo que tenemos en Estados Unidos de América no es diferente del que había en Samaria y en este caso en la ciudad de Sicar; que las Nuevas del Evangelio de Jesucristo fueran rechazadas, esto era de esperase. No querían un cambio ni social ni religioso. Jesús le dijo a la mujer que ellos; los samaritanos en general, adoraban lo que no sabían mientras que Jesús y su pueblo judío sí sabían a quién adoraban.[98]

---

97   Wikipedia. La Enciclopedia libre. *California.* (La Habra, California. Internet. Consultado el 30 de mayo del 2020), ¿? https://es.wikipedia.org/wiki/California

98   Juan 4:21-22

Jonatán P. Lewis en su experiencia misionera dice que: "Casi todos los misioneros esperan obtener la amistad y el reconocimiento de la gente con la cual trabajan. Pero no todos comparten las mismas perspectivas sobre el modo de ganar esa aprobación".[99] En Sicar las culturas de los samaritanos y los judíos los habían hecho enemigos. "Los judíos no tenían trato con los samaritanos por cuestiones de raza, costumbres, política y religión (Jn. 4:9,20)".[100] Aceptar las cuestiones religiosas de los judíos, para los samaritanos eso no era posible. Casi los escucho decir cómo me han dicho más de una vez la de mi tiempo cuando se les ha presentado el evangelio: *Mire, nosotros tenemos nuestra religión y no queremos cambiarla; estamos bien como estamos.* Para cambiar esa mentalidad se necesita un poder más allá de nuestras fuerzas y entendimiento y aún mucho más allá de nuestra pasión.

Se necesita que suceda una acción negativa como en el caso de los israelitas que fueron llevados al cautiverio, allá, con una Nueva Normalidad, adoraron al Señor; se dieron cuenta de que Su Dios aún estaba con ellos. Se necesita que un virus mortal despierte las conciencias y que nos demos cuenta de que dependemos de Dios. Esto es otro cambio en la

---

[99]   Jonatán P. Lewis. *Misión Mundial. Tomo 3.* (Miami, Florida. Editorial Unilit. 1990), 13.

[100]   Comentario en la Biblia de Estudio Esquemática. (Brasil. Sociedades Bíblicas Unidas. 2010), 1517.

Nueva Normalidad. En estos días, desde las mismas altas autoridades políticas de Estados Unidos se han dado cuenta que como seres humanos dependemos de aquel que nos creó y que nos da vida. Hoy día: "Un despertar está ocurriendo en la Casa Blanca. Algunas de las personas más poderosas de Estados Unidos se están reuniendo semanalmente para aprender más de la palabra de Dios. El gabinete del presidente Donald Trump está siendo llamado el gabinete más evangélico de la historia... Hombres y mujeres sin pelos en la lengua cuando se trata sobre su posición sobre Dios y la Biblia".[101]

¡Ah, la Nueva Normalidad! Esta nueva manera de vivir permite y comienza a aceptar que rechazar la Nueva Normalidad no es saludable; si no usas la tapa bocas, es probable que te infectes y mueras. Todas las religiones se han dado cuenta que en la Nueva Normalidad hay que orar al Todopoderoso; cada uno lo hace en su manera, pero, esperemos que en la Nueva Normalidad muchos de ellos dejen sus diferencias religiosas y se unan en una adoración solamente a Jesucristo.

El estudio de la Biblia en los recintos políticos no es nada nuevo. Ralph Drollinger, el hombre que está dando los estudios bíblicos en la Casa Blanca,

---

[101]   Jennifer Wishon. *Estudios bíblicos en la Casa Blanca: ¿Quién está dentro de este despertar espiritual?* (La Habra, California. Internet. Consultado el 31 de mayo del 2020), ¿? https://www1.cbn.com/mundocristiano/estados-unidos/2017/august/estudios-biblicos-en-la-casa-blanca-iquest-quien-esta-dentro-de-este-despertar-espiritual

dice: "que no cree que "haya habido estudios bíblicos en un gabinete en Estados Unidos en al menos 100 años",[102] pero ahora sabemos que no solo en la Casa Blanca sino que también en los recintos políticos de países latinoamericanos se está orando en silencio y públicamente; países como el Salvador, Guatemala, Colombia en donde los mismos gobernantes han orado públicamente esperando la respuesta positiva de parte del Dios de la Biblia.

¡Ah, la Nueva Normalidad! Está produciendo grandes cambios y habrá más cuando se acepte esta nueva manera de vivir. De acuerdo con el relato de Juan 4, los samaritanos dejaron sus prácticas y manera de pensar para entrar a la Nueva Normalidad. ¿Qué les motivó al cambio? En Sicar no hubo una pandemia, entonces, ¿Qué les hizo cambiar y aceptar la Nueva Normalidad?

III.- LA ACEPTACIÓN DE LA NUEVA NORMALIDAD.

En el dialogo entre Jesús y la mujer samaritana, ella le hace la pregunta: "¿Acaso eres tú más que él?"[103] Se nota que también ella, con la influencia de la cultura samaritana de momento rechazó las

---

[102]   Jennifer Wishon. Estudios bíblicos en la Casa Blanca: ¿Quién está dentro de este despertar espiritual? (La Habra, California. Internet. Consultado el 31 de mayo del 2020), ¿? https://www1.cbn.com/mundocristiano/estados-unidos/2017/august/estudios-biblicos-en-la-casa-blanca-iquest-quien-esta-dentro-de-este-despertar-espiritual

[103]   Juan 4:12b, (NVI).

nuevas ideas que conllevarían a una nueva manera de adorar, pues Jesús le dijo: "Mujer, créeme, que la hora viene cuando ni en este monte ni en Jerusalén adorarán al Padre".[104] Es decir, que Jesús apunta hacia el futuro, El Señor apunta hacia el mismo en quien está el futuro asegurado. La adoración no será en templos y montes, como el Monte Gerizin en Samaria o el templo en Jerusalén, sino que Jesús dice que llegará el día en que todos, por medio de Jesucristo se adorará al Padre.

El apóstol Pablo, hablando de exaltación de Cristo les dijo a los hermanos de Colosas: "...para que al nombre de Jesús SE DOBLE TODA RODILLA de los que están en el cielo, y en la tierra, y debajo de la tierra, y toda lengua confiese que Jesucristo es Señor, para gloria de Dios Padre".[105] Pablo enfatiza que Jesucristo es Dios.

Y esto es lo que Jesús le está diciendo a la samaritana en respuesta a su pregunta: "¿Acaso eres tú más que él?" ¿Eres superior a nuestro Padre Jacob el que nos dejó como herencia este pozo?, esa es la pregunta de la samaritana. La respuesta de Jesús es "Sí". Él no era dios, yo sí lo soy. Jacob fue una criatura, Yo soy el Creador. Todo esto la mujer lo entendió después de su comentario de que vendría el Mesías. Cuando Jesús le dice que él es el

---

[104]   Juan 4:21, (RV, 1960).

[105]   Filipenses 2:10-11, (RV, 1960).

Mesías, ella entendió, aunque se quedó con un poco de duda, pues cuando da su testimonio les dice a los habitantes de Sicar que ese hombre le ha dicho todo lo que ella había hecho y les pregunta: *"¿No será éste el Cristo?"*

Esta pregunta fue un rayo de luz espiritual que cambió la mentalidad de los habitantes de Sicar. Notemos, *primero: que no se quedaron quietos*, la pregunta los inquietó a tal grado que salieron de la ciudad para investigar qué clase de hombre era.

Segundo: creyeron en Jesucristo. ¡Entraron a la Nueva Normalidad! Las palabras de la samaritana fueron un fuerte testimonio para los samaritanos. En la Versión Reina Valera, el testimonio de la mujer fueron siete palabras: "Me dijo todo lo que he hecho".[106] Estas palabras y el mensaje de Jesús que no está escrito, fueron las fuerzas para que los samaritanos entrarán a la Nueva Normalidad de su tiempo.

Nosotros ya estamos en la Nueva Normalidad. Nuestro testimonio de palabras y hechos tiene que hacer que nuestra gente latina y de otras nacionalidades acepten a Jesucristo como Dios Supremo. Jesucristo tiene que seguir reinando; su reino tiene que ser expandido mucho más y para ello, "necesita" hombres y mujeres de buen testimonio; gente que haga correr a la gente hacia Jesucristo,

---

[106]   Juan 4:39, (RV, 1960).

de la misma manera como el coronavirus ha hecho correr a los políticos a la Biblia y al Señor Jesucristo.

CONCLUSIÓN.

¿Existe alguna semejanza entre el testimonio de la samaritana y el tuyo? Ella no estaba en la Nueva Normalidad de su tiempo, ella fue la que propició o dio comienzo a ese cambio. Entre nosotros, la pandemia ha hecho tal cambio. Pero en la religión evangélica tú y yo podemos ser los medios para que nuestra gente entre a la Nueva Normalidad evangélica. Tú y yo debemos hacer "la petición de los líderes religiosos que buscan acabar con el COVID-19. Ellos oraron, diciendo: 'Dios, Tú que nos has alimentado en la hambruna y nos has provisto de abundancia, nos has librado de la peste y nos has liberado de enfermedades graves y duraderas. Ayúdanos'".[107]

¿Qué quiere Dios de nosotros? Primero, que tengamos un serio dialogo con Dios. Este lo podemos hacer por medio de la lectura y estudio de la Biblia, como lo están haciendo en la Casa Blanca. Segundo, una vez que entendamos un porcentaje del contenido de ese dialogo, entonces comunicarlo a nuestra gente.

Esta Nueva Normalidad es para que busquemos y apliquemos las enseñanzas bíblicas para que Dios

---

[107] Luís Lizama. *Oración de los líderes religiosos.* (La Habra, California. Internet. Correo electrónico, enviado a mi correo por Elizabeth Barajas, el 23 de abril del 2020).

sea glorificado en todo. Si algo tenemos que aprender de esta pandemia en esta Nueva Normalidad es que Dios sigue siendo Soberano y que él tiene que ser glorificado en todo.

¿Y SI DIOS NO QUIERE?

"Porque, así como el Padre resucita a los muertos y les da vida, así también el Hijo da vida a quienes a él le place".

Juan 5:21, (NVI).

INTRODUCCIÓN.

Desde que a la mujer se le dijo que comiendo del fruto prohibido lograrían ser "como Dios, sabiendo el bien el mal",[108] el ser humano se ha esforzado en lograr ambos senderos: Tenemos gente que se ha esforzado en hacer el mal, como Adolfo Hitler que se esforzó para acabar con la raza judía, o "El Chapo" (Joaquín Archivaldo Guzmán Loera), que se esforzó por ser multimillonario en base a la droga. Otros se han esforzado por hacer el bien como Johannes G. Gutenberg que inventó la imprenta o como el científico británico, Alexander Fleming, quien descubrió la penicilina.

"El esfuerzo… se considera una virtud del ánimo, relacionada con la fuerza o el empeño con que afrontamos una dificultad o nos proponemos

---

[108] Génesis 3:1-5.

alcanzar un objetivo".[109] También en lo espiritual se aplica este tipo de esfuerzo. ¡Todavía se quiere ser como Dios! Todavía se cree que sin Dios se pueden lograr todas las cosas; como amar sinceramente o lograr un paraíso terrenal.

¡Sí, debemos esforzarnos! Y en especial en agradar a Dios y buscar ser mejores seres humanos. Sin embargo, notemos una vez más lo que dijo Jesucristo: "Porque, así como el Padre resucita a los muertos y les da vida, así también el Hijo da vida a quienes a él le place". Aquí es en donde entra mi pregunta: ¿Y si Dios no quiere? Dios es amor, Dios envió a Jesucristo para cambiar a todo ser humano y además, Dios ha prometido vida eterna. Sin embargo, si Dios no te ama como tú lo deseas, si Dios no te ayuda para ser mejor persona y si a Dios no "le place" darte vida eterna, ¿qué harás? Te invito a que meditemos en esta pregunta: ¿Y si Dios no quiere?

I.- DIOS ES AMOR.

El apóstol Juan dice que Dios es amor; no dice que tiene amor sino que es amor. Textualmente, Juan, dice: "Amados, amémonos unos a otros; porque el amor es de Dios. Todo aquel que ama, es nacido de Dios, y conoce a Dios. El que no ama, no ha conocido

---

[109] Significado de esfuerzo. *¿Qué es el esfuerzo?* (La Habra, California. Internet. Consultado el 7 de mayo del 2020), ¿? https://www.significados.com/esfuerzo/

a Dios; porque Dios es amor".[110] Este carácter de Dios es lo que Jesucristo mostró en la ciudad de Jerusalén con un paralítico.

Juan dice que "había una fiesta de los judíos, y subió Jesús a Jerusalén".[111] ¿Qué fiesta judía era? "Posiblemente la fiesta de las cosechas. Algunos manuscritos dicen 'la fiesta de los judíos', la cual sería la Pascua (Jn 6:4)".[112] Cuando Jesús llegó a la ciudad fue a visitar el estanque llamado Bethesda en donde había varios enfermos, entre ellos estaba un hombre que estaba acostado porque tenía treinta y ocho años de ser paralítico. Cuando Jesús lo vio y se dio cuenta del tiempo que estaba paralizado, se le acercó y le hizo una pregunta: "¿Quieres ser sano?" El hombre no tenía quien le ayudará para su posible sanidad. Entonces, Jesús, con la autoridad y el deseo que se menciona en 5:21: "... le dijo: Levántate, toma tu lecho, y anda". El hombre se levantó, fue sano, levantó su lecho y caminó.[113] ¡No me cabe la menor duda de que Dios es amor! Su amor siempre está para ayudar.

Esto es lo que Dios puede hacer en cada uno de nosotros; puede quitarnos cualquier clase de parálisis

---

[110]   I Juan 4:7-8, (RV, 1960).

[111]   Juan 5:1, (RV, 1960).

[112]   Nota de pie de *página en la Biblia de Estudio Esquemática. (Brasil. Sociedades Bíblicas Unidas. 2010), 1569.* William Barclay. *Comentario al Nuevo Testamento: Volumen 5: JUAN I.* (Terrassa (Barcelona), España. Editorial CLIE. 1995), 207.

[113]   Juan 5:2-9.

que tengamos, no importa si no tenemos a nadie que nos ayude, el Señor llega para auxiliarnos en nuestras necesidades. "… Jesús fue siempre el amigo y el ayudador de los desamparados. - En el caso del paralitico de Betesda - no se molestó en echarle un sermón sobre la inutilidad de aquella superstición y de esperar la movida del agua. Su único deseo era ayudar, así es que sanó al que llevaba tanto tiempo enfermo".[114]

Sí, Dios es amor. Es la manera como Dios se ha presentado a la humanidad. Creo todo un Universo por amor al ser humano; creo un jardín muy especial para poner allí a alguien especial, ¡al ser humano!, su creación favorita. Cuando la humanidad le falló y quedó atrapada en su pecado, envió a su Hijo para rescatarla. Llega al estanque de Bethesda y sana al paralitico. ¡Dios es amor!

Ahora bien, notemos que cuando Jesús llegó al estanque de Bethesda había varios enfermos. El apóstol Juan dice que: "Dentro de la ciudad, cerca de la puerta de las Ovejas, se encontraba el estanque de Bethesda, que tenía cinco pórticos cubiertos. Una multitud de enfermos —ciegos, cojos, paralíticos— estaban tendidos en los pórticos".[115] El hombre con treinta y ocho años de parálisis no era el único

---

[114]   William Barclay. *Comentario al Nuevo Testamento: Volumen 5: JUAN I.* (Terrassa (Barcelona), España. Editorial CLIE. 1995), 209.

[115]   Juan 5:2-3, (NTV).

enfermo, pero, sí fue el único de entre toda la "multitud de enfermos" que fue sanado. Jesucristo no dejó de ser amor por hacer un solo milagro en el estanque de Bethesda. ¡El sigue siendo amor!

Ahora piensa en esto. Si el Señor no quiere mostrar su poder en tu vida, ¿qué harás? Me pregunto, ¿qué hicieron aquellos otros enfermos cuando vieron a su compañero de enfermedades ser sanado? ¡No tengo la respuesta! La Biblia no dice nada al respecto. ¿Por qué ellos no fueron sanados? ¡No lo sé! Si Dios no muestra su amor hacía ti como tú esperas que lo haga, ¿qué vas a ser? Recuerda, suceda lo que suceda; hagas lo que hagas, ¡Dios sigue siendo amor! Y, como esa es su personalidad, entonces, ¡Dios te sigue amando! Aun así, si Dios no te muestra su amor, ¿qué harás?

II.- DIOS ENVIÓ A JESUCRISTO PARA CAMBIAR A TODO SER HUMANO.

El apóstol Juan dice que Jesús se acercó al paralitico de Betesda y le preguntó si quería ser sanado. A simple vista parece una pregunta fuera de contexto. El hombre estaba allí porque quería ser sanado. Así que me parece que la pregunta sale sobrando, sin embargo, el Señor que conoce muy bien al ser humano, no hace preguntas fuera de contexto. Notemos, pues que: "Jesús comenzó por preguntarle al hombre si quería ponerse bien. No era una pregunta tan absurda como parece. Aquel hombre había estado esperando treinta y ocho años, y bien podía ser que hubiera perdido toda esperanza y se encontrara sumido en una desesperación lúgubre y pasiva.

En lo último de su corazón, el hombre podía haberse resignado a seguir invalido; porque si se curaba, tendría que arrostrar todos los azares y responsabilidades de la vida laboral".[116] Conozco a una persona dentro de nuestro círculo cristiano que está con una seria enfermedad. Un día de oración me pidió que no orara por su sanidad. Me sorprendió su comentario. Cuando le pregunté el porqué de ese deseo, me dijo que estaba contento con recibir la ayuda del gobierno y si se sanaba tendría que volver al trabajo.

En la vida espiritual es similar. Existen cristianos que tienen años de estar escuchando las verdades bíblicas; tienen años escuchando los retos de Dios, como el que Jesús le presentó al paralitico al decirle, *"levántate"*, y prefieren seguir acostados sobre la camilla espiritual: *Todo está bien*, dicen. *¿Para qué cambiar?*

Dos principios sociales. *Primero: Debe de haber un deseo de cambiar......* "Si en lo más íntimo

---

[116]   William Barclay. *Comentario al Nuevo Testamento: Volumen 5: JUAN I.* (Terrassa (Barcelona), España. Editorial CLIE. 1995), 209-10.

estamos contentos de seguir como somos, no se producirá el cambio".[117]

Segundo: Podrás cambiar para bien si Dios quiere. ¿Por qué si Dios quiere? Porque, primeramente, Jesús, dijo que el da vida como a él le place. El cambia la vida de una persona como él quiere. De entre todos los enfermos en el estanque de Bethesda solo uno fue sanado y lo fue porque así le plació a Jesús hacerlo.

Luego, podrás cambiar para bien si Dios quiere porque: "La autoridad y la soberanía de Cristo se pone de manifiesto en el hecho de que Él puede *vivificar* a quien quiera".[118] Y, si tú estás entre los que Él quiere vivificar: ¡Tendrás una vida diferente! Es decir, ¡serás cambiado! ¡Serás una persona diferente!

Pero, si tú estás entre los que Él no quiere vivificar, ¿qué harás? Parte de la verdad bíblica y teológica es que Dios es Soberano; esto significa que él hace como a él le agrada o "le place". Entonces, ¿qué harás si supuestamente no estás dentro de los planes de Dios para ser transformado? Mi recomendación es seguir confiando en las promesas de Dios. "En este sentido, el esfuerzo requiere de valores como la constancia, la confianza y la esperanza en la empresa en que nos

---

[117]   William Barclay. *Comentario al Nuevo Testamento: Volumen 5: JUAN I.* (Terrassa (Barcelona), España. Editorial CLIE. 1995), 210.

[118]   Millos, Pérez Samuel. *Comentario exegético al texto griego del Nuevo Testamento. JUAN.* (Viladecavalls (Barcelona), España. Editorial CLIE. 2016), 530.

proponemos [hacer]".[119] Sí verdaderamente quieres ser un servidor de Jesucristo, tendrás que poner toda tu confianza y la esperanza en las promesas de Dios, en especial, en ésta, en que: Dios envió a Jesucristo para cambiar a todo ser humano, y si él quiere, ¡también tú serás cambiado!

III.- DIOS HA PROMETIDO VIDA ETERNA.

Ahora bien, otra de las declaraciones y propósito de Dios en Cristo Jesús es la de dar vida eterna. Esto es desde el corazón de Dios, nadie externo lo obligó a prometer esta virtud. El mismo, allá en la eternidad, decidió por sí mismo la creación del ser humano. Después de que todo estaba listo para la supervivencia de la humanidad, Dios, dijo: "Hagamos al ser humano a nuestra imagen y semejanza. Que tenga dominio sobre los peces del mar, y sobre las aves del cielo; sobre los animales domésticos, sobre los animales salvajes, y sobre todos los reptiles que se arrastran por el suelo. Y Dios creó al ser humano a su imagen; lo creó a imagen de Dios. Hombre y mujer los creó, y los bendijo con estas palabras: 'Sean fructíferos y multiplíquense; llenen la tierra y sométanla; dominen a los peces del mar y a las aves del cielo, y a todos los reptiles que se arrastran por el

---

[119]   Significado de esfuerzo. *¿Qué es el esfuerzo?* (La Habra, California. Internet. Consultado el 7 de mayo del 2020), ¿? https://www.significados.com/esfuerzo/

suelo'. También les dijo: 'Yo les doy de la tierra todas las plantas que producen semilla y todos los árboles que dan fruto con semilla; todo esto les servirá de alimento'."[120]

¡Y Dios creo al ser humano! Tiempo después, la criatura le está diciendo al Creador que no haga milagros en el sábado. Había entre ellos un hombre que tenía treinta y ocho años enfermo y sus paisanos cuestionan la autoridad del Creador Cristo Jesús porque lo sanó en sábado. La misión de Jesús el Mesías era dar vida y aquel sábado mostró que ha eso vino. Es decir que: "Con toda claridad la enseñanza de Jesús pone delante de todos cual era la misión del enviado, la de dar vida".[121]

Sin embargo, debemos de pensar en esta clase de teología judía que presentan los siguientes textos: "Ved ahora que yo, yo soy, Y no hay dioses conmigo; Yo hago morir, y yo hago vivir; Yo hiero, y yo sano; Y no hay quien pueda librar de mi mano". "Del Señor vienen la muerte y la vida; él nos hace bajar al sepulcro, pero también nos levanta. El Señor da la riqueza y la pobreza; humilla, pero también enaltece. Levanta del polvo al desvalido y saca del basurero al

---

[120]   Génesis 1:26-29, (NVI).

[121]   Millos, Pérez Samuel. *Comentario exegético al texto griego del Nuevo Testamento. JUAN.* (Viladecavalls (Barcelona), España. Editorial CLIE. 2016), 492.

pobre para sentarlos en medio de príncipes y darles un trono esplendoroso.[122]

Dios hace como a él "le place". "Cuando el general sirio Naamán acudió a que le curaran la lepra, el rey de Israel dijo alucinado de desesperación: '¿Soy yo Dios, que mate y dé vida?' (2 Reyes 5:7)".[123] No, no era Dios, aunque en cierta manera esa era parte de la autoridad del rey, el decidía quien debería vivir o quien debería ser asesinado. Los reyes lo hacían a su placer usando su autoridad. Esta es la idea de la autoridad que se le da al Mesías de Dios. En el libro apócrifo de Enoc, el escritor dice acerca del Hijo del Hombre, haciendo referencia al Mesías, lo siguiente: "Él se sentó sobre el trono de su gloria y la suma del juicio le ha sido dada al Hijo del Hombre y Él ha hecho que los pecadores sean expulsados y destruidos de la faz de la tierra; ....".[124]

El Señor le dijo al hombre paralitico: "Levántate". Jesucristo le estaba pidiendo algo imposible; el hombre tenía treinta y ocho años de estar acostado con parálisis, levantarse sin ayuda en ese instante, ¡eso era imposible! Además, de la manera como lo narra el apóstol Juan, en este milagro, no se pide la fe como un prerrequisito para ser sanado. La razón es

---

[122]   Deuteronomio 32:39, (RV, 1960); I Samuel 2:6-8, (NVI).

[123]   William Barclay. *Comentario al Nuevo Testamento: Volumen 5: JUAN I.* (Terrassa (Barcelona), España. Editorial CLIE. 1995), 218.

[124]   *El Libro de Enoc. Capítulo 69:27.* (San Bernardino, California, USA. Editorial: Plaza Editorial, Inc. 2011), 79

que el milagro hecho en el hombre paralítico "tiene como objetivo: exaltar la obra de Jesús".[125]

La exaltación de Jesús por parte de Juan se puede notar en su manera de hacer el relato de sanidad. Notamos que: "En el drama del capítulo se asocian tres grupos: Jesús, el enfermo y los judíos. Estos se unen de dos en dos: Primeramente, aparece Jesús y el enfermo; luego el enfermo sanado y los judíos; finalmente el hombre sanado y Jesús. Juan pretende destacar, como en otros lugares la persona de Jesucristo, por lo que en todo el relato no se menciona a los discípulos, para resaltar al Señor".[126]

Juan, pues, enseña que Jesús es el que tiene toda la autoridad y él mismo es el que quiso hacer el milagro sencillamente porque quiso hacerlo. ¡Nadie externo lo obligó para que lo hiciera! En este caso, ni siquiera el hombre paralítico lo obligó, pues fue Jesús el que se le acercó y fue el mismo que le preguntó si deseaba ser sanado. No vemos nada de petición en el hombre; lo que notamos es una frustración. Jesús sana y da vida como "le place".

Ciertamente Jesús vino para dar vida; su misión es dar vida eterna.[127] El compositor musical Rafael

[125]   Raymond E. Brown. *El Evangelio y las cartas de Juan*. Td. María del Carmen Blanco Moreno. (Bilbao, España. Editorial Desclee de Brouwer, S. A. 2010), 66

[126]   Millos, Pérez Samuel. *Comentario exegético al texto griego del Nuevo Testamento. JUAN*. (Viladecavalls (Barcelona), España. Editorial CLIE. 2016), 493.

[127]   Juan 10:10.

Enrique Urdaneta M., en el coro de su himno titulado: *Vida abundante*, dijo:

> *"Vida abundante Jesús ofrece,*
> *vida triunfante de día en día;*
> *Él es la fuente de vida eterna*
> *que brota siempre en mi corazón".[128]*

¡La Biblia corrobora esta verdad! Desde Génesis 3:15, en donde encontramos la profecía acerca del Mesías muriendo por los pecados de la humanidad hasta la consumación de los tiempos, la misión de Jesús es dar vida tanto física como vida eterna, pues: "Es Dios quien tiene poder pleno sobre la vida corporal y espiritual. Para la teología de los judíos en los tiempos de Jesús, esta era una verdad esencial (cf. Dt. 32:39; I S. 2:6)".[129] Ya hemos leído estos textos y se recalcan para hacer notar que toda la autoridad es de Jesucristo. Esto significa que, si él no quiere darte vida eterna, ¡no lo hará!, si a Jesucristo no "le place" que tú estés con él en la eternidad, ¿qué harás?

Ciertamente: "Vida abundante Jesús ofrece", pero si no quiere ofrecértela a ti, ¿qué harás? ¿Puedes tú obligar a Jesús para que te de la vida eterna? ¿Existe algún sacrificio fuera del sacrificio de Cristo Jesús

---

[128]   Rafael Enrique Urdaneta M. Himno: *Vida abundante*, en el Himnario Bautista. (El Paso, Texas. Casa Bautista de Publicaciones. 1978), Himno No. 178.

[129]   Millos, Pérez Samuel. *Comentario exegético al texto griego del Nuevo Testamento. JUAN.* (Viladecavalls (Barcelona), España. Editorial CLIE. 2016), 530.

que te pueda garantizar la vida eterna? No, ¡no lo hay! Entonces, si Jesús no quiere darte vida eterna, ¿qué harás?

CONCLUSIÓN.

¡Ah, sí que nos hemos metido en un gran dilema! Así que, para terminar con este dilema, te comento algo agradable. *Primeramente*, nunca te olvides que Dios es amor y, sobre todo, que ¡nunca dejara de amarte! Cuando veas o creas que Dios ama más que a ti a otra persona, no te lo tomes muy personal. "Levántate", ve hacía Jesús, adóralo y deja que siga haciendo su voluntad. ¡Algo grande hará contigo!

Segundo: Cuando aceptes por fe que Dios envió a Jesucristo para cambiar a todo ser humano, entonces, aunque sientas que el poder de Jesús para cambiar tu vida no está en ti, toma tu lecho y ve hacía el: "Levántate", su poder transformador no tiene límites. La hija de la mujer cananea fue sanada, aunque Jesús no quería sanarla.[130] Seguramente que, si persistes, ¡serás transformado!

En tercer lugar, Jesús no murió por un reducido grupo de personas, murió para salvar a toda la humanidad. [131]¡Y allí entras tú!

Jesucristo ama a todos. Él tiene pleno poder para cambiar a todos sin distinción de raza, credo,

---

[130]   Mateo 15:21-28.

[131]   Juan 3:16.

nacionalidad, color, educación y posición social. ¡Y allí entras tú! "Levántate", ésta es tu decisión. Porque si a Jesucristo "le place", Su amor, Su poder transformador y la seguridad de la vida eterna, ¡tú los disfrutarás!

TESTIMONIO IRREFUTABLE

*Sin embargo, no soy yo quien
los acusará ante el Padre.
¡Moisés los acusará! Sí,
Moisés, en quien ustedes han
puesto su esperanza. Si en
verdad le creyeran a Moisés,
me creerían a mí, porque él
escribió acerca de mí; pero
como no creen en lo que él
escribió, ¿cómo creerán lo que
yo digo?*

Juan 5:45-47, (NTV).

INTRODUCCIÓN.

Recibí un correo electrónico con una figura del presidente de México, Andrés Manuel López Obrador, en la que, de una manera caricaturesca, le dice a un tucán, a una rana, a un leopardo y a un conejo, animales del reino animal en la selva chiapaneca en México: "¡Ni modo, perdieron!"

Pensando en la "Cuarta Transformación" que fue uno de los lemas del presidente AMLO en su primer discurso como presidente, el mensajero de este correo, dice: "Transformación de Cuarta. Esta imagen será recordada de por vida en la historia de

México y el Mundo. [Porque] empiezan a construir su tren maya en la última selva de México que no había sido tocada ni dañada por el hombre, donde dentro de ella habita una inmensidad de flora y fauna propia de la región y ahora será destruida".[132]

¡Difícil de aceptar esta decisión gubernamental! Especialmente para los ambientalistas a nivel nacional e internacional. El "¡Ni modo, perdieron!", no es aceptable para muchas personas y menos para los habitantes de la Sierra lacandona. Y, sin embargo, se hacen estos cambios en nombre de la prosperidad.

¡Existen cosas, cambios y declaraciones que son difíciles de aceptar! En el caso de la sociología y teología cristiana, también existen cosas eventos y dictámenes que son difíciles de aceptar, como por ejemplo lo que es la Humildad incomprensible, la Ley Mosaica como fiscal, y que el Señor Jesucristo sea el núcleo de la Palabra. Les invito a que pensemos en estos actos socio/teológicos de una manera muy breve.

I.- HUMILDAD INCOMPRENSIBLE.

Existen algunas cosas en la vida y ministerio de Jesucristo que son difíciles de aceptar y de comprender. Por ejemplo, un día un joven rico se

---

[132]   Elizabeth Navarro. *Transformación de Cuarta.* (La Habra, California. Internet. Correo electrónico del 4 de junio del 2020. Consultado el 10 de junio del 2020), ¿? https://www.facebook.com/profile.php?id=100009144223236

le acercó y le dijo: "Maestro bueno, ¿qué haré para heredar la vida eterna?" Muy buena pregunta, pero Jesús se enfocó en la expresión: "Maestro bueno", y le contesta con otra pregunta: "¿Por qué me llamas bueno?", y luego, agrega: "Ninguno hay bueno, sino solo Dios".[133] ¿Cómo es esto? ¿Jesús no era bueno? ¿Jesús no era Dios? ¡Ah, las cosas incomprensibles de Jesucristo!

Otra de las cosas o acciones de Jesucristo que cuesta trabajo comprender es Su humildad. Lo calumniaron, lo criticaron, se burlaron de él, le dijeron que tenía un demonio, no creyeron a su mensaje y al fin lo crucificaron como el peor malhechor y, todo lo que escuchamos de Su bendita boca y corazón amable fue: "Padre, perdónalos porque no saben lo que hacen".[134] ¡Ah, las cosas y actos incomprensibles de Jesucristo!

Miren Su humildad incomprensible. Jesús tenía todo el derecho de usar la Escritura para acusar y aun para condenar a los individuos de su tiempo. Jesús: "Les había demostrado que Él era el Hijo de Dios y que había sido enviado por el Padre, pero, la relación paterna/filial no iba a ser usada por El para acusarlos por no haber creído en Su palabra, ni haber tenido en cuenta las obras que lo acreditaban como

---

[133] Lucas 18:18-19, (RV, 1960).

[134] Lucas 23:34, (RV, 1960).

el Mesías".[135] ¡Ah, las cosas y actos incomprensibles de Jesucristo!

Creo que aquí existe una gran lección para nosotros, los cuales somos especialistas en acusar, en defendernos, en criticar y aun hasta blasfemar ablando mal de otros. La humildad cristiana es amar, perdonar y suplicar a Dios perdón por los que no están de acuerdo con nosotros. Debemos de recordar que en Jesucristo tenemos un testimonio irrefutable. El Señor Jesús les dijo a los judíos: "Si en verdad le creyeran a Moisés, me creerían a mí, porque él escribió acerca de mí; pero como no creen en lo que él escribió, ¿cómo creerán lo que yo digo?".[136] Y, aun así, Su humildad incomprensible le llevó a suplicar perdón para ellos, ¡Jesús no condenó a nadie!

En Jesucristo tenemos un testimonio irrefutable.

II.- LA LEY COMO FISCAL.

De acuerdo con el pensamiento paulino, la ley fue, para los seres humanos un "ayo", es decir una guía que les enseñara de todo lo que en ese tiempo se conocía. Un "ayo" era un pedagogo, es decir, un maestro encargado de dar las instrucciones y el conocimiento a los hijos de los ricos, como al príncipe, quien sería el heredero del trono: Este

---

[135] Samuel Pérez Millos. *Comentario exegético al texto griego del Nuevo Testamento. JUAN.* (Viladecavalls (Barcelona), España. Editorial CLIE. 2016), 571

[136] Juan 5:47, (NVI).

debería de llegar al trono muy bien educado en todo. El "ayo" era el responsable de que el heredero estuviese preparado para cualquier incidente o circunstancia y así tomase la mejor decisión.

La ley o los escritos de Moisés, como un "ayo", tenía un propósito bien definido: "Su propósito fue convencer a la humanidad de pecado, y exponer la magnitud de éste, al comparar sus vidas torcidas con las altas demandas de Dios. Además, la Ley debía educar a Israel para ser un modelo entre las naciones, instruir a través de él al resto del mundo, y, por medio de sus muchos tipos, ceremonias y alegorías, anunciar proféticamente el evangelio de salvación por gracia en Cristo".[137]

Además, Dios dio la ley "para denunciar el pecado y para llevar a los hombres a la fe en el único Salvador por quien se alcanza la justificación delante de Dios (Ro. 5:1). La fe en los escritos de Moisés trae aparejada la fe en la palabra de Jesús".[138] Es decir que, los escritos de Moisés estaban dirigidos para que cualquier lector, en especial, el pueblo judío, pudiese ver la gloria de Jesucristo. Esa gloria a la que hace referencia el apóstol Juan cuando dice: "Entonces la Palabra se hizo hombre y vino a vivir

---

[137]   Doctrina Básica. *Lección No. 6: La Ley, un ayo para llevarnos a la salvación por gracia.* (La Habra, California. Internet. Consultado el 10 de junio del 2020), ¿? http://www.institutoalma.org/CorazonYVida/DB-L6.htm

[138]   Samuel Pérez Millos. *Comentario exegético al texto griego del Nuevo Testamento. JUAN.* (Viladecavalls (Barcelona), España. Editorial CLIE. 2016), 573.

entre nosotros. Estaba lleno de fidelidad y amor inagotable. Y hemos visto su gloria, la gloria del único Hijo del Padre".[139] Es decir que en Jesucristo tenemos un testimonio irrefutable.

La ley como fiscal en la política de Suecia se puede ver en las declaraciones de Olof Palme, el carismático primer ministro de Suecia, "fue un duro crítico de la invasión soviética de Checoslovaquia en 1968, pero también cuestionó los bombardeos de Estados Unidos sobre Vietnam, y hasta incluso llegó a compararlos con los campos de concentración nazis durante la II Guerra Mundial".[140] A Olof Palme lo mataron mientras caminaba por la calle más transitada de Suecia en la ciudad de Estocolmo. Poco antes de su asesinato dijo: "'No me arrepiento porque en este mundo tienes que hablar bastante alto para hacer que alguien escuche. No puedo permanecer callado en este tema', lo dijo en 1973 al diario The New York Times".[141] Este es un testimonio que la historia de Suecia no puede refutar, las obras que Palma realizó bajo la ley de la democracia en su país

---

[139]   Juan 1:14, (NTV).

[140]   BBC News Mundo: Redacción. *Olof Palme, el carismático primer ministro de Suecia que plantó cara a EE.UU. y a la URSS y cuyo asesinato traumatizó al país durante décadas.* (La Habra, California. Internet. Consultado el 10 de junio del 2020), ¿? https://www.bbc.com/mundo/noticias-internacional-52987807

[141]   BBC News Mundo: Redacción. *Olof Palme, el carismático primer ministro de Suecia que plantó cara a EE.UU. y a la URSS y cuyo asesinato traumatizó al país durante décadas.* (La Habra, California. Internet. Consultado el 10 de junio del 2020), ¿? https://www.bbc.com/mundo/noticias-internacional-52987807

y sus escritos se han vuelto una especie de fiscal para los suecos.

La "Cuarta Transformación" del presidente AMLO, con la construcción del tren maya destruirá "la última selva de México que no había sido tocada ni dañada por el hombre, donde dentro de ella habita una inmensidad de flora y fauna propia de la región y ahora será destruida".[142] Hay más valor en hacer la voluntad presidencial que el bienestar de los ciudadanos mexicanos. La única selva que le queda a México es un gran pulmón que se esfuerza por combatir el bióxido de carbono y se quiere dañar. Las ideas humanas parecen ser más inteligentes que las del Creador de la selva Maya.

Los escritos de Moisés a los que Jesucristo hace referencia en su tiempo eran una gran ayuda espiritual y moral. Sin embargo, en lugar de ver la ayuda que hay en la Ley de Dios, los contemporáneos de Jesucristo la despreciaron; se volvieron ritualistas en lugar de pensar seriamente en los escritos de Moisés y arrepentirse de sus pecados, se negaron a obedecer la Ley de Moisés. Si obedecieran a los escritos de Moisés, entonces podrían ver la gloria del Hijo de Dios que estaba entre ellos. Pero, al hacer una mala hermenéutica de la Ley de Dios, entonces: "En lugar

---

142   Elizabeth Navarro. *Transformación de Cuarta.* (La Habra, California. Internet. Correo electrónico del 4 de junio del 2020. Consultado el 10 de junio del 2020), ¿? https://www.facebook.com/profile.php?id=100009144223236

de eso [de ver la gloria del Hijo de Dios, la Ley], se vuelve en fiscal, acusándoles de pecar contra Dios por incredulidad".[143]

Ahora, notemos una vez más lo que dice Jesús: "Si en verdad le creyeran a Moisés, me creerían a mí, porque él escribió acerca de mí; pero como no creen en lo que él escribió, ¿cómo creerán lo que yo digo?"[144] La conclusión que Jesús les presenta a los judíos es una declaración muy dura, pues les dice que como no creen en el mensaje de Jesús, pues tampoco creen en lo que dice el Pentateuco. Aunque: "Hay muchos pasajes que hacen referencia directa a Cristo en el Pentateuco (cf. Gn. 3:15; 22:18; 49:10; Núm. 24:17; Dt. 18:15, 19)",[145] aun así, los contemporáneos de Jesucristo no vieron la Gloria del Señor en las Escrituras ni en la persona de Jesús.

El escritor del libro a los Hebreos, hace una seria advertencia para los que no creen en los Escritos de Moisés. Él dice: "Pues todo el que rehusaba obedecer la ley de Moisés era ejecutado sin compasión por el testimonio de dos o tres testigos. Piensen, pues, cuánto mayor será el castigo para quienes han pisoteado al Hijo de Dios y han considerado la sangre del pacto —la cual nos hizo santos— como si fuera algo vulgar

---

[143] Samuel Pérez Millos. *Comentario exegético al texto griego del Nuevo Testamento. JUAN.* (Viladecavalls (Barcelona), España. Editorial CLIE. 2016), 571.

[144] Juan 5:46-47, (NVI).

[145] Samuel Pérez Millos. *Comentario exegético al texto griego del Nuevo Testamento. JUAN.* (Viladecavalls (Barcelona), España. Editorial CLIE. 2016), 572.

e inmundo, y han insultado y despreciado al Espíritu Santo que nos trae la misericordia de Dios".[146]

Además, nosotros, como cristianos o simpatizantes del cristianismo o de Jesucristo, debemos de reflexionar, no solamente en que los pasajes del Pentateuco ya citados hablan de la gloria de Jesucristo, sino que, "todo el contenido de la ley ceremonial con sus instrucciones y ordenanzas tuvo cumplimiento perfecto en Cristo".[147] En otras palabras, en el Pentateuco; es decir, en la Ley de Moisés, en cuanto a Jesucristo, tenemos un testimonio irrefutable.

III.- CRISTO COMO NÚCLEO DE LA PALABRA.

Estaba por comenzar un estudio bíblico en una iglesia, pero uno de los asistentes, que no era miembro de la dicha iglesia, no le gustó el tema y me dijo: "No queremos ese estudio, queremos un estudio sobre Cristología". El *no queremos* se me hizo muy raro porque había visto la necesidad del conocimiento del tema a tratar. Así que, con tres llamadas telefónicas me di cuenta de que era él el que no quería ese tema. "Cuando se niega la Escritura, todo está perdido. Lo mismo que entonces estamos atravesando hoy por el mismo problema. La

---

[146] Hebreos 10:28-29, (NTV).

[147] Samuel Pérez Millos. *Comentario exegético al texto griego del Nuevo Testamento. JUAN.* (Viladecavalls (Barcelona), España. Editorial CLIE. 2016), 572.

Palabra está siendo desplazada de la enseñanza de la iglesia, convirtiendo la formación del pueblo de Dios en meras formas de subjetivismo. Los creyentes están cayendo en un infantilismo espiritual que los hace vulnerables a cuantos ataques del enemigo se produzcan. Son fácilmente arrastrados de un lado para otro por cualquier viento de doctrina. Un espiritualismo no bíblico está ocupando las mentes de muchos cristianos, que son controlados por los líderes en base a los que estos les hacen creer que es la enseñanza bíblica".[148]

En el siglo pasado los Testigos de Jehová con sus diabólicas enseñanzas entraron en las mentes de los seres humanos y los esclavizaron a sus metodologías supuestamente bíblicas. Lo mismo hicieron los mormones y otros grupos. A finales del siglo XX y hasta la fecha, los predicadores de la Doctrina de la Prosperidad encasillaron la fe cristiana en una "semilla de fe". Una semilla que solo dio vida y riqueza a los predicadores de la Doctrina de la fe. El pueblo cristiano cada día es más pobre en el espíritu y en sus cuentas bancarias mientras que los líderes de la Doctrina de la Prosperidad son cada día más ricos: ¡Son los magnates del evangelio!

Repito una vez más lo que ha dicho el experto en la exegesis griega, Samuel Pérez Millos: "El Señor

---

[148]   Samuel Pérez Millos. *Comentario exegético al texto griego del Nuevo Testamento. JUAN.* (Viladecavalls (Barcelona), España. Editorial CLIE. 2016), 575.

concluye duramente. Acusa a los judíos de que ni creen en Moisés, ni en las Escrituras. Cristo es el centro de todos los escritos de la Palabra".[149] Pero, aun así, cuando llegamos a nuestro mundo; es decir a nuestro tiempo, Cristo Jesús todavía es sustituido por algo o alguien. Tenemos a personas que ni creen en Jesucristo, aunque lo mencionen con sus bocas ni creen en las declaraciones bíblicas porque dicen que son anticuadas. Y, sin embargo, en Cristo Jesús tenemos un testimonio irrefutable.

Así, pues, en nuestro mundo de Iglesia de Jesucristo, en lugar de que el Señor Jesús sea el núcleo de las Escrituras, es un átomo que gira alrededor de las tradiciones o acomodamientos de la filosofía contemporánea al cual, en algunas ocasiones se toma en cuenta para fines eclesiásticos. Vivimos en un mundo religioso en el que: "Yo quiero" o "nosotros queremos" en lugar de "Dios desea" o "Dios dice" es el *Modus Vivendus* que nos empapa de religiosidad.

En cambio, el verdadero cristianismo le da el lugar correcto a Jesucristo: Lo pone como el Centro de todo. Para el Cristianismo del Nuevo Testamento, Jesucristo es el Núcleo de todos los Sistemas naturales y espirituales. El apóstol Juan da fe de esta verdad y lo hace con los testimonios que rodean la persona y ministerio de Jesús de Nazaret. "En

---

[149] Samuel Pérez Millos. *Comentario exegético al texto griego del Nuevo Testamento. JUAN.* (Viladecavalls (Barcelona), España. Editorial CLIE. 2016), 572.

primer lugar, el Bautista. Este era una lámpara como Elías, pero no era la luz…. En segundo lugar, las obras mismas de Jesús dan testimonio de él, como ha admitido Nicodemo (Jn.3:1-2). En tercer lugar, el Padre también ha dado testimonio, pues preparó el camino para el en el Antiguo Testamento… Por último, las Escrituras dan testimonio de Jesús…. Pero Jesús conoce a los fariseos: ellos no aceptaran estos testimonios".[150]

¡Y en verdad, no los aceptaron! Al rechazarlos, NO pudieron contemplar la magnífica y admirable gloria de Jesucristo. "Gloria como del unigénito del Padre, lleno de gracia y de verdad".[151] El apóstol Juan enfatiza que como sus contemporáneos no amaron a Dios; entonces no pudieron comprender que el Señor Jesús era el Núcleo de todo cuanto les rodeaba. Al rechazar los testimonios que hablan de la Gloria del Hijo mostraron que no aman a Dios y que "únicamente deseaban la gloria humana",[152] no la Gloria de Dios en Jesucristo.

Amar a Dios es hacer de Jesucristo el Núcleo de todo: La Escritura así lo presenta. Desde los mismos orígenes de la tierra, Moisés pone a Jesucristo como el Núcleo de todo cuanto existe; lo presenta como el

---

[150]   Raymond E. Brown. *El Evangelio y las cartas de Juan*. Td. María del Carmen Blanco Moreno. (Bilbao, España. Editorial Desclee de Brouwer, S. A. 2010), 69.

[151]   Juan 1:14, (RV 1960).

[152]   Raymond E. Brown. *El Evangelio y las cartas de Juan*. Td. María del Carmen Blanco Moreno. (Bilbao, España. Editorial Desclee de Brouwer, S. A. 2010), 70.

Creador y el sustentador de todo. Los fariseos del tiempo de Jesús lo odiaron porque no aman a Dios.

Hermanos y hermanas en Cristo Jesús, el Señor Jesucristo tiene que ser nuestro principal amor; en el debemos ser amor. "Quizá sea difícil para su mente asimilar esto; permitir que el amor se convierta en una parte de usted mismo; permitir que la Palabra – el Logos de Dios - domine completamente"[153] su vida. ¿Difícil de comprender? ¡Tal vez sí! Pero esto es hacer a Jesucristo el Núcleo de todo. "Sé lo difícil que es esto – en nuestro mundo filosófico/religioso -, pero debe suceder, o de lo contrario, - como creyentes en Cristo Jesús – viviremos en la frontera entre lo correcto y lo incorrecto, sin nunca saber si esto está mal, o si aquello está mal".[154] No es nada agradable ni para Dios ni para el individuo vivir en un limbo filosófico/religioso. Dios le dijo al líder de la Iglesia de Laodicea que "ni era frio ni caliente. ¡Ojalá fueses frio o caliente! Pero por cuanto eres tibio, y ni frio ni caliente, te vomitaré de mi boca".[155]

Si no aceptamos los testimonios de Moisés y de los profetas que dan sobre la Persona y el ministerio de Jesús, nos encontraremos con tres serios problemas:

---

[153] E. W. Kenyon. *Realidades de la Nueva Creación*. Trd. Belmonte Traductores. (New Kensington, PA. Whitaker House. 2014), 109.

[154] E. W. Kenyon. *Realidades de la Nueva Creación*. Trd. Belmonte Traductores. (New Kensington, PA. Whitaker House. 2014), 109.

[155] Apocalipsis 3:15-16, (RV, 1960).

1.- Nunca llegaremos a conocer en verdad a Jesucristo y su ministerio de amor salvífico/Redentor. Jesús será uno más entre los muchos dioses y entre las innumerables tradiciones y acciones religiosas. ¡Nunca, Jesús, será el Núcleo de todo!

2.- Nunca se llegará a amar a Dios. La Biblia dice que Dios es amor, así que al no amar a Dios en realidad no hay una creencia correcta acerca de Dios; es decir que al no amar al Señor no se tiene una idea acertada de quien es Jesucristo y, al no tener una idea clara de quien es el, entonces se corre el riesgo de no ser cristiano, porque el Señor Jesús nunca ha sido el Núcleo de su vida.

3.- Al no aceptar lo que dice la Biblia en cuanto a la persona y ministerio de Jesús de Nazaret, entonces, *no se puede ver la gloria del Hijo.* Buda, Mahoma, Astarte, Lourdes, María, Marduc, On, Isis, Zeus, y los otros dioses de las diferentes filosofías serán iguales o superiores a Jesucristo si se desprecia la verdad bíblica acerca de Jesús de Nazaret. El rechazo de lo que dice la Escritura acerca de Jesús, hará del Señor Jesús un átomo girando en derredor de un núcleo filosófico/religioso.

Recodemos, pues que: "Cuando se niega la Escritura, todo está perdido".[156] Al negar lo que dice la Biblia en cuanto a Jesucristo no solamente se quita

---

[156] Samuel Pérez Millos. *Comentario exegético al texto griego del Nuevo Testamento. JUAN.* (Viladecavalls (Barcelona), España. Editorial CLIE. 2016), 575.

a Jesús de ser el Núcleo de todo, sino que también la gloria del Hijo que opacada por la filosofía humana y, además, el cristianismo se queda sin un testimonio irrefutable.

CONCLUSIÓN.

En el Señor Jesús tenemos un testimonio irrefutable. "Ser cristiano no es conocer a Jesús, sino vivir a Cristo".[157] El tradicionalismo en la mayoría de las veces es un impedimento para que las necesidades espirituales sean efectivas en la comunidad cristiana. Cristo rompió con parámetros, pero con la muestra de su humildad, con el recordatorio de que la Ley habla de Su ministerio y siendo el mismo el Centro o el Núcleo de toda la Biblia, ¡nada, ni nadie, puede refutar el Testimonio de Cristo! En El tenemos un testimonio irrefutable.

El creer y practicar lo que dice la Biblia, es tener la humildad de aceptar el testimonio de Cristo; el creer y practicar lo que dice la Biblia es creer en todo lo que dice el Pentateuco y el resto de la Biblia acerca de Jesús el Mesías de Dios y, el creer y practicar lo que dice la Biblia es aceptar por fe que cada página de la Palabra de Dios hace mención o referencia de Cristo Jesús. ¿Por qué? Porque en Jesús tenemos un testimonio irrefutable.

---

[157]   Samuel Pérez Millos. *Comentario exegético al texto griego del Nuevo Testamento. JUAN.* (Viladecavalls (Barcelona), España. Editorial CLIE. 2016), 574.

Así que, Jesucristo, en una buena hermenéutica cristiana, es un testimonio irrefutable de que la Biblia, es decir, la Palabra de Dios, es Cristo céntrica con un testimonio irrefutable.

¿QUÉ DEBEMOS HACER?

"Entonces le dijeron: ¿Qué debemos hacer para poner en práctica las obras de Dios?"

Juan 6:28, (NVI).

INTRODUCCIÓN.

La narrativa del capítulo seis del Evangelio de Juan comienza con el "único milagro que aparece en todos los Evangelios".[158] Es el milagro de la alimentación de los cinco mil. En esta narrativa, Jesús, explica el significado del milagro. Les enseña que el verdadero significado del milagro es el mismo, el que habla con ellos, El "es el verdadero pan del cielo que Dios envió para dar vida al mundo".[159]

"¿Qué debemos hacer para poner en práctica las obras de Dios?" Interesante pregunta. Jesús les dio la respuesta. Al contemporizar esta pregunta con su respuesta, diremos que:

---

[158] Comentario en la Biblia de Estudio Esquematizada. (Brasil. Sociedades Bíblicas Unidas. 2010), 1571.

[159] Comentario en la Biblia de Estudio Esquematizada. (Brasil. Sociedades Bíblicas Unidas. 2010), 1572.

I.- DEBEMOS ESCUCHAR ATENTAMENTE EL MENSAJE DE DIOS.

La pregunta de los oyentes de Jesús: "¿Qué debemos hacer para poner en práctica las obras de Dios?",[160] me hace entender que los presentes estaban atentos a las palabras de Jesús. ¡Muy buena lección! ¿Por qué? Porque en nuestros días esta atención al mensaje de Jesucristo, en algunos, ha pasado de moda. "Uno de los más grandes argumentos que se levantan en contra de la justicia de Dios es el que hace la pregunta: '¿Qué sucederá en el Día del Juicio para todas las personas que nunca tuvieron la oportunidad de oír el mensaje del evangelio de la gracia de Dios?'."[161] Por el momento, la respuesta se la dejamos pendiente; daremos la respuesta en otra ocasión.

Lo que ahora me interesa es la pregunta: ¿Qué sucederá con los que están dentro y fuera de la iglesia local y no ponen la debida atención al mensaje bíblico? La recomendación de hoy es que debemos escuchar atentamente el mensaje de Dios. En estos días pandémicos veo y escucho a la gente haciendo y diciendo filosofías en cuanto al

---

[160] Juan 6:28, (NVI).

[161] Armando Alducin. *El rechazo de la Verdad.* (La Habra, California. Internet. Mensaje predicado en https://video.search.yahoo.com/yhs/search;_ylt=AwrWnjqTAg9fBEwAGQgPxQt.;_ylu=X3oDMTEyYmlnNzd0BGNvbG8DZ3ExBHBvcwMxBHZ0aWQDQzAxNTVfMQRzZWM0c2M-?

COVID-19. Algunos no ponen la debida atención a la situación; no ponen la debida atención a los consejos de los expertos y como resultado las infecciones y las muertes se siguen aumentando. La duda y el rechazo de la verdad producen situaciones caóticas.

En la vida espiritual, al no poner la debida atención a la verdad de Dios la gente se está enfermando emocionalmente cada día más. Pleitos familiares, desacuerdos políticos, desesperación, robos, pleitos callejeros, asesinatos y otros tipos de muertes son el pan de cada día. ¡No se está poniendo la debida atención al mensaje de Dios!

Cuando los contemporáneos de Jesucristo le preguntaron: "¿Qué debemos hacer para poner en práctica las obras de Dios?", la respuesta de Jesús fue que la obra de Dios era que creyeran en el que Dios había enviado; es decir que creyeran en Jesucristo. La mejor y única manera de creer en el cómo nuestro Salvador de nuestras almas y como el ayudador en medio de esta pandemia es: ¡Escuchar atentamente el mensaje de Dios! Es un mensaje que dice: ¡Jesucristo es el Señor! Por consiguiente, en medio de esta pandemia, podemos ver la gloria de Jesucristo. Una gloria que produce paz, consuelo, seguridad y una esperanza bienaventurada.

II.- DEBEMOS SER PRECAVIDOS O PRUDENTES.

Contextualizando el mensaje de Dios y la pregunta de los contemporáneos de Jesús: "¿Qué debemos hacer para poner en práctica las obras de Dios?", decimos que debemos ser precavidos. Estamos viviendo una época que no esperábamos, el coronavirus nos ha sorprendido. Sin embargo, el hecho de que nos haya sorprendido este virus, a estas alturas –Julio del 2020 -, ya sabemos lo suficiente de su potencial maléfico; ya sabemos cómo podemos evitar ser víctimas de su poder. Es decir que, si ahora nos infectamos no es por ignorancia sino por descuido o imprudencia.

El llamado, entonces, pues, es: Debemos ser precavidos o prudentes. Debemos ser precavidos con el mensaje que estamos predicando. Dios es grande, misericordioso y Su soberanía no ha menguado, de esto no tengo la menor duda, pero, abrir las actividades de la iglesia local como lo han hecho los comercios, no es prudente. Repito, no dudo de la protección y poder sanador de Dios, sin embargo, Dios mismo nos ha dado una mente racional para que entendamos lo que es lo correcto y lo incorrecto. Existen otras formas de ver la gloria de Jesucristo, no solo en una Capilla o en un templo de cuatro paredes. Los contemporáneos de Jesús vieron su gloria en las calles, en las casas, en el mar, en las plazas, en las grandes ciudades y también en las aldeas. Hoy tenemos los medios de comunicación con los cuales la gente puede ver la gloria de Jesucristo si se la presentamos tal y como la presentan las Escrituras. ¡Debemos ser prudentes!

En la Reunión virtual de Pastores de Ministerios Betesda el lunes 13 de julio del 2020 durante la hora y media de testimonios y recomendaciones (6:00 – 7:30 pm, hora de California), se nos presentó un video de un pastor predicando a fotografías en una iglesia en Italia. Eran las fotografías de los que fueron miembros de la iglesia. La imprudencia no solo puede llevarnos a predicar a fotografías sino aún más a cerrar los Centros de Adoración. ¡Debemos ser prudentes!

Las noticias no son nada gratas. Algunas de ellas no han dicho que en Estados Unidos el centro de las infecciones del COVID-19 en este mes de julio del 2020 es la Florida. La razón principal de esta mala noticia es por no ser precavidos o prudentes. En California ha sucedido casi lo mismo que en la Florida. Esta es la razón por la cual: "El gobernador de California, Gavin Newsom, anunció el mediodía de este lunes – 13 de julio del 2021 - nuevas medidas para tratar de mitigar la propagación del coronavirus que ha aumentado drásticamente en el estado durante las últimas semanas.

Con vigencia inmediata los restaurantes, bodegas de vino, cines, centros de entretenimiento familiar, mesas de apuestas de cartas, museos y zoológicos deben suspender inmediatamente operaciones bajo techo en los 58 condados del estado".[162]

Los contemporáneos de Jesucristo, después de haber sido alimentados en el monte al otro lado del mar de Galilea, siguieron a Jesús hasta la ciudad de Capernaum y allí, después de un ligero regaño de parte de Jesús porque la gente lo seguía por comida, ellos le preguntaron: "¿Qué debemos hacer para poner en práctica las obras de Dios?". La respuesta de Jesús fue que la obra de Dios es que creyeran en él; que creyeran en el que Dios había enviado.[163] Me parece que Jesucristo les dice, ¡sean diligentes! ¡Sean precavidos! ¡No hagan nada fuera de lo es razonal! "Esta es la obra de Dios".[164] ¿Nos cuesta trabajo entender esto? Lo entiendo. A mí también me cuesta trabajo entender cómo se puede ver la gloria del Hijo en medio de esta pandemia. ¿Dónde está la Soberanía y el Poder de Dios en esta pandemia? ¡Allí está! La Soberanía y el Poder divino no depende si

---

[162] Ángel Matute. *Nuevo cierre: California ordena suspensión temporal de operaciones bajo techo en todo el estado.* (La Habra, California. Internet. Artículo en La Opinión publicado el 13 de Julio 2020. Consultado el 15 de Julio del 2020), ¿? https://laopinion.com/2020/07/13/nuevo-cierre-california-ordena-suspension-temporal-de-operaciones-bajo-techo-en-todo-el-estado/?utm_source=La%20Opini%C3%B3n%20-

[163] Juan 6:25-29.

[164] Juan 6: 29a, (RV, 1960).

lo entiendo o no. Dios sigue siendo Dios, aunque no lo entienda.

Así que, debemos ser prudentes al mismo tiempo que diligentes para poder ver la gloria de Jesucristo en estas negativas circunstancias. ¿Qué debemos hacer?, fue la pregunta de los seguidores de Jesús. Y, nosotros, como cristianos; como seguidores de Jesucristo, ¿Qué debemos hacer en medio de esta pandemia? El Pastor Rafael Guzmán ha dicho que, debemos ver el pasado en el espejo retrovisor mientras seguimos el viaje al futuro que Dios nos ha prometido.[165] Es decir que debemos ser prudentes y hacer la "obra de Dios" mientras cruzamos por esta pandemia. Atrás veremos lo que está sucediendo, pero, al frente veremos la gloria del Hijo. ¡La prudencia nos permitirá ver la gloria de Jesucristo!

III.- DEBEMOS HACER "LA MISIÓN".

El compositor, Horatio Gate Spafford, en 1873, escribió una poesía que tituló: *Alcancé Salvación*. En 1876, el compositor Phillip Paul Bliss le puso música a este poema. En las iglesias presbiterianas y bautistas de las décadas de los años 1970 y hasta los años 1990, era un himno que estaba periódicamente

---

[165] Rafael Guzmán. Ilustración dada en la Reunión semanal virtual de los pastores de Ministerios Betesda. Lunes 13 de Julio del 2020 a las 6:00 pm, hora de California.

en los programas de los cultos. Parte de la letra dice así:

> "*De paz inundada mi senda ya esté,*
> *O cúbrala un mar de aflicción,*
> *Mi suerte cualquiera que sea, diré:*
> *Alcancé, alcancé salvación.*
>
> Coro:
> *Alcancé salvación.*
> *Alcancé, alcancé salvación*".[166]

¡Gloria a Dios por los que ya alcanzamos la salvación en Cristo Jesús! Pero ahora debemos preguntarnos: ¿Qué de los que aún no son salvos por la Obra Redentora de Jesucristo? Cuando vemos a nuestro alrededor nos damos cuenta de que: Debemos hacer "La Misión". Cuando alzamos un poco más los ojos y vemos las crisis mundiales nos damos cuenta de que: Debemos hacer "La Misión". ¿Qué misión?

Poco antes de que Jesucristo fuera alzado a los cielos les dijo a los discípulos: *"Por lo tanto, vayan y hagan discípulos de todas las naciones, bautizándolos en el nombre del Padre y del Hijo y del Espíritu Santo".* También les dijo: *"... y serán mis testigos, y le hablarán a la gente acerca de mí en todas partes: en Jerusalén, por toda Judea, en Samaria y hasta*

---

[166] Horatio G. Spafford. *Alcancé salvación.* (El Paso, Texas. Himnario Bautista. Casa Bautista de Publicaciones. 1986), Himno # 330.

los lugares más lejanos de la tierra".[167] ¡Esta es la misión! ¡Esto es lo que el mundo necesita!

Cuando la gente le preguntó a Jesús: "¿Qué debemos hacer para poner en práctica las obras de Dios?",[168] la respuesta del Señor fue que la Obra de Dios es que el mundo crea en Jesucristo como el Salvador de sus almas, pero, "… ¿cómo creerán en aquel de quien no han oído?, dijo Pablo.[169] ¿Cómo la gente de nuestro tiempo podrá salir de las diversas crisis en las que viven sino no tienen otra opción? ¿Quién les dirá y dará una salida a sus problemas causados por la pandemia del COVID-19 y por el pecado? ¡La Iglesia! Es decir, Tú y Yo. ¿Qué debemos hacer? Debemos hacer la misión de Dios.

Otro autor nos dice que mientras laboramos en la Misión de Dios debemos darle la gloria por su Obra Redentora; debemos darle gloria porque decidió por sí mismo ser nuestro Salvador. También no dice que, en la labor de la Misión de Dios, el Señor nos acompañará con su gracia divina. Sus consoladoras palabras son:

"Gloria cantemos al Redentor,
Que por nosotros quiso morir;
Y que la gracia del Salvador

---

[167]   Mateo 28:18; Hechos 1:8, (NTV).

[168]   Juan 6:28, (NVI).

[169]   Romanos 10:14, (RV, 1960).

Siempre dirija nuestro vivir.

Cuando en la lucha falta la fe,
Y el alma sienta desfallecer,
Cristo nos dice: 'Siempre os daré
Gracia divina, santo poder'."[170]

Así que: "¿Qué debemos hacer para poner en práctica las obras de Dios?"[171] Y la respuesta de Jesús fue que la obra de Dios era que creyeran en el que Él había enviado.[172] Y para que crean y vean "la gloria del unigénito del Padre, lleno de gracia y de verdad",[173] es necesario que Tú y Yo hagamos prontamente y con diligencia la Misión de Dios. El apóstol Pedro dice que nosotros, los cristianos, somos un pueblo elegido. Dice que somos sacerdotes del Rey, y como tales somos una nación santa, somos posesión exclusiva de Dios. Con estas cualidades podemos mostrar a otros la bondad de Dios, pues él los ha llamado a salir de la oscuridad y entrar en su luz maravillosa; es decir, nos ha llamado y sacado del ambiente pecaminoso para que hagamos la Misión de Dios.[174]

---

[170]   Autor: Autor desconocido. *Gloria cantemos al Redentor*. (La Habra, California. Literatura Bautista.com. Temas relacionados: Himnos y canciones. Consultado el 19 de julio del 2020), ¿? https://www.literaturabautista.com/himno-gloria-cantemos-al-redentor/

[171]   Juan 6:28b, (NVI).

[172]   Juan 6:28-29.

[173]   Juan 1:14.

[174]   I Pedro 2:9, versión personalizada en base a la Nueva Traducción Viviente.

CONCLUSIÓN.

¿Qué debemos hacer? Jesucristo les dio la respuesta a sus contemporáneos. La respuesta para nosotros es la misma, puesto que la verdad de Dios no cambia, así que la respuesta es que debemos hacer la obra de Dios. Pero debemos hacerla en el contexto en que Jesucristo la puso; es decir, en el enfoque en el deseo de Dios Padre. ¿Qué deseo? Que la gente crea en Jesucristo como el enviado por Dios para salvar a la humanidad de las consecuencias del pecado.

Por eso es por lo que, para hacer la obra de Dios, tú y yo, primeramente, debemos escuchar atentamente el mensaje de Dios. En segundo lugar, debemos ser precavidos o prudentes, y, en tercer lugar, debemos hacer la Misión de Dios.

¿QUIÉN LAS PUEDE OÍR?

"Muchos de sus discípulos decían: 'Esto es muy difícil de entender. ¿Cómo puede alguien aceptarlo?'. Jesús estaba consciente de que sus discípulos se quejaban, así que les dijo: '¿Acaso esto los ofende? ¿Qué pensarán, entonces, si ven al Hijo del Hombre ascender al cielo otra vez? Solo el Espíritu da vida eterna; los esfuerzos humanos no logran nada. Las palabras que yo les he hablado son espíritu y son vida, pero algunos de ustedes no me creen'. (Pues Jesús sabía, desde un principio, quiénes eran los que no creían y también quién lo traicionaría).

Juan 6:60-64, (NTV).

INTRODUCCIÓN.

Cuando comenzaba la Iglesia Cristiana en mi pueblo, el pastor nos invitaba periódicamente a evangelizar. Un día que lo acompañé, llegamos a un hogar en donde tres hombres jugaban barajas. El pastor les presentó el mensaje de salvación. Sin dejar de jugar, lo escucharon *por* unos minutos y todavía sin dejar de jugar, el dueño de la casa nos corrió. Antes de salir de aquella casa, el pastor se volvió y le dijo: ¿Amigo, has pensado que será de ti después de que mueras? – No me importa, dijo el señor. Cuando me muera que me traguen los gusanos-. Aquel hombre no creía en la vida eterna.

¿Quién las puede oír? ¿Quién puede escuchar las palabras de Jesucristo o del Evangelio y no tener una reacción, ya sea esta de desprecio – como mi paisano - o de consentimiento – como el apóstol Juan? Jesús les habló a los judíos acerca de la vida eterna, pero para algunos este mensaje no fue agradable. "Aun muchos de sus discípulos no lograron aceptar las enseñanzas de Jesús y 'volvieron atrás'."[175]

¿Por qué les fue difícil aceptar las palabras de Jesús? ¿Por qué sus contemporáneos no recibieron el mensaje de Jesús con gusto? El Señor les había dicho que él era "el pan de vida".[176] Pero mientras escuchaban las palabras de Jesucristo, su pensamiento natural los llevó a dos grandes preguntas:

---

[175] Comentario en la *Biblia de Estudio Esquematizada*. (Brasil. Sociedades Bíblicas Unidas. 2010), 1573

[176] Juan 6:35.

I.- ¿CÓMO, PUES, DICE ESTE: DEL CIELO HE DESCENDIDO?

Jesús, en su mensaje a sus paisanos dijo que él era el pan que había descendido del cielo. Aún no había terminado su presentación y: "Entonces la gente comenzó a murmurar en desacuerdo, porque él había dicho: 'Yo soy el pan que descendió del cielo'. Ellos se decían: '¿Acaso no es este Jesús, el hijo de José? Conocemos a su padre y a su madre. ¿Y ahora cómo puede decir: Yo descendí del cielo'?".[177]

No, no es una pregunta fuera de contexto. Tampoco es una pregunta irracional. Es una pregunta muy lógica. Los judíos sabían por las Escrituras que solamente descendían del cielo dos seres: Dios y los ángeles. Aunque esto no es una excusa para rechazar las palabras de Cristo. Cuando Jesús les dice que él es el pan de vida que ha descendido del cielo, la confusión es muy natural. ¿Por qué natural? Noten su razonamiento: "Y se decían: '¿Acaso no es este Jesús, el hijo de José? ¿No conocemos a su padre y a su madre? ¿Cómo es que sale diciendo: "Yo bajé del cielo".'?"[178] ¡Ah, los pensamientos terrenales! Son los pensamientos naturales de personas que no se dejan guiar por el Espíritu Santo o que ya tienen un prejuicio.

---

[177]   Juan 6:41-42, (NTV)

[178]   Juan 6:42, (NVI).

Con esos pensamientos terrenales, la gente murmuraba. Y es aquí donde está un serio error. A Jesús: "No le preguntaban por el sentido de las palabras que no entendían, simplemente criticaban lo que Jesús decía. La murmuración consistía en que Jesús afirmaba su condición celestial, enviado del Padre, procedente del cielo, y ellos consideraban simplemente Su condición humana".[179] Su enfoque estaba en la persona y sus antecedentes familiares y geográficos: Tenían un espíritu prejuicioso. Y, ese enfoque fue una barrera para que se dieran cuenta que frente a ellos estaba el "unigénito del Padre" y, por consiguiente, no pudieron ver su gloria.

Si en lugar de Jesús hubiera sido el profeta Elías o el profeta Eliseo o si hubiera sido Moisés, es muy probable que los oyentes de Jesús hubieran aceptado que había bajado del cielo, pero, Jesús, el hombre de Nazaret que se había criado entre ellos; que conocían a su familia, que les diga que bajó del cielo para darles salvación y vida eterna, ¡eso no lo podían percibir! Imagínense que de un momento a otro escucho decir al doctor Ronald Vides: "Cristianos de este tiempo, dejé el cielo, dejé el lugar al lado de Padre en las Moradas Celestiales para hablarles de la vida eterna". ¿Qué cosa? ¡Sí, esa sería mi expresión! Conozco al Doctor Vides desde hace más de veinte

---

[179]　Samuel Pérez Millos. *Comentario exegético al texto griego del Nuevo Testamento. JUAN.* (Viladecavalls (Barcelona), España. Editorial CLIE. 2016), 656.

años; conozco a sus padres; conozco a sus hermanos y hermanas y, también conozco a su esposa Patricia y a su hijo Ricardo. ¿Cómo voy a creer que vino del cielo? ¿Cómo voy a aceptar que estaba sentado al lado del Padre Dios en las Moradas Celestiales? Esto no tiene sentido. Pero tampoco tiene sentido que por el hecho de conocerlo no acepte un mensaje de Dios por medio de él.

Para el auditorio de Jesús, lo que él les dijo, no tenía sentido. Y sin embargo, a diferencia del Doctor Vides, Jesucristo sí había bajado del cielo para traer las buenas nuevas de salvación y entregar su vida en una Obra Redentora. La mala interpretación de las palabras de Jesús y su conocimiento de que Jesús era del insignificante pueblo de Nazaret, de una provincia de obreros, pastores y granjeros como lo era Galilea, no les permitió a los judíos entender esta sublime verdad bíblica e histórica de que Jesús había venido del cielo con un nuevo mensaje. "Su reacción ante las credenciales de Jesús era recordar el hecho de que Él era el hijo del carpintero y que le habían visto crecer en Nazaret. Eran, pues, incapaces de aceptar que Uno Que era un artesano y Que procedía de una familia humilde pudiera ser un Mensajero especial de Dios".[180]

---

[180]   William Barclay. *Comentario al Nuevo Testamento: Volumen 5: JUAN I.* (Terrassa (Barcelona), España. Editorial CLIE. 1995), 255.

¡Ah, nuestras mentes finitas! Mentes muy perceptibles a las malas interpretaciones. "Las dos afirmaciones de Jesús: *Yo soy el pan de vida* y *he descendido del cielo,* producen enojo y reprobación"[181] entre aquellos que están frente a frente con Dios mismo. Aunque lo estaban viendo y también eran testigos de las señales que hacía, aun así. "seguían obstinados en no creer".[182] Cuando un predicador le cae mal a una persona, aunque su mensaje sea bueno, no es aceptado; su raciocinio lo lleva a ver a la persona no al mensaje. En algunas ocasiones el desprecio y el racismo impiden ver la gloria de Dios en un excelente mensaje.

Hace unos días un hermano me dijo que no quería escuchar nada de las predicaciones de uno que, para mí, es un excelente siervo de Dios, por la razón, según él, de que hace negocio con sus libros. Le pregunté qué cuántos libros había leído del siervo de Dios; *Ninguno,* fue su respuesta. Luego le pregunté: ¿Cuántas veces has estado en su iglesia para escuchar su mensaje? *Ninguna vez* - me contestó. Entonces, si no has leído un solo libro de él, si no has escuchado sus mensajes, ¿por qué no te agrada? – *Porque hace negocio con el evangelio vendiendo sus libros* -, fue su respuesta. ¿Envidia? ¡Ah, mentes y corazones

---

[181]   Samuel Pérez Millos. *Comentario exegético al texto griego del Nuevo Testamento. JUAN.* (Viladecavalls (Barcelona), España. Editorial CLIE. 2016), 656.

[182]   Samuel Pérez Millos. *Comentario exegético al texto griego del Nuevo Testamento. JUAN.* (Viladecavalls (Barcelona), España. Editorial CLIE. 2016), 656.

engañosos y egoístas! ¡Ah, las palabras del Señor, Jesús, ¿quién las puede oír?!

Jesús llegó a nosotros como el "Pan de Vida" para darnos vida. Él ha hecho lo suyo: Él ha cumplido su propósito hacia la humanidad. "En último análisis, lo único que puede frustrar el propósito de Dios es la oposición del corazón humano. La vida está allí para que la tomemos... o para que la rechacemos".[183] Es nuestra decisión.

II.- "¿CÓMO PUEDE ESTE DARNOS A COMER SU CARNE?"

Jesucristo les está ofreciendo a sus paisanos darles vida eterna; la manera de obtenerla es comer el pan que descendió del cielo; Jesús les dijo que el pan que él les daba era su "cerne, la cual la dio por la vida del mundo".[184]Cuando el auditorio escuchó esta declaración de la boca de Jesús: "Entonces la gente comenzó a discutir entre sí sobre lo que él quería decir. '¿Cómo puede este hombre darnos de comer su carne?', se preguntaban".[185]

Esta es la segunda pregunta perturbadora en la mente de los judíos que estaban escuchando el mensaje de Jesús. Otra vez, no es una pregunta

---

[183]   William Barclay. *Comentario al Nuevo Testamento: Volumen 5: JUAN I.* (Terrassa (Barcelona), España. Editorial CLIE. 1995), 253

[184]   Juan 6:50, (mi traducción).

[185]   Juan 6:51, (NTV).

irracional; es algo muy natural en el ser humano cuando escucha algo que no le es lógico. Cuando Jesús pronuncia su mensaje con palabras no muy gratas, ¿Quién las puede oír? Y más si se trata de una persona que ya conocemos. Sin embargo, debemos de tener cuidado con lo que escuchamos y con lo que vemos; cuidado con rechazar aun al Mensajero de Dios por el hecho de que no nos gusta su apariencia. "Nadie desecharía un cheche de 1, 000,000 por el hecho de que está metido en un sobre vulgar y corriente".[186] Sería algo insólito rechazar esa cantidad por el hecho de que está en un sobre de mala vista. Y, sin embargo, lo insólito es que las palabras de Jesús fueron rechazadas porque: "Esta enseñanza es muy difícil; ¿quién puede aceptarla?"[187]

Al enfocase en la genealogía de Jesús y afirmar que era hijo de José, no solamente estaban diciendo que Jesús era otro hombre igual que ellos, en cierta manera tenían razón, pues, el Logos se había hecho carne. Pero, al pensar de esta manera, los judíos estaban rechazando el "nacimiento sobrenatural del Hijo de Dios".[188] Aunque Jesús era hijo de José por adopción o porque lo aceptó después de los mensajes angelicales, su paternidad era del Padre Celestial; es

---

[186]   William Barclay. *Comentario al Nuevo Testamento: Volumen 5: JUAN I.* (Terrassa (Barcelona), España. Editorial CLIE. 1995), 255.

[187]   Juan 6:62, (NVI).

[188]   Samuel Pérez Millos. *Comentario exegético al texto griego del Nuevo Testamento. JUAN.* (Viladecavalls (Barcelona), España. Editorial CLIE. 2016), 656.

decir que Jesús era el Eterno Dios en la carne, algo
que los ojos de los judíos que estaban vendados por
el pecado no podían ver. ¡No pudieron ver la gloria
del Unigénito del Padre, que estaba lleno de gracia
y de verdad!

Sí, Jesús era hombre como cualquier otro
hombre físicamente. Sin embargo: "Es necesario
tener siempre presente que Jesús es el *Unigénito
de Dios*, manifestado en carne por obra de la
concepción virginal en María (1:14)".[189] Pero también
es necesario que atendamos a las palabras de Jesús
aunque estas sean difíciles de entender y mucho más
de acéptala, de allí la pregunta de los seguidores de
Jesús: "Esta enseñanza es muy difícil; ¿quién puede
aceptarla?"[190] Decirles a los oyentes que él era el pan
y que deberían de comer su carne para tener la vida,
¡eso no era lógico!

¿Difícil de aceptar? ¡Sí! Es una declaración que
no es lógica. Es una declaración que dice que: "El
que participa de este pan de vida que es Cristo, recibe
la *vida eterna*, por tanto, *vivirá para siempre*, o si se
prefiere mejor, *vivirá eternamente*".[191] Para algunas
mentes humanas, el concepto de vida eterna o vivir
eternamente no es lógico. Las malas interpretaciones

[189]   Samuel Pérez Millos. Comentario exegético al texto griego del Nuevo Testamento.
JUAN. (Viladecavalls (Barcelona), España. Editorial CLIE. 2016), 656.

[190]   Juan 6:62, (NVI).

[191]   Samuel Pérez Millos. Comentario exegético al texto griego del Nuevo Testamento.
JUAN. (Viladecavalls (Barcelona), España. Editorial CLIE. 2016), 674-675.

suelen cobrar luz y alumbrar a otras mentes con la falsedad o la media verdad que, al fin de cuentas, es una mentira. Jesús estuvo hablando de creer en él, pero ahora se adentra un poco más y dice que no basta con creer, sino que ahora hay que "comer su carne". ¡Esto sí está más complicado! ¿Comer su carne?

Lo que Jesucristo quiere es que seamos uno con El. El Señor Jesús desea ser uno con nosotros. Al captar a Jesucristo como el Salvador, Él se hace uno con el que ha sido salvado y viceversa; el que ha sido salvado se hace uno con el Salvador. Es decir que: "Cristo, se incorpora, por la acción del Espíritu, al creyente, y se hace vida para él".[192] Esta es pues la vida eterna de la que Jesús estaba hablando con sus paisanos. Al ser, Jesús, el "Unigénito del Padre, lleno de gracia y de verdad", es también el Logos de Dios y como consecuencia Él es Eterno. Es la Persona que comparte la gloria de Dios; aquella gloria de que Juan dice que la vieron.[193]

"Esta enseñanza es muy difícil; ¿quién puede aceptarla?" – fue la queja y la pregunta de los seguidores de Jesús. Su atención se fijó en lo material; en la persona terrenal, no en la Persona Celestial que les estaba hablando. En cierta ocasión

---

[192] Samuel Pérez Millos. Comentario exegético al texto griego del Nuevo Testamento. JUAN. (Viladecavalls (Barcelona), España. Editorial CLIE. 2016), 675.

[193] Juan 1:14.

el apóstol Pablo dijo que "el dios de este siglo", es decir, Satanás, había cegado el entendimiento de los hombres incrédulos para que no entendieran el mensaje del Evangelio y así no pudieran ver "la gloria de Cristo, el cual es la imagen de Dios".[194] Esta imagen de la que habla Pablo es la imagen de Cristo antes de su encarnación, luego, el apóstol Juan, dice que ya encarnado, Jesús, dejó ver esa imagen de Dios en una gloria sin igual. Juan dice: "Y vimos su gloria".[195]

Lo lamentable es que no todos vieron su gloria. Aquí, en Juan capítulo seis, donde Jesús pronuncia estas palabras sobre el pan del cielo, seguramente que esperaba que la gente se acercara a él y creyeran en él. Sin embargo, el enemigo cegó su entendimiento y solo llegó a su la duda: "Esto es muy difícil, ¿quién puede aceptarla?" Su incredulidad no les permitió ser uno con Cristo ni que Cristo fuese uno con ellos; es decir, no pudieron recibir la vida eterna a causa de su ceguera espiritual que no estuvo dispuestos a dejarla.

"¿Cómo puede este darnos a comer su carne?" ¡Ah mentes cegadas por el dios de este mundo! No pueden ver las cosas espirituales ni saborear el Pan del Cielo que da vida porque se les hace algo ilógico.

---

[194]   2 Corintios 4:4.

[195]   Juan 1:14; Alvah Hovey. *Comentario expositivo sobre el Nuevo Testamento. 1 Corintios – 2 Tesalonicenses*. Trd. Jaime C. Quarles. (El Paso, Texas. Casa Bautista de Publicaciones. 1973), 151

La vida cristiana y el caminar con Cristo es algo real, aunque parezca ilógico. En ese caminar, el cristiano, para seguir firme en la Guerra Espiritual, tiene que alimentarse del *"Pan Celestial"* cada día. Jesucristo y sus palabras de vida tienen que ser las vitaminas y la energía que nos ayude en el peregrinar hacia la Patria Celestial, aunque nos parezca ilógico y aunque sea un mensaje difícil de aceptar, este es el método de Dios para dar vida eterna.

El Señor Jesús es el Pan de Vida y de El debemos de comer cada día. No hagamos una mala interpretación como lo hicieron los oyentes de Jesús: "El auditorio entendió que Jesús daría su carne a ellos, en lugar de por ellos".[196] Dios no quiere caníbales, ¡Dios quiere hijos redimidos por la obra sacrificial de Jesucristo! No somos salvos por el hecho de creer en Dios, sino por ser uno con Cristo al aceptar su Persona y su obra salvífica por fe en nuestras vidas.

III.- ¿Esto les causa tropiezo?

La gente y los discípulos de Jesús estaban pasmados por causa del mensaje que habían escuchado del Maestro, Jesús de Nazaret. Sus confundidas mentes no les permitieron ver "la gloria del Unigénito del Padre, lleno de gracia y de verdad", sino que, en su

---

[196]   Samuel Pérez Millos. *Comentario exegético al texto griego del Nuevo Testamento. JUAN.* (Viladecavalls (Barcelona), España. Editorial CLIE. 2016), 674-679.

confusión mental: "Muchos de sus discípulos decían: "Esto es muy difícil de entender. ¿Cómo puede alguien aceptarlo?' Jesús estaba consciente de que sus discípulos se quejaban, así que les dijo: '¿Acaso esto los ofende? ¿Qué pensarán, entonces, si ven al Hijo del Hombre ascender al cielo otra vez?'."[197]

Jesucristo permanece parado frente a su auditorio, les ha inquietado con sus palabras a tal grado que de sus mentes nubladas por la intervención del dios de este mundo o de este siglo, han salido dos inquietantes preguntas. La primera fue: *¿Cómo, pues, dice este: Del cielo he descendido?* Y, la segunda fue: *"¿Cómo puede este darnos a comer su carne?"* Con esas preguntas en sus mentes no pudieron aceptar, ni creer, ni meditar y mucho menos ver la gloria del "Unigénito del Padre" que estaba frente a ellos. Jesucristo sabía de su confusión; sabía de las murmuraciones y del rechazo de sus palabras y por eso hace esta pregunta: "¿Esto les causa tropiezo?"[198] Notemos una vez más lo que les dijo Jesucristo: "Al escucharlo, muchos de sus discípulos exclamaron: 'Esta enseñanza es muy difícil; ¿quién puede aceptarla?' Jesús, muy consciente de que sus discípulos murmuraban por lo que había dicho, les reprochó: — ¿Esto les causa

197   Juan 6:60-62, (NYV).

198   Juan 6:63, (NVI).

tropiezo? ¿Qué tal si vieran al Hijo del hombre subir adonde antes estaba?"[199]

En esas murmuraciones, otra vez, su interpretación de las palabras de Jesús es mal usadas o mejor dicho, mal enfocadas. Los murmuradores se enfocaron en *la carne* y de dejaron la expresión *"el pan"* fuera de su discusión, de allí que tengan que preguntar si se van a comer la carne literal de Jesús. El Señor les había dicho: "—Yo soy el pan de vida. El que viene a mí nunca volverá a tener hambre; el que cree en mí no tendrá sed jamás".[200] Noten el enfoque de Jesucristo: "Yo soy *el pan* de vida", pero los oyentes dejaron *"el pan"* por *"la carne"*. ¡Con qué facilidad enfatizamos lo que nos gusta discutir! Y en ocasiones lo hacemos porque no queremos aceptar la verdad de Dios: es decir que, para nuestros oídos, las palabras verdaderas de Jesucristo, ¡no las podemos aceptar! Así es mejor darle una vuelta a la Hermenéutica Bíblica.

Como "muchos de sus discípulos lo abandonaron" a causa de que no entendieron el mensaje de una manera correcta, entonces, Jesús, que ha dejado claro que además de que es el pan de vida, también es el Mesías de Dios, se enfoca directamente en los Doce que él había escogido. Es a los Doce que en compañía de los otros discípulos que estaban

---

[199] Juan 6:60-62, (NVI).

[200] Juan 6:35, (NTV).

dudando de lo que escuchaban de su Maestro, se dirige a ellos con un reproche: "— ¿Esto les causa tropiezo? ¿Qué tal si vieran al Hijo del hombre subir adonde antes estaba? El Espíritu da vida; la carne no vale para nada. Las palabras que les he hablado son espíritu y son vida".[201]

¿Esto les causa tropiezo?, fue la pregunta del Señor Jesús a sus seguidores. Y, lamentablemente, para algunos el mensaje y la persona de Jesús de Nazaret sí fue tropiezo. Y el Señor lo sabía. Pues: "Juan señala el conocimiento natural que Jesús tenía, al decir que conocía en *Sí mismo*, esto es, sin que nadie le dijese nada, lo que estaba produciendo en sus discípulos las palabras de Su discurso. El no necesitaba que nadie le dijese lo que había en el corazón del hombre (2:25)",[202] Él ya lo sabía. Es más, Él sabe lo que en este momento estás pensando mientras lees estas líneas: Nadie le dice lo que estás pensando: El de por Sí, lo sabe.

Recordemos que la ofensa que ellos sentían era que Jesús, a quien conocían desde niño y que conocían a su familia, ahora se haga pasar por el Hijo de Dios y que como Dios haya bajado del cielo. Estaban ofendidos por las palabras de Jesús. El Señor lo sabe y por eso, agrega diciéndoles que, si

---

[201]   Juan 6:61-63, (NVI).

[202]   Samuel Pérez Millos. *Comentario exegético al texto griego del Nuevo Testamento. JUAN.* (Viladecavalls (Barcelona), España. Editorial CLIE. 2016), 694.

esto les ofende, mucho más les ofendería si en ese momento Jesucristo ascendiera a los cielos. Pero, no era el tiempo de dejar al pequeño rebaño sin pastor. Tiempo después lo hizo delante de los que sí creyeron - aunque en ocasiones se ofendieron -, a las palabras de Jesús: Es decir, ¡creyeron en El!

"¿Esto les causa tropiezo?" ¡Sí, le causó tropiezo al auditorio de Jesús! Al mundo de nosotros también les causa tropiezo. La verdad en las palabras de Jesús para algunos, la mayoría no son palabras con un mensaje fácil de aceptar; aunque es sencillo y halagador, existe una Guerra Espiritual que hace necesario una decisión firme. En esta decisión se debe estar consciente del paso que se da al someterse a la voluntad de Dios. Al mismo tiempo se debe de estar siempre consciente que: "El rehusar el ofrecimiento de Cristo es perderse la vida en este mundo y en el venidero, mientras que el aceptarla es hallar la verdadera vida en este mundo y la gloria en el venidero".[203] Las palabras de Cristo y su mensaje no deben de ser un tropiezo sino una bendición.

CONCLUSIÓN.

El pan que ha descendido del cielo vino para dar la vida eterna. El Señor Jesucristo, quien es el pan de vida, entregó su vida; su carne, en un sacrificio

[203]   William Barclay. *Comentario al Nuevo Testamento: Volumen 5: JUAN I.* (Terrassa (Barcelona), España. Editorial CLIE. 1995), 256.

redentor para que la humanidad pudiese comer del Pan del Cielo y así, tener la Vida Eterna.

No existe otro camino hacia una vida y un futuro eterno y dichoso sin comer el pan del cielo; es decir, no hay manera de tener la vida eterna si no somos uno con el que es Eterno, el mismo que bajo el cielo para alimentarnos espiritualmente y darnos la visa eterna. Solo en Jesucristo y... ¡Solamente en El hay vida eterna! Rechazar el mensaje de la Biblia es rechazar a Jesucristo y rechazar a Jesucristo es la condenación eterna. Viceversa: Aceptar el mensaje de la Biblia es aceptar a Jesucristo como el Salvador y al aceptar a Jesucristo como el Salvador de nuestras vidas es obtener la vida eterna. Aunque esto nos parezca duro e ilógico, es la verdad bíblica.

"SEÑOR, ¿A QUIÉN IREMOS?"

"Señor —contestó Simón Pedro—, ¿a quién iremos? Tú tienes palabras de vida eterna. Y nosotros hemos creído, y sabemos que tú eres el Santo de Dios".

Juan 6:68-69, (NVI).

INTRODUCCIÓN.

Existe una filosofía de vida, aunque, a decir verdad, tendría que decir; una filosofía que lleva a la muerte. Es la Teoría del Respiracionismo. Es la teoría de "Vivir de la luz y vivir del aire". Esta filosofía también se conoce como *Inedia* o *aerivorismo*. "La inedia (palabra procedente del latín *in* 'no' y *edo* '*comer*'), … es la abstinencia de alimentos durante un tiempo superior al que puede resistir el cuerpo humano. Se suele emplear en referencia al supuesto ayuno absoluto místico de los ascetas.

En la Antigua Grecia y en Roma era un método de suicidio de personas de alto rango. En la antigüedad ya se conocía que una persona no podía sobrevivir más de siete días sin comer ni beber. Los creyentes en el Respiracionismo afirman que los alimentos y el agua no son necesarios, y que es posible sostenerse exclusivamente por el *prana* del aire a través de la respiración, que según los creyentes hinduistas contiene una fuerza vital; otros aseguran que se puede vivir mediante la energía de la luz solar".[204]

En el Respiracionismo se trata de tener algo para lo cual no fuimos creados. Nuestros cuerpos necesitan de los alimentos y el agua para poder vivir. Sin embargo, "la precursora más célebre del Respiracionismo... la predicadora australiana Ellen Greve, más conocida por su sobrenombre Jasmuheen",[205] dice que no hay que comer ni beber agua para vivir.

El otro lado de la moneda es que también el ser humano fue creado con el potencial de la eternidad para vida o muerte espiritual. Esta es parte de la razón o toda la razón por la cual el Señor Jesucristo dijo: "... yo he venido para que tengan vida, y la tengan en abundancia".[206]

En aquellos montes de la antigua Palestina una luz de la iluminación divina se deja ver en tan basta negrura de rechazo, de incredulidad, de

---

[204]   Wikipedia, la enciclopedia libre. *Inedia*. (La Habra, California. Internet. Consultado el 9 de enero del 2020), ¿? https://es.wikipedia.org/wiki/Inedia

[205]   Wikipedia, la enciclopedia libre. *Inedia*. (La Habra, California. Internet. Consultado el 9 de enero del 2020), ¿? https://es.wikipedia.org/wiki/Inedia

[206]   Juan 10:10, (NVI).

desconfianza, de críticas, de murmuraciones y hasta de blasfemias. Es una iluminación divina que cambia la mentalidad de la audiencia ante Jesús y que hace posible que se afirmen tres grandes verdades acerca de Jesucristo y la unión con El. Es una iluminación del Espíritu Santo que necesitamos para poder vivir hoy y eternamente con Dios. Cuando Jesús pregunta: ¿Se quieren ir ustedes, también? Pedro, le devuelve la pregunta con otra pregunta: "Señor, ¿a quién iremos? Pedro habla en nombre de los Doce (. V 67), y confiesa que Jesús es el Cristo, el Hijo del Dios viviente (v. 69)".[207] y, entonces, hace otra asombrosa declaración:

I.- "SEÑOR, ¿A QUIÉN IREMOS?"

"Tú tienes palabras de vida eterna".

El apóstol Juan nos dejó esta profunda declaración de Pedro: "Señor —contestó Simón Pedro—, ¿a quién iremos? Tú tienes palabras de vida eterna. Y nosotros hemos creído, y sabemos que tú eres el Santo de Dios".[208] Esta es la primera verdad que resulta de la unión Cristo/cristiano: Esta verdad la puedo llamar: *Seguridad escatológica*. Es posible que Pedro ni se imaginó el alcance de sus palabras

---

[207] Comentario en la *Biblia de Estudio Esquematizada*. (Brasil. Sociedades Bíblicas Unidas. 2010), 1573

[208] Juan 6:68-69, (NVI).

cuando dijo: "… ¿a quién iremos? Tú tienes palabras de vida eterna". Jesús predicó el mensaje que los estudiantes de la Biblia le ponen como título: *Jesús, el pan de vida.* Es un mensaje en donde Jesús les dice:

Primero: *Que la obra de Dios es que crean en él. Que crean en el que Dios ha enviado.*[209]

Los judíos conocían las profecías acerca del Mesías de Dios; Los judíos, también conocían la historia pasada del Mesías de Dios porque, estaba escrita en sus libros sagrados. En ese tiempo, el Mesías estaba entre ellos, pero lo rechazaron. Por eso, el Mesías Cristo Jesús, con base en las Escrituras y en la historia judía, le dice que crean en él.

Segundo: *Que acepten que Dios les ha dado el verdadero pan del cielo. Es el pan que da vida al mundo.*[210]

El pan que les dio en el desierto, el que llamaron maná, sirvió para alimentarlos y darles vida física durante cuarenta años. Ahora, el pan que descendió del cielo les puede dar vida y una eternidad con Dios.

El auditorio le dijo a Jesús que les diera siempre ese pan. Por supuesto, si es un pan por el cual no tengo que trabajar y va a ser gratis de por vida,

---

[209]   Juan 6:66, (RV, 1960).

[210]   Juan 6:32.

pues, lo acepto con mucho gusto. ¿Tú, lo aceptas o lo rechazas?

Pero, la respuesta de Jesús no fue muy agradable. En lugar de que callera pan del cielo como cayó el maná, el Señor: Les dijo: "… —Yo soy el pan que da vida. El que viene a mí, nunca tendrá hambre; y el que cree en mí, nunca tendrá sed".[211]

Estas palabras no les gustaron y comenzaron a murmurar y poner objeciones al mensaje de vida eterna que Jesús estaba predicando.

La primera objeción fue: *Nosotros conocemos a su familia, ¿Cómo se atreve a decir que ha venido del cielo?* Como respuesta, Jesús, les dice: "Yo soy ese pan vivo que ha bajado del cielo; el que come de este pan, vivirá para siempre. El pan que yo daré es mi propia carne. Lo daré por la vida del mundo".[212]

La segunda objeción fue: *¿Está diciendo que nos vamos a comer su carne? ¿Cómo puede este darnos a comer su carne?*[213]

En respuesta, Jesús, les complica más la vida. Les dice a sus oyentes que deben de comer su carne y beber su sangre. Literalmente la Biblia dice que: "Jesús les dijo: —Les aseguro que, si ustedes no

---

[211]   Juan 6: 35, (DHH).

[212]   Juan 6:51, (DHH).

[213]   Juan 6:52, (RV, 1960).

comen la carne del Hijo del hombre y beben su sangre, no tendrán vida. El que come mi carne y bebe mi sangre, tiene vida eterna; y yo lo resucitaré en el día último".[214]

¡Wauuu!, ¡Esto es como para salir corriendo y gritando, Pastor, ¡esto es canibalismo! ¡Cómo vamos a comernos la carne de una persona! Esto es antimoral. Y, aun mas, tratándose de Jesús, el Hijo de Dios, ¡comernos su carne sería una blasfemia! ¿Y saben qué? ¡Tienen razón! Si toman estas palabras literalmente, como las tomaron los oyentes de Jesús, sí tienen razón. Pero, si lo entendemos en el sentido espiritual de las palabras, entonces nos daremos cuenta de que se hace una invitación a una muy estrecha relación con el Señor; es una invitación a participar de los privilegios y desventuras por seguir a Jesucristo.

"Todos pasamos por épocas en las que una vida de fe en Cristo parece más difícil de lo que habíamos anticipado. Es en ese tiempo, que esta es la pregunta que cada uno debe responder: ¿A quién más iremos? Jesús es el único que nos promete vida eterna, y aunque enfrentemos problemas por un tiempo breve aquí en la tierra, sabemos que las aflicciones del tiempo presente no son comparables con la gloria venidera que en nosotros ha de manifestase (Ro

---

[214]   Juan 6:53-54, (DHH).

8:18)".[215] Es decir que; ¡Veremos su gloria! ¿Qué clase de gloria? Gloria como la del Unigénito del Padre, llena de gracia y de verdad.

¿Cuándo la veremos? Algunos piensan que veremos la gloria de Jesucristo cuando El regrese por Segunda vez o cuando llegue el día en que nos llame a su presencia. Sin embargo, ¿Por qué no ver su gloria en nuestro vivir cristiano? ¿Es esto posible? ¿Pastor, podemos ver, aunque sea una parte de la gloria de Cristo en nuestros días? ¡Sí! ¡Si podemos! ¿Por qué? Porque: "El comer el cuerpo de Cristo es alimentarnos con el pensamiento de Su humanidad hasta que nuestra propia humanidad se fortalezca y limpie e impregne de la Suya".[216] Entonces, viviremos como verdaderos cristianos.

Bueno, pastor, ¿y qué quiso decir Jesús cuando dijo que bebiéramos su sangre? Primeramente, debemos de pensar en que la sangre representa la vida. Esto es fácil de entender, pues todos sabemos que cuando alguien se desangra a causa de una herida, se le va la vida. Esto es lo que se llama: *Shock hipovolémico.* "Un shock hipovolémico es una afección de emergencia en la cual la pérdida grave de sangre o de otro líquido hace que el corazón sea incapaz de bombear suficiente sangre al cuerpo. Este

---

[215]   Charles F. Stanley. *Biblia: Principios de vida.* (Nashville, Tennessee. Grupo Nelson. 2010), 1185.

[216]   William Barclay. *Comentario al Nuevo Testamento: Volumen 5: JUAN I.* (Terrassa (Barcelona), España. Editorial CLIE. 1996), 260.

tipo de shock puede hacer que muchos órganos dejen de funcionar".[217]

Entonces, pues, "cuando Jesús dijo que tenemos que beber su sangre, quería decir que tenemos que recibir Su vida en lo más íntimo de la nuestra".[218] Esta es la unión mística que produce en nosotros la vida espiritual y al mismo tiempo, la vida eterna. Por eso Jesucristo dijo: "Yo les doy vida eterna".[219] El apóstol pablo dijo que Cristo murió por nosotros.[220] Y Pedro le dijo a Jesús: "Tú tienes palabras de vida eterna".[221]

¿Se dan cuenta? Si en Jesucristo podemos tener la vida eterna, entonces, pues, en El también, ¡podemos ver la gloria de Dios! ¡La gloria del Unigénito Hijo de Dios!

Notemos la promesa: Tienen vida eterna. Y Jesús agrega: "y yo lo resucitaré en el día último".[222] Lo que Jesús acaba de predicar no es difícil de entender, sino que es difícil de aceptar. Entendemos que la eternidad es como una línea recta que se extiende

---

[217] Enciclopedia Médica. *Shock Hipovolémico*. (La Habra, California. Internet. Consultado el 8 de enero del 2021), ¿? https://www.google.com/search?q=muerte+por+sangrado&rlz=1C1GCEA_enUS764US764&oq=Muerte+por+sangrado&aqs=chrome.0.0i19i457j0i19l7.7818j1j15&sourceid=chrome&ie=UTF-8.

[218] William Barclay. *Comentario al Nuevo Testamento: Volumen 5: JUAN I*. (Terrassa (Barcelona), España. Editorial CLIE. 1996), 261.

[219] Juan 6:40.

[220] Romanos 5:8.

[221] Juan 6:68, (NVI).

[222] Juan 6:44, (NVI).

hacia ambos lados sin que exista un objeto o fuerza que le impida seguir extendiéndose. Sin embargo, nuestro razonamiento nos dice que todo lo que principia tiene un final.

Aún más complicado, para algunos, es aceptar que Jesucristo nos resucite en el día postrero. Para la ciencia esto es inaudito, pues desde el momento en morimos comenzamos a desaparecer hasta llegar a ser energía y polvo. Es más, para la Biblia, somos polvo y al polvo volveremos.[223]

Sin embargo, la promesa es: *"Yo los resucitaré"*. El apóstol Pablo dice que tendremos un cuerpo transformado. Porque para Dios no hay nada imposible.[224] Y, entonces, veremos la gloria del Unigénito del Padre lleno de gracia y de verdad en todo Su esplendor. ¡Amén!

II.- "SEÑOR, ¿A QUIÉN IREMOS?"

"Nosotros hemos creído".

Volvamos una vez más a la declaración del apóstol Pedro: "Señor —contestó Simón Pedro—, ¿a quién iremos? Tú tienes palabras de vida eterna. Y nosotros hemos creído, y sabemos que tú eres el Santo de Dios".[225] En la declaración anterior, analizamos la

---

[223] Génesis 3:19

[224] I Corintios 15:51; Lucas 1:37, (RV, 1960).

[225] Juan 6:68-69, (NVI).

problemática de comer la carne de Cristo y beber su sangre. Siguiendo con las declaraciones del apóstol Pedro, notamos la segunda declaración que dice: *"Nosotros hemos creído"*. Con esta segunda declaración petrina notamos la que es la segunda verdad que resulta de la unión Cristo/cristiano: Creencia en las enseñanzas de Cristo Jesús. No se puede ser fiel discípulo de Jesús si no se está de acuerdo con sus enseñanzas.

Cuando trabaja para el Periódico *"La Opinión"*, compré una camioneta Toyota. Como era lo más lógico, fui al lugar de la venta de autos Toyota (Dealer). La persona que me atendió me dio buenas recomendaciones sobre la camioneta que yo quería. Dentro de la plática le pregunté: ¿Qué auto manejas? Un Ford – fue su respuesta. Le hice la misma pregunta a su amigo: "Yo manejo un Chevrolet" – fue su respuesta. Así que, mi siguiente pregunta fue: ¿Por qué venden autos Toyota y ustedes manejan autos diferentes? Con un poco de titubeo, el primero dijo: "Bueno… me resulta mejor manejar Ford que Toyota". El otro dijo: "Estoy contento con mi Chevrolet y no lo pienso cambiar".

El *"Nosotros hemos creído"* de Pedro, es relativo en las mentes de estos agentes de ventas en un Dealer Toyota. ¿Qué seguridad puede tener el mánager de que sus amigos de ventas harán buena publicidad de su producto?

Pedro, hablando en nombre de los otros apóstoles, le aseguró a Jesucristo que ellos creían en lo que él estaba enseñando. Ahora bien, ¿qué implica esta declaración petrina? Por lo menos, implica tres aspectos:

A.- Creer es aceptar lo que se dice.

Jesucristo dijo: *"Los que aceptan mis mandamientos y los obedecen son los que me aman. Y, porque me aman a mí, mi Padre los amará a ellos. Y yo los amaré y me daré a conocer a cada uno de ellos".* [226]
Es interesante notar que el creer está íntimamente relacionado con el amar. Cuando yo creo lo que me estás diciendo es porque te amo y viceversa; cuando tú crees lo que yo te digo es porque me amas, aunque no siempre estemos de acuerdo.
En el caso de la relación del Señor y sus discípulos: "Otra vez surge el amor en las enseñanzas de Jesús. No es un amor relacionado con los hermanos, sino con El mismo. La prueba de ese amor consiste en que teniendo los mandamientos – del Señor – los guarda, esto es, los pone por obra, los cumple". [227] Es decir que, si se ama Jesucristo es porque se practica lo que él dice.

---

[226]   Juan 14:21, (NTV).

[227]   Samuel Pérez Millos. *Comentario exegético al texto griego del Nuevo Testamento. JUAN.* (Viladecavalls (Barcelona), España. Editorial CLIE. 2016), 1364.

Pero, Pastor, ¿por qué debo de practicar los mandamientos de Dios? Porque cada día, el amor hacia Dios y hacia el prójimo se está perdiendo. El amor de Dios que puede mantener la armonía mundial está siendo despreciado y las consecuencias son notables. El periodista Camilo Gómez ha dicho: "Un intento de golpe en Estados Unidos. Un accidente aéreo. El cambio climático está descontrolado. La pandemia está imparable. Kim Kardashian y Kanye podrían separarse. ... Como advierto siempre: esto se va a poner feo".[228] Tan feo como que cada ocho minutos una persona, en el día 12 de enero del 2021, murió y cada diez minutos en ese mismo día en el Sur de California una persona se contagió del coronavirus.[229] El viernes 15 de enero se puso más feo, pues cada seis minutos una persona murió.

La pregunta de Pedro sigue vigente: "Señor, ¿a quién iremos?" Tú tienes palabras de vida eterna y nosotros te creemos. Seguiremos tus consejos. Creer y aceptar lo que Jesús enseña: ¡Esto es creerle a Dios!

B.- Creer es hacer lo que se predica o se requiere.

Jesucristo: "Después les dijo a todos: —Si alguno quiere ser discípulo mío, olvídese de sí mismo, cargue

---

[228] Camilo Gómez en El espectador. *La toma al Capitolio y más en el resumen de la semana.* (La Habra, California. Internet. Consultado el 12 de enero del 2020), ¿? https://www.elespectador.com/noticias/el-mundo/la-toma-al-capitolio-en-estados-unidos-nieve-en-madrid-y-el-avion-de-indonesia/

[229] Univisión. *Noticias 34.* (La Habra, California. Noticias de las 11:00 pm.).

con su cruz cada día y sígame".[230] Y el apóstol Pablo dijo: "Imítenme a mí, como yo imito a Cristo".[231] Jesucristo dijo estas palabras en el contexto de su tiempo. Seguir a Jesús era ser rechazado por la sociedad y acusado ante el estado de seductor o revolucionario. Hoy la situación ha cambiado. Hoy: "Es posible vivir un cristianismo que asume que uno es creyente por haber nacido en el seno de la Iglesia, o que se mantiene tan enclaustrado para proteger la propia identidad moral que nunca se involucra con las personas del mundo. Este cristianismo nunca experimentará las tensiones del discipulado que Jesús describe aquí".[232]

Creer en Jesucristo como nuestro Salvador personal es hacer lo que se predica o se requiere. Creer no es estar encerrado dentro de un cristianismo nuclear, ni tampoco es hacer lo que me dé la gana; amar a Dios y creer en Jesucristo es practicar lo que Dios dice en Su Palabra: Creer en Jesús es tener una sola "cara".

"En México, el subsecretario de Salud - El Dr. Jorge Carlos Alcocer Varela -, que había hecho campaña por quedarse en casa, fue captado en una playa del Estado de Oaxaca de vacaciones en

---

[230]   Lucas 9:23, (DHH).

[231]   I Corintios 11:1, (NVI).

[232]   Darrell L. Bock. *Comentarios Bíblicos con Aplicación: Lucas. Del Texto bíblico a una aplicación contemporánea.* (Miami, Florida. Editorial Vida. 2011), 245.

pleno pico de la pandemia, ... en abril de 2020, el ministro de Salud de Nueva Zelanda, David Clark, presentó su renuncia luego de irse a la playa con su familia mientras el país estaba en cuarentena".[233] Por supuesto que ambos actos generaron polémica. Lo que ellos hicieron no es hacer los que se predica.

Entre el cristianismo, cuando Jesús dijo que había que cargar nuestra propia cruz, estaba haciendo un "llamamiento a andar de manera distinta del mundo... esto es un aspecto del discipulado tan esencial en nuestros días como lo fue en el tiempo de Cristo... también hoy debemos de vivir vida integras, puras, fieles y caracterizadas por un servicio humilde".[234]

Creer en lo que dice y es Jesucristo, es hacer lo que se predica o se requiere. No más ni menos.

C.- Creer es tener Compromiso.

Años atrás, el gran legislador, Moisés, le dijo al pueblo de Israel: "Adoren al Señor su Dios y sírvanle sólo a él, y cuando tengan que hacer un juramento, háganlo sólo en el nombre del Señor".[235]

---

[233]   Camilo Gómez en El espectador. *La toma al Capitolio y más en el resumen de la semana.* (La Habra, California. Internet. Consultado el 12 de enero del 2020), ¿? https://www.elespectador.com/noticias/el-mundo/la-toma-al-capitolio-en-estados-unidos-nieve-en-madrid-y-el-avion-de-indonesia/

[234]   Darrell L. Bock. *Comentarios Bíblicos con Aplicación: Lucas. Del Texto bíblico a una aplicación contemporánea.* (Miami, Florida. Editorial Vida. 2011), 245.

[235]   Deuteronomio 6:13, (DHH).

Josafat, el rey de Judá, "trató de hacer que el pueblo se volviera a Dios; que se tomara en serio la justicia",[236] para esto nombró jueces o gobernantes para dirigir al pueblo en un compromiso hacia los mandamientos de Dios. Así que a los jueces: "… les dio las siguientes instrucciones: 'Ustedes deben actuar siempre con respeto al Señor, fidelidad y honradez'…".[237] Josafat se estaba asegurando de que el pueblo de Judá creyera en tener un verdadero compromiso con Dios y consigo mismo.

En ninguna manera estoy de acuerdo con lo sucedido el 6 de enero del 2021 en el Capitolio en Washington, EE. UU. Todo fue un desastre irracional. "Todo comenzó luego de un discurso de Donald Trump a sus seguidores en el que dijo que no reconocería la derrota jamás".[238] Y luego los invitó a estar en el Capitolio.

Repito, no apruebo tal acción, pero sí admiro la fidelidad hacia el presidente que se mostró en sus seguidores; muchos viajaron varias millas para cumplir con el llamado presidencial. ¿Saben qué? Nos guste o no, este compromiso. Creyeron en el mensaje del presidente Trump.

---

[236]   Comentario en la *Biblia de Estudio Esquematizada.* (Brasil. Sociedades Bíblicas Unidas. 2010), 635

[237]   2 Crónicas 19:9, (DHH).

[238]   Camilo Gómez en El espectador. *La toma al Capitolio y más en el resumen de la semana.* (La Habra, California. Internet. Consultado el 12 de enero del 2020), ¿? https://www.elespectador.com/noticias/el-mundo/la-toma-al-capitolio-en-estados-unidos-nieve-en-madrid-y-el-avion-de-indonesia/

En la novela: "La Cabaña del Tío Tom", el señor Shelby se ve obligado a vender a su más fiel esclavo, al tío Tom. Cuando están haciendo el trato, le dice al comprador: "Ha de tener usted en cuenta, Haley, que Tom es un hombre que sale de lo corriente, y vale esa cantidad; es trabajador, honrado y capaz, y maneja mi granja con la precisión de un reloj".[239] ¡Esto es compromiso!

Comprometerse con alguien es creerle que está en lo correcto. Si tú te comprometes con Jesús es porque crees que el enseña lo correcto.

Así que, cuando Pedro se expresó diciendo: "Señor, ¿a quién iremos?" Tú tienes palabras de vida eterna y nosotros hemos creído...",[240] Pedro, en compañía de los otros apóstoles estaban diciéndole a Jesucristo que aceptaban sus enseñanzas, que las predicarían a otros y que se comprometían a ser siervos de Él, aunque les costase la vida.

Esta declaración petrina: *"Nosotros hemos creído"*, es una declaración de fe y para fortalecer su fe. ¿Podemos hoy decir esta misma declaración? "Señor Jesucristo, por fe y para fe, ¡Nosotros te creemos! ¡Señor, queremos ver tu gloria!

---

[239] Harriet Beecher Stowe. *La Cabaña del Tío Tom*. (Las Vegas, NV. USA. Sin la mención de Casa Editorial. Impreso el 12 de diciembre del 2020), Capitulo 1, sin número de página.

[240] Juan 6: 68-69a, (NVI).

III.- "SEÑOR, ¿A QUIÉN IREMOS?"

"Tú eres el Cristo".

Ahora, en esta declaración del apóstol Pedro, nos enfocaremos en lo que Pedro dice que ellos saben. Leamos una vez más su declaración: "Señor —contestó Simón Pedro—, ¿a quién iremos? Tú tienes palabras de vida eterna. Y nosotros hemos creído, y **sabemos que tú eres el Santo de Dios".**[241] Después de que hemos meditado sobre las dos primeras verdades que resultan de la unión Cristo/cristiano, ahora, para finalizar este mensaje, meditemos en la tercera verdad. El resultado de la unión Cristo/cristiano: *La divinidad de Jesucristo.*

En aquel retiro que Jesús hizo con sus discípulos "a la región de Cesarea de Filipo, les hizo la siguiente pregunta: ¿Quién dicen los hombres que es el Hijo del Hombre?".[242] Después de escuchar las respuestas, Jesús fue más directo y entonces preguntó: "Y ustedes, ¿quién dicen que soy yo?"[243] Y Pedro le respondió: —Eres el Mesías de Dios".[244] La Versión RV, 60 dice: *"Tú eres el Cristo".* Una fuerte y muy clara declaración. Es más, la pregunta de Jesús es también para nosotros. *Y ustedes, ¿quién dicen que soy?... "…*

---

[241]   Juan 6:68-69, (NVI). Las **Bolds** e *Itálicas* son mías.

[242]   Mateo 16:13, RV, 1960).

[243]   Mateo 16:15, (NVI).

[244]   Lucas 9:20, (DHH).

esta es la pregunta que todos debemos responder y –
y que además es - el fundamento de nuestra fe (Ro
10:9-10), decir que Jesús es el Cristo significa que
creemos que Él es Dios encarnado, nacido de una
virgen, crucificado y muerto, sepultado, resucitado
al tercer día y totalmente capaz de perdonar nuestros
pecados y reconciliarnos con El".[245]Decir que Jesús
es "El Cristo", significa decir que: ¡Él es Dios!

"Hace muchos años, un domingo por la mañana,
un grupo de estudiantes universitarios caminaban
junto a un riachuelo que desemboca en el río
Potomac, cerca de Washington, ciudad capital de
Estados Unidos. Los ocho jóvenes buscaban un sitio
solitario para pasar el día jugando a las cartas. Cada
uno llevaba una botella de licor en su bolsillo. Por
otra parte, todos ellos eran hijos de madres piadosas
que oraban por ellos".[246] Mientras caminaban a su
destino, a lo lejos se escucharon los sonidos de una
campana, era el llamado de una iglesia al servicio
dominical. Jorge, uno de ellos, de repente se detuvo,
le dijo a uno de ellos que volvería al pueblo y que iría
a la iglesia. Aquel amigo llamó a los otros jóvenes
y les dijo: "- Vengan, muchachos, vengan. Parece
que nuestro amigo Jorge se está volviendo religioso.

[245]   Stanley, Charles F.: *Editor general. Biblia Principios de Vida: RV1960.* (USA. Grupo Nelson. 2010), 1145

[246]   Bible Models. De Quest and Conquets. *El Alcance de las oraciones de una madre.* (Costa Rica, CA. Publicadora la Merced. Artículo en la Revista: La Antorcha de la Verdad. Volumen 34. Número 6. Noviembre-diciembre. 2020), 16.

Tendremos que ayudarlo. ¿Por qué no lo bautizamos en el río?" Jorge no tenía opción, si no quería recibir una zambullida en las aguas frías del rio, tendría que acompañar a sus amigos.

Con mucha sabiduría les dijo que antes de que lo metieran en el rio le escucharan por un momento. Les contó cómo había sido la despedida de su madre cuando viajó a la universidad. Su madre estaba enferma y antes de salir, le pidió a su hijo que se arrodillara frente a la cama. Su madre le dijo que esa era la última vez que la veía, pues estaba moribunda y él se iba por dos años a la universidad. Las palabras de su madre fueron: "Sin duda, no estaré con vida cuando regreses después de dos años. Me queda poco tiempo. De ahora en adelante no tendrás el consejo de una madre amorosa cuando estés en situaciones difíciles. Hijo, busca el consejo de Dios. Y una cosa más, todos los domingos por la mañana, entre las diez y las once, estaré orando por ti durante una hora. Dondequiera que te encuentres a esa ahora, cuando oigas que suenan las campanas de una iglesia, acuérdate de esta habitación en donde tu madre estará combatiendo por ti en oración".[247]

Jorge le dio un beso a madre y salió del hogar. Allí, junto a sus amigos, les siguió diciendo: "Muchachos,

---

[247]   Bible Models. De Quest and Conquets. *El Alcance de las oraciones de una madre.* (Costa Rica, CA. Publicadora la Merced. Artículo en la Revista: La Antorcha de la Verdad. Volumen 34. Número 6. Noviembre-diciembre. 2020), 20-21.

no espero ver nunca más a mi madre aquí en esta vida. Pero quiero decirles algo... He tomado la decisión que voy a encontrarme con ella en el cielo, por la gracia de Dios".[248]

Cuando Jorge terminó de hablar, había lágrimas en los ojos de sus amigos. El circulo que se había formado con sus amigos, se abrió y Jorge salió en camino a la iglesia. "Jorge había tomado una postura firme en medio de una situación difícil".[249] Los muchachos, impresionados por las palabras y el valor de Jorge, uno a uno lo siguieron a la iglesia. Mientras caminan sacaron sus botellas de licos y las vaciaron sobre el camino. Aquella fue la última vez que salieron para entregarse a los vicios. Las oraciones de una madre hicieron posible que cada uno de ellos cambiara de estilo de vida; entregaron sus vidas a Jesucristo y Dios los transformó en hombres de fe.

El apóstol Pedro tuvo mucha razón, cuando dijo: ¿A quién iremos?... Tú eres el Cristo, el Hijo del Dios viviente. El único que puede cambiar nuestros estilos de vidas.

Mis amados hermanos y hermanas: "Nuestra fe en Jesús debería basarse en el hecho de que Él es

---

[248] Bible Models. De Quest and Conquets. *El Alcance de las oraciones de una madre.* (Costa Rica, CA. Publicadora la Merced. Artículo en la Revista: La Antorcha de la Verdad. Volumen 34. Número 6. Noviembre-diciembre. 2020), 21.

[249] Bible Models. De Quest and Conquets. *El Alcance de las oraciones de una madre.* (Costa Rica, CA. Publicadora la Merced. Artículo en la Revista: La Antorcha de la Verdad. Volumen 34. Número 6. Noviembre-diciembre. 2020), 21.

Dios, no en señales y milagros. Cuando la gente veía los milagros de Cristo, creían en El, pero su creencia era fácilmente sacudida si tenían una fe débil... solo cuando miramos más allá del milagro entendemos la razón de su resurrección... y también entendemos que tenemos una fe firme".[250] No es la fe en los milagros, sino la fe en el que hace los milagros, la que salva.

Así que, notemos una vez más la seguridad de Pedro, y suponemos que fue también la seguridad de los otros apóstoles: *"Tú eres el Cristo"*. Es decir, tú, Señor Jesús, eres el enviado por Dios; Eres el que ha sido profetizado para perdonar todos nuestros pecados; Tú, Señor Jesús, eres el Redentor: ¡Tú eres Dios!

¿Saben ustedes cual es el problema de nuestro mundo? El filósofo, matemático, lógico y escritor británico, ganador del Premio Nobel de Literatura, Bertrand Arthur William Russell, dijo: "El problema de la humanidad es que los estúpidos están seguros de todo y los inteligentes están llenos de dudas".[251] Y el proverbista bíblico dijo: "No olvides mis enseñanzas, hijo mío; guarda en tu memoria mis mandamientos,

---

[250] Charles F. Stanley. Editor general. *Biblia Principios de Vida: RV1960*. (USA. Grupo Nelson. 2010), 1080.

[251] Marta Guerri, en PsicoActiva: Mujer hoy. *50 frases de Bertrand Russell*. (La Habra, California. Internet. Consultado el 23 de enero del 2021), ¿? https://www.psicoactiva.com/blog/las-mejores-frases-de-bertrand-russell/

y tendrás una vida larga y llena de felicidad".[252] La felicidad es fruto de una seguridad en quien soy y lo que creo. Así que cuando yo me uno al pensamiento de Pedro y certifico: Señor Jesús; *"Tú eres el Cristo"*, mis dudas en cuanto a que, si Jesús es Dios o no, se desvanecen, mientras que mi fe se fortalece. De esta manera, actuó por fe y para fe; esta es una manera, no de unirme a los estúpidos que creen lo que les cuenten, sino de estar sobre ellos, con una base firme y razonable. Una base que soporta toda la humanidad, la divinidad y el mesianismo del Redentor y Salvador Jesucristo. ¡A Él sea la gloria!

CONCLUSIÓN. ¿A quién iremos?

Así que, si volvemos al primero punto de este mensaje donde dijimos que: *Creer es aceptar lo que se dice*, y si: "Confiamos en que todo lo que El enseñó es verdadero, que tenemos vida eterna gracias a Él, y que todo lo que ha prometido y lo que se ha profetizado acerca de Él será cumplido".[253] Entonces podemos decir acertadamente: *"Tú eres el Cristo, el Hijo del Dios viviente"*.

Ahora bien, la pregunta de Pedro: *Señor, ¿a quién iremos?*, no solo tiene la respuesta de Pedro cuando dijo: *"Tú tienes palabras de vida eterna"*, sino que

---

[252]   Proverbios 3:1-2, (DHH).

[253]   Stanley, Charles F.: *Editor general. Biblia Principios de Vida: RV1960.* (USA. Grupo Nelson. 2010), 1145

también, los que no dudamos de la humanidad y divinidad de Jesucristo, también nosotros podemos decir, Señor, vamos contigo por fe y para fe porque en ti hemos visto la gloria de Dios.

¡A Dios sea la Gloria!

"¿DÓNDE ESTÁ AQUÉL?"

"Pero después que se fueron sus hermanos, también Jesús fue a la fiesta, aunque no públicamente, sino casi en secreto. Los judíos lo buscaban en la fiesta, y decían: — ¿Dónde estará ese hombre?

Entre la gente se hablaba mucho de él. Unos decían: 'Es un hombre de bien'; pero otros decían: 'No es bueno; engaña a la gente'."

Juan 7:10-12, (DHH).

INTRODUCCIÓN.

Jesús y sus discípulos regresaron del Retiro Espiritual. Jesús, se reúne con sus hermanos y dialogan en cuanto a ir o no ir a la Fiesta de los Tabernáculos o de las Enramadas como también se le llama; una fiesta que se celebraba en la ciudad de Jerusalén para recordar la protección de Dios durante la peregrinación de los cuarenta años en el desierto.[254] Sus hermanos no creen que Jesús sea el Mesías de Dios; ¡Es su hermano!, ¡crecieron juntos! Para ellos. Jesús también era hijo de José y María y nunca había bajado del cielo.

Así que, en forma de burla, le dicen que vaya a la fiesta a la ciudad de Jerusalén para que la gente lo conozca como el que hace milagros.[255] Lo que le están diciendo es: ¿Quieres fama? ¿Quieres que te conozcan como un milagrero?, pues preséntate en la fiesta para que todos vean lo que haces.

Todavía la gente, se burla de Cristo Jesús. Todavía dicen sarcasmos acerca de sus obras. "Aún hay quienes parece que no se han dado cuenta de que la fe cristiana es una cuestión de vida o muerte".[256] Pero, gracia a Dios que también existe gente que tiene otro sentir acerca de Jesucristo. En la lectura de Juan 7:10-12 que hemos hecho, notamos dos polos opuestos; unas personas opinan que Jesús es una buena persona, mientras que otros creen que los está engañando. Así que, pensemos, primeramente, en que:

---

[254] Raymond L. Gannon. *La Fiesta de los Tabernáculos: El fruto de la historia de la salvación.* Como parte del calendario religioso de Israel, la "Fiesta de los Tabernáculos" fue dada como la fiesta que finaliza las siete fiestas del SEÑOR, tal como se exponen en Levítico 23 y Deuteronomio 16. Su nombre hebreo, Sucot, plural de sucá, significa "cabañas", "cabinas" o "tabernáculos". También se le conoce como "El Festival", "La Fiesta" o "La Fiesta de la Cosecha" (JagHaOsif). (La Habra, California. Internet. Consultado el 29 de enero del 2021), ¿? https://mjbi.org/es/2015/09/01/la-fiesta-de-los-tabernaculos/

[255] Juan 7:3-4.

[256] William Barclay. *Comentario al Nuevo Testamento: Volumen 5: JUAN I.* (Terrassa (Barcelona), España. Editorial CLIE. 1995), 271.

I.- ALGUNOS PENSABAN QUE JESÚS ERA UNA BUENA PERSONA.

"Cierta vez, un líder religioso le hizo a Jesús la siguiente pregunta: —Maestro bueno, ¿qué debería hacer para heredar la vida eterna?".[257] La respuesta de Jesús fue con otra pregunta: "… ¿por qué me llamas bueno?" Ninguno hay bueno, sino solo Dios".[258] En ninguna manera, Jesús está diciendo que Él no era bueno, su respuesta tiene que ver con el contexto cultural del que hace la pregunta. El líder religioso había sido educado en que, guardando la ley y los Diez Mandamientos, la persona podría ser salva; Jesús, le da el significado correcto de guardar la ley para ser salvo, le dice: "*sígueme*". Este líder quería tener la vida eterna; ¡quería ser salvo! Pero, cuando se le retó a seguir a Jesús, se entristeció.

El contexto del relato bíblico nos enseña que este líder religioso se dirigió "a Jesús como '*maestro bueno*', intentando quizá que Jesús se complaciera y le concediera de buena gana su atención. Pero Jesús hace saber a este hombre desde el comienzo que no conseguirá su favor con saludos elogiosos, advirtiéndole que solo Dios es bueno. Cuando Jesús le exhorta a que tome otro rumbo con sus posesiones

---

[257] Lucas 18:18, NTV).

[258] Lucas 18:19, (RV, 1969).

materiales, a este dirigente le cambia la cara y rechaza su enseñanza (v.24)".[259]

¿Lo notaron? No basta con decir que Jesucristo es una buena persona para tener la garantía de la vida eterna. Ni siquiera es creer que Jesús es Dios; la salvación consiste en "seguir" a Jesucristo. Y, "seguir" al Señor implica aceptar que Él es el Salvador y Señor de tu vida.

Pues bien, Jesús, después de que sus hermanos salieron hacia Jerusalén, el sale tras ellos. Antes de que Jesús llegara a Jerusalén, los judíos lo estaban buscando; querían ver más milagros. Recuerden lo que dije en el mensaje anterior: La fe en los milagros es vana; es la fe en El que hace los milagros la que en realidad salva.

En fin, los asistentes a la Fiesta lo buscaban e hicieron la siguiente pregunta: "*¿Dónde está aquel?*", la Versión DHH dice: "*¿Dónde está ese hombre?*". La NVI, dice: "*¿Dónde se habrá metido?*". Las tres traducciones indican una falta de respeto hacia Jesús. Nuestros hermanos motociclistas dirían: *¡Hey, ¿Dónde estará ese bato?!* Aunque ellos no lo dirían con falta de respeto sino porque así es su cultura; así es su manera de hablar. En torreón Coahuila, México, yo escuchaba que los hippies le decían a Jesucristo "*Chuchito*". Cuando evangelizaban a uno

---

[259]   Darrell L. Bock. *Comentarios Bíblicos con Aplicación: Lucas. Del Texto bíblico a una aplicación contemporánea.* (Miami, Florida. Editorial Vida. 2011), 427.

de sus compañeros le decían: *"Oye, bato, tienes que aceptar a Chuchito en tu corazón"*.

Sin embargo, los líderes religiosos en la Fiesta de las Enramadas en la ciudad de Jerusalén, si se expresaron con desprecio; con ironía y con falta respeto acerca de Jesucristo.

A pesar de ello, había algunos que pensaban que el hombre llamado Jesús de Nazaret era una buena persona.

Los hermanos de Jesús llegaron a Jerusalén para disfrutar de la Fiesta de las Enramadas. Jesús llegó tras ellos. Pero, Jesús, no llegó necesariamente para disfrutar de la fiesta, sino que de inmediato comenzó "a enseñar en el templo (v.14, 28), muchas personas creyeron en él, pero otros lo rechazaron".[260] El mundo de ellos no fue diferente que el nuestro; hoy todavía observamos este fenómeno, unos creen en las enseñanzas de Jesús y muchos otros las rechazan.

C. S. Lewis, que era profesor en la Universidad de Cambridge y una vez agnóstico, dijo: "Puedes tomarlo por tonto, puedes escupirle y matarlo como a un demonio, o puedes caer a sus pies y llamarlo Señor y Dios. Pero no propongamos ninguna tontería condescendiente acerca de que Él es un gran maestro. Él no nos dejó eso abierto. Él no tenía la intención

---

[260] Comentario en la *Biblia de Estudio Esquematizada*. (Brasil. Sociedades Bíblicas Unidas. 2010), 1574.

de hacerlo".[261] Jesús quería que la gente lo aceptara como lo que era: El Mesías profetizado. ¡El Salvador del mundo!

"En palabras de Kenneth Scott Latourette, quien fue historiador del cristianismo en la Universidad de Yale: 'No son Sus enseñanzas las que hacen a Jesús tan notable, aunque esto sería suficiente para darle distinción. Es una combinación de las enseñanzas con el hombre mismo. Esas dos no se pueden separar'."[262] Jesús es Dios; Es el hombre en donde la mente de Dios está. Esta es la razón por la cual: "Cuando El habla no es solo un hombre hablando a los hombres; si fuera solo eso podríamos discutir Sus mandamientos. Cuando El habla, es Dios hablando a la humanidad; el cristianismo no consiste en discutir Sus mandamientos, sino en cumplirlos".[263] El Cristianismo no es solamente conocer a Jesús como una persona buena, sino es aceptarlo como nuestro Redentor y Salvador personal.

¡Sí, Jesús es una buena persona! Pero eso no basta para ser salvo; para la garantía de la salvación se

---

[261] Josh McDowell. *Jesús: ¿Dios o simplemente un buen hombre? Analizando nuestras 3 opciones para explicar su identidad: ¿un mentiroso, un lunático o Señor?* (La Habra, California. Internet. Consultado el 27 de enero del 2021), ¿? https://www.cru.org/mx/es/conoce-a-dios1/jesus-dios-o-simplemente-buen-hombre.html

[262] Josh McDowell. *Jesús: ¿Dios o simplemente un buen hombre? Analizando nuestras 3 opciones para explicar su identidad: ¿un mentiroso, un lunático o Señor?* (La Habra, California. Internet. Consultado el 27 de enero del 2021), ¿? https://www.cru.org/mx/es/conoce-a-dios1/jesus-dios-o-simplemente-buen-hombre.html

[263] William Barclay. *Comentario al Nuevo Testamento: Volumen 5: JUAN I.* (Terrassa (Barcelona), España. Editorial CLIE. 1995), 273.

debe aceptar a Jesucristo como el Salvador y Señor de la vida.

II.- OTRAS PERSONAS CREÍAN QUE JESÚS ENGAÑABA AL PUEBLO.

En el último discurso de Jesús que narra Mateo; "Jesús habla acerca de la destrucción del templo, de la venida del Hijo del Hombre, de los sufrimientos y persecuciones en los últimos tiempos, y también de la importancia de vigilar".[264] ¿Por qué dice que es importante vigilar? Jesús da la respuesta: "Porque surgirán falsos cristos y falsos profetas que harán grandes señales y milagros para engañar, de ser posible, aun a los elegidos. Fíjense que se lo he dicho a ustedes de antemano".[265]

La advertencia de Jesucristo fue; ¡Tengan cuidado! Recordemos que Satanás, manipulando las mentes de los líderes del tiempo de Jesús, le dijeron que el Señor tenía demonio y que por el príncipe de los demonios hacia los milagros.[266]

¡Cuidado, hermanos y hermanas en Cristo! "El mismo Satanás y sus fuerzas malignas son capaces

---

[264]   Comentario en la *Biblia de Estudio Esquematizada*. (Brasil. Sociedades Bíblicas Unidas. 2010), 1429.

[265]   Mateo 24:24-25, (NVI).

[266]   Lucas 11:15, (LBLA).

de manipular lo sobrenatural".[267] Él puede hacer milagros. Y el mismo se puede disfrazar como un ángel de luz.[268] ¡Cuidado! "Cuando más temible es Satanás, es cuando aparece como *ángel de luz*; bajo los colores más hermosos se pueden esconder las maldades más perversas".[269]

Por ejemplo, en un correo electrónico de Flora Echeverry, encontré el siguiente comentario:

> "Nos han hecho creer que alguien vendrá de algún lugar o bajará de alguna nube y solucionará los problemas de la humanidad.
>
> Somos el resultado de creencias infundadas y soluciones recortadas.
>
> No hay nadie que venga a salvarte, el cielo te envío a ti.
>
> Porque solo Tu Eres quién tiene el poder conferido desde las estrellas y solo tú puedes bajar desde tu nube y hacerte consciente de tu existencia tomando desde tu centro las decisiones que permitirán los cambios y la renovación de la vida en este mundo que decidiste Crear.

---

[267] Michael Wilkins. *Comentarios Bíblicos con Aplicación: Mateo. Del Texto bíblico a una aplicación contemporánea.* (Nashville, TN. Editorial Vida. 2016), 780.

[268] 2 Corintios 11:14, (NVI).

[269] Matthew Henry. *Comentario Exegético Devocional a Toda la Biblia. Mateo.* Td. Francisco Lacueva. (Terrassa (Barcelona), España. Editorial CLIE. 1984), 455-356.

Hoy... es el nuevo día y Eres tú a quién estabas esperando.

Desde el corazón. Con confianza en ti. Con amor por ti y por todos. Un dulce abrazo a tod@s".[270]

¿Saben que es este comentario? Con mucho respeto se los digo: ¡Basura mental! Bueno, ¡Ojalá fuese basura intelectual! Pero, no hay nada de intelectual en este comentario. ¿Por qué? Porque si yo estoy esperando que venga Eleazar Barajas a mejorar mi existencia, ¡estoy arruinado! Tiene que venir Alguien que sea Sabio, que sea Perfecto, que sea Santo y que, tenga el Poder de cambiar mis pensamientos, mi actitud, mi proceder; tiene que venir Alguien que me haga moralmente bueno. Y, ese Alguien, es solo Jesucristo. ¿Por qué? ¡Porque Él es Dios! Tú y yo no somos dioses ni hemos venido del cielo; ¡somos terrícolas o terrenales! Somos personas que necesitamos que alguien nos lleve al cielo. Ese Alguien es el Todopoderoso Dios que, en Jesucristo y por medio de él, nos llevará a su presencia.

El cantante cristiano Marcos Witt, en su Álbum: *Recordando una misma senda*, entona un corito que dice: "No hay Dios tan grande como tú, no lo hay, no

---

[270] Flora Echeverry. *Atención Psicológica Alfa Y Omega*. (La Habra, California. Internet. Comentario publicado el sábado 2 de mayo, del 2020. Consultado el 3 de mayo del 2020), ¿? @PsicPaolaGuerrero

lo hay".[271] ¿Y saben qué? ¡No lo hay! ¿Pueden decir: ¡Amén!?

El profesor Ian Maclaren solía decirles a sus alumnos cuando predicaban: 'Digan algo bueno de Jesús'."[272] El Nuevo Testamento está lleno de las cosas y enseñanzas buenas de Jesucristo. En ninguna manera Jesucristo fue o es un engañador, es la gente la que se engaña al no seguir Sus consejos.

III.- ¿QUÉ OPINAS TÚ DE JESUCRISTO?

¡Ah, la mente humana! ¿Sabías que: "La mente se agudiza con la mente como el hierro con el hierro"?[273] Lo que tú crees es posible que esté en contra de lo que los otros creen. ¿Y qué sucede con la opinión que tienes acerca de Jesucristo y de la religión? ¡Cuidado! "El peligro es que la religión se puede convertir muy fácilmente en una cuestión de discusión y debate que se prolonga toda la vida sin llegar a nada".[274] Y en tu mente, Jesucristo o es o fue una buena persona o fue un carpintero de Nazaret que, como otros más,

---

[271] Marcos Witt. Recordando una misma senda. *No hay Dios tan grande como tú*. (La Habra, California. Internet. Consultado el 29 de enero del 2021), ¿? https://www.google.com/search?gs_ssp=eJzj4tFP1zcsNjDNTUsqyzBg9

[272] William Barclay. *Comentario al Nuevo Testamento: Volumen 5: JUAN I*. (Terrassa (Barcelona), España. Editorial CLIE. 1995), 273.

[273] William Barclay. *Comentario al Nuevo Testamento: Volumen 5: JUAN I*. (Terrassa (Barcelona), España. Editorial CLIE. 1995), 273.

[274] William Barclay. *Comentario al Nuevo Testamento: Volumen 5: JUAN I*. (Terrassa (Barcelona), España. Editorial CLIE. 1995), 273.

se dedicó a engañar aun a su propia familia. ¿Qué es tu opinión o creencia de Jesucristo?

Cuando Jesús vino a esta tierra, nació en un pesebre y durante toda su vida se portó como un cordero manso. La profecía de Isaías había anunciado que el Mesías sería como un cordero llevado al matadero sin oponer resistencia.[275] Sin embargo, cuando Jesús regrese por Segunda vez a esta tierra; Porque ciertamente el vendrá, "no entrará en escena como un cordero manso, se mostrará como el Rey imponente e imperante, nuestro gran guerrero poderoso, y el juez justo de todos los vivos y los muertos".[276] Es decir que Jesucristo regresará con toda autoridad y justicia para cumplir con todas las profecías. "Él es llamado fiel y verdadero porque ninguna de sus promesas queda sin cumplirse".[277]

La Biblia dice acerca de las victorias de Jesucristo que: "En su manto y sobre el muslo llevaba escrito este título: 'Rey de reyes y Señor de señores'."[278] Y luego agrega: "Y todos los ángeles estaban de pie alrededor del trono y alrededor de los ancianos y de los cuatro seres vivientes; y se postraron rostro en tierra delante del trono y adoraron a Dios, cantando:

---

[275] Isaías 53:7.

[276] Charles F. Stanley. Editor general. *Biblia Principios de Vida: RV1960*. (USA. Grupo Nelson. 2010), 1482.

[277] Charles F. Stanley. Editor general. *Biblia Principios de Vida: RV1960*. (USA. Grupo Nelson. 2010), 1482.

[278] Apocalipsis 19:16, (DHH).

'¡Amén! ¡La bendición y la gloria y la sabiduría y la acción de gracias y el honor y el poder y la fuerza pertenecen a nuestro Dios por siempre y para siempre! Amén'."[279]

Así que, con mucho respeto te digo, no importa lo que tú digas o creas de Jesucristo, ¡Él es Dios! ¡Él es el Señor de Señores! ¡Jesucristo es el Señor y Salvador del mundo! ¡Amén!

CONCLUSIÓN.

Así que, cuando alguien pregunte: "¿Dónde está aquél?" ¿Qué será tu respuesta? Tú puedes responder que Aquel hombre está en la iglesia de una manera irónica y despectiva, o puedes decir: "No es 'Aquel', sino que es el Dios Todopoderoso que puede cambiar tu vida de la misma manera como me la cambió a mí".

Y hoy mismo puedes decirle al mundo que tenemos: 1.- Un Dios muy muy grande. 2.- Que tenemos un Dios que es maravilloso. 3.- Que tenemos un Dios llamado Jesucristo, del cual hemos visto su gloria y somos testigos de su poder transformador.

¿Por qué somos testigos de su poder? Porque tenemos un Dios Muy Muy Grande: ¡Un Dios Maravilloso! ¡Un Dios llamado Jesucristo! ¡Amén! Y…

¡Amén!

---

[279] Apocalipsis 7:11-12, (NTV).

"¿QUIÉN ERES TÚ?"

¿Acaso eres más importante que nuestro padre Abraham? Él murió, igual que los profetas. ¿Tú quién te crees que eres?

Juan 8:53, (NTV).

INTRODUCCIÓN.

La salvación en Cristo Jesús es uno de los actos más simples que la Biblia nos presenta. Jesucristo dijo: "Vengan a mí, todos los que están cansados y cargados y yo lo haré descansar". [280] Sin embargo, esta declaración de este acto que es simple; solo ir a Jesús para solucionar nuestros problemas de hoy y del mañana, requiere que la enseñanza de Dios sea requerida en tres actos de fe:

Primero: La creencia en lo que Dios dice.

Segundo: La dedicación a estudiar dicha enseñanza.

Tercero: Mantener una comunión contante con el Señor de la enseñanza.

---

[280] Mateo 11:28, (biblia paralela).

Esto nos dice que el creer cristiano o la doctrina cristiana, no es solo el mero conocimiento de hechos relacionados con Cristo,[281] sino el meollo del asunto es acudir a Él para adorarlo. Al acudir al Señor para adorarle, descubriremos la respuesta a la pregunta de los judíos: *¿Quién eres tú?* El mismo Señor Jesucristo nos da la respuesta:

I.- "YO SOY MAYOR QUE ABRAHAM".

Sin ningún espíritu de vanagloria, Jesucristo nunca se consideró menor que Abraham. Los judíos tenían un alto concepto de Abraham. Así que cuando Jesús les dice que él tiene un mensaje mejor que el de Abraham, un mensaje que le fue revelado por el Padre, de inmediato se defienden diciendo: "—¡Nuestro padre es Abraham! —declararon. —No— respondió Jesús—, pues si realmente fueran hijos de Abraham, seguirían su ejemplo. En cambio, procuran matarme porque les dije la verdad, la cual oí de Dios. Abraham nunca hizo algo así".[282]

Jesús hizo referencia a otro Padre diferente de Abraham; habla de Dios Padre, del cual se hacía llamar el Hijo que fue enviado con un mensaje directamente de Él. Ciertamente Jesús asegura que,

---

[281] John MacArthur. *El Evangelio Según Jesucristo: ¿Qué significa realmente el "sígueme" de Cristo Jesús?* Td. Rafael C. de Bustamante. (El Paso, Texas. Editorial Mundo Hispano. Décima edición 2012), 7.

[282] Juan 8:39-40, (NTV).

según la carne, ellos eran descendientes de Abraham, pero, procuraban matarlo porque el mensaje de Jesús no les gustaba.[283]

Una de las profecías de Jesucristo fue que en el mundo los cristianos serían perseguidos.[284] De acuerdo con el historiador John Foxe, la primera gran persecución fue el año 67 d. C. Bajo el gobierno de Nerón Cesar. Le siguieron otras nueve más, terminando con la persecución del emperador Diocleciano, en el año 303 d.C. Después surgieron las persecuciones papales, entre estas persecuciones aparece la llamada: *Santa Inquisición,* que de *"santa"* no tuvo nada en absoluto. Fue, y sigue siendo, la peor institución de juicio de la Iglesia Católica Apostólica y Romana.[285]

En pleno siglo XXI, podemos decir que las persecuciones hacia el cristianismo no han cesado. Cristo le dijo a Pablo en el camino a Damasco: *"Saulo, Saulo, ¿por qué me persigues?"*[286] Saulo estaba persiguiendo a los cristianos, no a Cristo Jesús. Pero el Señor le dice que es a Él a quien está persiguiendo.

---

[283]   Juan 8:37.

[284]   Juan 16:33.

[285]   John Foxe. *El Libro de los Mártires: Una historia de las vidas, sufrimientos y muertes triunfantes de los cristianos primitivos y de los mártires protestantes.* Tr. Santiago Escuain. (Terrassa (Barcelona), España. Editorial CLIE. 2003), 27-164.

[286]   Hechos 9:4b, (RV, 1960).

Cuando se maltrata a un cristiano, es a Jesucristo a quien se está persiguiendo; Es decir que, aunque se está viendo Su gloria, todavía, en nuestro tiempo, algunos quieren matar a Jesús de Nazaret.

De acuerdo con el ministerio: "*Puertas Abiertas*", al menos 340 millones de cristianos son perseguidos en todo el mundo. "Basado en un estudio de campo, La Lista Mundial de la Persecución proporciona un análisis objetivo de la situación por la que atraviesan más de 340 millones de cristianos en países donde la persecución es alta, muy alta o extrema".[287]

A la pregunta de los judíos: ¿Quién eres tú? "Jesús contestó: —Les digo la verdad, ¡aun antes de que Abraham naciera, Yo Soy!"[288] Jesús vuelve a usar el nombre divino "*Yo Soy*". Para los judíos esto es una blasfemia, pues: "Los judíos entienden esta expresión como una referencia a su divinidad y tratan de matarlo porque lo consideran blasfemo".[289]

¿Qué les estaba enseñando Jesús? ¡Solo y únicamente la verdad! Pero era la verdad la que no querían escuchar; no les agradaba la enseñanza de Jesús. ¿Por qué no les agradaba? Porque se habían dado cuenta de que Jesús era la Verdad en persona.

---

[287]   Puertas abiertas: Sirviendo a los cristianos perseguidos. *LISTA MUNDIAL DE LA PERSECUCIÓN 2021*. (La Habra, California. Internet. Consultado el 6 de febrero del 2021), ¿? https://www.puertasabiertas.org/persecucion-de-cristianos

[288]   Juan 8:58, (NTV).

[289]   Raymond E. Brown. *El Evangelio y las cartas de Juan*. Td. María del Carmen Blanco Moreno. (Bilbao, España. Editorial Desclee de Brouwer, S. A. 2010), 89.

Eran testigos de sus milagros, eran testigos de Su gloria; eran testigos de sus respuestas acertadas con la misma Escritura como base. Por consiguiente, sabían que Él era la Verdad; Así que sus obras y sus palabras eran la verdad, era la verdad que Jesús había visto y oído en el Padre.

Sin duda alguna, Jesús fue y es mayor que Abraham.

II.- "YO SOY MAYOR QUE LOS PROFETAS".

Una segunda respuesta a la pregunta de los judíos: "¿Tú quién eres?", Jesús, les dice entre líneas que Él es mayor que cualquiera de los profetas. "Un profeta es alguien que Dios ha enviado a hablar en su lugar para declarar su voluntad y juicio en el presente y lo que aún está por venir. Jesucristo proclamó ambas cosas".[290] Es decir que, Jesús también fue, en este contexto, un profeta. Jesucristo fue enviado por Dios y el mismo dijo que hacía la voluntad de su Padre. Sin embargo, en varias ocasiones dijo: "Pero yo les digo", algo que los profetas no dijeron, ellos siempre se expresaron diciendo: "*El Señor dice*" o "*Dios me mandó a decirles*".

---

[290] Buenas Noticias. Jesucristo: *El más grande de los profetas*. (La Habra. California. Internet. Artículo publicado el 1 de Julio del 2017, por Editor Las Buenas Noticias. Consultado el 1 de febrero del 2021), ¿? https://espanol.ucg.org/las-buenas-noticias/ jesucristo-el-mas-grande-de-los-profetas-0

El profeta más grande entre los israelitas fue Moisés. Sin embargo, uno de ellos, el que escribió el libro de los hebreos dijo que Jesús era más grande que los ángeles; que era superior a ellos.[291] Y luego, agrega diciendo que también Jesús fue o es más grande que el mismo Moisés.[292] En otras palabras: "Jesús es también más importante que Moisés, el hombre a quien Dios escogió para que fuera el líder de Israel y entregara al pueblo su ley. Moisés fue un siervo que hizo su trabajo en la casa de Dios, mientras que Jesús es el Hijo que dirige la casa (3:6). Por lo tanto, Jesús es superior a Moisés".[293] ¡Por supuesto que Moisés fue un gran siervo de Dios; un gran líder entre los israelitas! Por eso es por lo que: "En Moisés aparecen las características de lo que luego serán las primeras descripciones el Mesías",[294] Cristo Jesús. "Moisés fue el gran maestro, libertador y guía que sacó a los hijos de Israel de la esclavitud de Egipto para transformarlo en un pueblo".[295] Y, aun así, Jesucristo dijo que Él era mayor que el profeta Moisés y el autor del libro a los Hebreos lo confirma.

---

[291] Hebreros 1:5-14

[292] Hebreos 3:1-6.

[293] Comentario en la *Biblia de Estudio Esquematizada*. (Brasil. Sociedades Bíblicas Unidas. 2010), 1829.

[294] Emmanuel Taub. *Mesianismo y redención: Prolegómenos para una teología política judía*. (Madrid, España. Miño y Dávila editores. 2013), 27.

[295] Emmanuel Taub. *Mesianismo y redención: Prolegómenos para una teología política judía*. (Madrid, España. Miño y Dávila editores. 2013), 27.

De acuerdo con la Revista *Buenas Noticias*, que presenta una ayuda para hoy y una esperanza para el mañana, dice que: "Según algunos cálculos, las profecías acerca del futuro que Jesucristo entregó durante su ministerio y que quedaron registradas fueron aproximadamente cien. Muchas eran acerca de su regreso a la Tierra y otros eventos de los últimos tiempos".[296] El mismo dijo lo que sucedería consigo mismo, sin embargo, los profetas centraron sus profecías en Jesucristo.

¿Qué quiero decirles? Les afirmó lo que dice el escritor del libro a los Hebreos: ¡Jesucristo fue y es mayor que cualquier profeta en toda la historia de la humanidad. Sus profecías de han cumplido al pie de la letra y las que faltan, sin duda alguna, se cumplirán fielmente. ¿Por qué? Porque el que las profetizó, es muchísimo más mayor que todo profeta. ¡Él es el Cordero de Dios! Él es el que fue profetizado para que, soló El y únicamente El, pudiera redimirnos con su sangre. ¡El Gran Profeta, es el Gran Cordero de Dios!

III.- ÉL NO SE HACE ETERNO; ¡ES ETERNO!

La eternidad. No puedo decir que la eternidad es un periodo de tiempos sin principio ni fin, porque

---

[296] Buenas Noticias. Jesucristo: *El más grande de los profetas*. (La Habra. California. Internet. Artículo publicado el 1 de Julio del 2017, por Editor Las Buenas Noticias. Consultado el 1 de febrero del 2021), ¿? https://espanol.ucg.org/las-buenas-noticias/jesucristo-el-mas-grande-de-los-profetas-0

al decir *periodo*, ya le pongo un principio y un fin; tampoco puedo decir que es un tiempo sin principio ni fin, porque al decir *tiempo*, ya marco límites. "El diccionario afirma que la eternidad es un tiempo que no tiene principio y no tendrá fin. En ella entra el alma al tiempo de la muerte y allí permanece siempre y para siempre".[297] Lo que sí puedo afirmar es que la eternidad ES. Estas dos letras me indican algo sin límites; es decir sin principio ni fin.

Cuando Jesucristo ha dicho que es mayor y antes de Abraham y los profetas, y usando la expresión "YO SOY" - ἐγὼ εἰμί -, está afirmando su eternidad; es decir, el que SIEMPRE ES.

La gente estaba acusando a Jesucristo de que era un "samaritano endemoniado". Aseguraron diciendo que: "¿No veníamos diciendo que estabas poseído por un demonio?"[298] ¡Ah, la gente del tiempo de Jesús! "Otra vez estaban cometiendo el horrendo pecado de llamar diablo a Dios".[299]

¿Y qué piensa parte de la gente de los siglos XX y XXI acerca de Jesucristo? ¡Sorpresa! "Varios autores religiosos a lo largo de la historia han propuesto la noción del Dios de Abraham como el Diablo. Dan

---

[297] Definición de eternidad. *¿Qué es la eternidad en la Biblia?* (La Habra, California. Internet. Consultado el 6 de febrero del 2021), ¿? https://www.google.com/search?q=defini%C3%B3n+de+eternidad&rlz=1C1GCEA_

[298] Juan 8:48, (NTV).

[299] Samuel Pérez Millos. *Comentario exegético al texto griego del Nuevo Testamento. JUAN.* (Viladecavalls (Barcelona), España. Editorial CLIE. 2016), 893

la razón de que el Dios bíblico es una fuerza divina que causa sufrimiento, muerte y destrucción y que tienta o dirige a la humanidad a cometer violencia y genocidio.

Estos escritos se refieren a este dios de diversas maneras como 'un demiurgo', 'un ángel malvado', 'el dios diablo', 'el Príncipe de la Oscuridad', 'la fuente de toda la maldad', 'el Diablo', 'un demonio', 'un tirano cruel, iracundo y guerrero', 'Satanás' y 'la primera bestia del libro del Apocalipsis'."[300]

Jesucristo pudiese haber fulminado tanto a sus ofensores del primer siglo como a los blasfemos de los siglos posteriores. Sin embargo, noten Su misericordia; ¡Notemos Su gran paciencia y amor! Jesucristo dice: "... aunque no tengo ninguna intención de glorificarme a mí mismo, Dios va a glorificarme y él es el verdadero juez. Les digo la verdad, ¡todo el que obedezca mi enseñanza jamás morirá!"[301]

Esta es la enseña divina de ayer de hoy y de la eternidad; El que dice: "YO SOY", el que ES antes de que Abraham existiera y que ES mayor que cualquiera de los profetas, asegura que, si creemos en Su palabra, ¡tenemos vida eterna! ¿Por qué? Porque el que promete que jamás moriremos ES ETERNO.

---

[300] Wikipedia, la enciclopedia libre. *Dios como el diablo.* (La Habra, California. Internet. Consultado el 6 de febrero del 2021), ¿? https://es.wikipedia.org/wiki/Dios_como_el_Diablo

[301] Juan 8:50-51, (NTV).

CONCLUSIÓN.

La pregunta de los líderes religiosos fue: ¿Tú quién te crees que eres? La respuesta es: Jesucristo es mayor que Abraham. Es mayor que cualquiera de los profetas. Él nunca dijo que sería eterno, ¡El afirmó su eternidad!

Y esto, ¿Qué nos garantiza? ¿Qué provecho tenemos nosotros de su grandeza y Su eternidad?

Primero: Que tenemos un Dios que SIEMPRE ES.

Segundo: Abraham y los profetas manifestaron la gloria de Dios, pero en Jesucristo estaba la gloria de Dios. Juan dice: *"Vimos su gloria"*.

Tercero: Siendo Jesús eterno, nos garantiza la eternidad.

Entonces, pues, al finalizar este mensaje, creo que podemos decir: ¡Gloria al Cordero de Dios! ¿Amén?

¡Sí, Amén!

¿Es ese el Cristo?

*Algunos de los que vivían
en Jerusalén comenzaron
entonces a preguntar: —
¿No es a éste al que andan
buscando para matarlo? Pues
ahí está, hablando en público,
y nadie le dice nada. ¿Será
que las autoridades creen de
veras que este hombre es el
Mesías?*

Juan 7:25-26, (DHH).

INTRODUCCIÓN.

Desde los días del apóstol Pablo, es decir, entre los años cuarenta y sesentas de la Era Cristiana, surgió una filosofía dentro del judaísmo y dentro del crecimiento o desarrollo del cristianismo. Esta filosofía se conoce con el nombre del Gnosticismo. "El gnosticismo (del griego antiguo: γνωστικός gnōstikós, 'tener conocimiento') es un conjunto de antiguas ideas y sistemas religiosos que se originó en el siglo I entre sectas judías y cristianas antiguas".[302]

---

[302] Wikipedia: la enciclopedia libre. *Gnosticismo.* (La Habra, California. Internet. Consultado el 28 de agosto del 2021), ¿? https://es.wikipedia.org/wiki/Gnosticismo

Dos de sus principales doctrinas fueron: Primero, la separación del dios de la creación del dios de la redención. La segunda, su énfasis en el conocimiento secreto que solo las personas divinas podían entender.[303]

Esta filosofía, desde ese tiempo hasta hoy día, han hablado de Jesucristo de diferentes maneras, algunas de ellas hasta lo han despojado de su divinidad, dejando a Jesús como un mero hombre.

Por ejemplo, el filósofo austriaco, erudito literario, educador, artista, autor teatral, pensador social y ocultista Rudolf Steiner, enseñó que: "El proceso de maduración de Jesús, que ocurrió a sus 30 años ... alcanzó el estado de Cristo".[304] Es decir que antes solo fue un mero hombre, no era Dios; Era solo Jesús de Nazaret. El teólogo John Hepp, uno de mis profesores en el *Instituto y Seminario Bíblico de Puebla*, Puebla, México, ¡Creía lo mismo!

Bueno, ¿y que dice la Biblia? ¿Qué creían los sabios acerca de Jesucristo en sus días? En el capítulo siete de Juan, notamos que los sabios de ese tiempo se encontraron con algunos dilemas en cuanto a la persona de Jesucristo, tres de ellos fueron:

---

[303]   Leticia Calcada: Editora General. *Diccionario Bíblico Ilustrado Holman.* (Nashville, Tennessee. USA. B&H Publishing Group. 2008), 694.

[304]   Luis Alberto Hará. - *Una Mirada mística a la Figura de Jesucristo (o a la divinidad arquetípica del ser humano).* (La Habra, California. Internet. Articulo publicado el 25 de diciembre del 2015. Consultado el 27 de agosto del 2021), ¿? https://pijamasurf. com/2015/12/una-mirada-mistica-a-la-figura-de-cristo-o-la-divinidad-arquetipica-al-interior-del-ser-humano/

I.- PRIMER DILEMA: "SABEMOS DE DONDE ES".

En sus viajes misioneros, un día: "Jesús fue a Nazaret, el pueblo donde se había criado. El sábado entró en la sinagoga, como era su costumbre, y se puso de pie para leer las Escrituras".[305] Delante de todos los asistentes leyó la profecía de Isaías que hace referencia al Mesías Prometido.[306] Cuando termino de leer enrolló el libro o el pergamino, enseguida les dijo que esa profecía en ese día se había cumplido. Se sentó y, además de que todos le miraron asombrados: "Todos hablaban bien de Jesús y estaban admirados de las cosas tan bellas que decía. Sin embargo, otros se preguntaban: —¿No es éste el hijo de José?"[307]

Con esta interrogante, algunos de los oyentes comenzaron con sus dudas acerca de sí Jesús era o no el Mesías de Dios. Es decir que: "Una vez más, Jesús divide al grupo de sus oyentes. Algunos le plantean objeciones apoyándose en las expectativas mesiánicas de aquella época. Ellos creían que el Mesías cuando llegara estaría oculto hasta que el profeta Elías lo revelara al mundo".[308]

---

[305] Lucas 4:16, (DHH).

[306] Isaías 61:1-2.

[307] Lucas 4:22, (DHH).

[308] Raymond E. Brown. *El Evangelio y las cartas de Juan*. Td. María del Carmen Blanco Moreno. (Bilbao, España. Editorial Desclee de Brouwer, S. A. 2010), 81

Y, aquí estaba el primer dilema: *Sabemos de donde es*. Ellos se decían el uno al otro: "Pero nosotros sabemos de dónde viene éste".[309] "La aldea galilea de la que procedía Jesús era muy conocida".[310] Jesús, escuchando sus argumentos les dijo: "A mí me conocen y saben de dónde soy".[311] Jesús nunca se ocultó de nadie. Todavía lo hace, Jesús no está oculto de nadie. Él dijo que estaría con los que creyeran en El todo el tiempo, así que cuando el mundo ve a un verdadero cristiano, está viendo la obra de Jesucristo. Cuando el mundo ve que tú eres un seguir de Jesucristo, está viendo la maravillosa obra de Redención en tu vida y aún más, si tú eres fiel servidor de Dios, el mundo puede ver la Gloria de Jesucristo en tu vida. La pregunta lógica es: ¿El mundo puede ver la gloria de Dios en tu vida?

El apóstol Juan, cuando da su testimonio acerca de la divinidad de Jesucristo, dijo: "*Y vimos su gloria*". Ahora bien, si Jesucristo vive en tu vida, entonces, el mundo debe de ver la gloria de Jesucristo en tu vida. ¿La ve?

Así que, volviendo al relato bíblico notamos que, hubo un grupo de los asistentes a la Sinagoga de Nazaret que estaba convencido de que Jesús

---

[309] Juan 7: 27a, (DHH).

[310] Raymond E. Brown. *El Evangelio y las cartas de Juan*. Td. María del Carmen Blanco Moreno. (Bilbao, España. Editorial Desclee de Brouwer, S. A. 2010), 81

[311] Juan 7:28b, (RV 60).

era el Mesías Prometido por Dios. La razón de su creencia fue porque fueron testigos de los milagros y beneficios que hasta ese tiempo había hecho. Así que, algunos creyeron en Jesucristo.

El otro grupo tenían sus dudas. Su premisa para no aceptar a Jesús como el Mesías de Dios fue: "El Cristo, cuando venga, ¿hará más señales que las que este hace?"[312] "Generalmente, Jesús era bien recibido en Galilea (Jn.7:15), pero en Nazaret fue rechazado, y hasta quisieron matarlo.[313] Jesús ya había enseñado y hecho curaciones en otros lugares de Galilea antes de llegar a Nazaret".[314] Es decir que, los nazarenos fueron testigos de las enseñanza y milagros de Jesús y, aun así, lo rechazaron y hasta lo querían matar.

¡Ah, gente con mentes cerradas a las Escrituras y ojos que no quieren ver las obras de Dios! Se creen sabelotodo.

Las personas de aquel primer siglo de la Era Cristiana no son diferentes de las personas del siglo XXI. Uno de los libros más vendidos es la Biblia; es un libro que no solo se vende, sino que también se regala. Nosotros hemos regalado varias biblias y, sin embargo, la gente de nuestro tiempo está con la mente cerrada a las enseñanzas de la Biblia y sus

---

[312] Juan 7:31b, (RV 60).

[313] Lucas 4:29.

[314] Comentario en la *Biblia de Estudio Esquematizada.* (Brasil. Sociedades Bíblicas Unidas. 2010), 1498.

ojos, en lugar de ver la obra de Dios, ven lo negativo, lo critican y cierran sus ojos a la verdad.

Entonces, pues, la primera premisa de los asistentes a la Sinagoga de Nazaret de Galilea es la misma premisa de hoy día: "Sabemos de donde es". En la versión moderna los contemporáneos dicen: "Ya sabemos quién es Jesucristo, no lo necesitamos".

II.- SEGUNDO DILEMA: "NADIE SABE DE DÓNDE VIENE EL MESÍAS".

Ahora nos trasladamos a la ciudad de Jerusalén. Jesús, en sus continuos viajes misioneros, llega a la ciudad capital. Llega para celebrar la Fiesta de los Tabernáculos o de las enramadas.[315] En esa ocasión, Jesús enseño en el Templo.[316] Tal y como lo solía hacer, sin ocultarse, Jesús: "Habló en público en el día de la fiesta, de tal modo que la gente lo admiraba".[317]Y allí sucedió lo mismo que en la Sinagoga de Nazaret: Muchos creyeron en El, pero otros lo rechazaron.

---

[315] Con esta Fiesta: "Dios quería celebrar el hecho de que El proporcionó refugio a los israelitas en el desierto – en todos los 40 años cuando deambularon en el desierto no les faltó ni comida, ni agua, ni ropa, aunque estaban en un lugar inhóspito y lejos de todo, porque El proveyó todo, como un padre amoroso... Cada año en la Fiesta de los tabernáculos, el día quince del séptimo mes, o la séptima luna del año, los judíos devotos construyen pequeños refugios o enramadas fuera de sus casas, y allí moran durante siete días para tener un encuentro con Dios" (Diana Baker. *El poder espiritual de las siete fiestas de Dios*. (Córdoba, Argentina. Editorial Imagen. 2015), 42-44.

[316] Juan 7:14, 28.

[317] San Agustín de Hipona. *In Ioanem tract.31. Cantena Aurea. Comentarios sobre el Evangelio de San Juan.* (San Bernardino, California. Ivory Fall Books. 2016), 242.

Notemos el argumento o declaración de los que rechazaron a Jesús, ellos dijeron, para apoyar su rechazo a Jesucristo: "... en cambio, cuando venga el Mesías, nadie sabrá de dónde viene".[318] Pastor, ¿Qué es esta declaración de los incrédulos? Para el gran predicar de Antioquía en el Siglo II de la Era Cristiana, Juan Crisóstomo, es un "error y digno de su propia locura".[319] Y sí que lo era, pues de acuerdo con el Evangelio de Mateo, los profetas habían anunciado que Jesús se llamaría nazareno.[320] Para nadie fue oculto que Jesús había nacido en Belén de Judea; su nacimiento fue anunciado por los sabios del Oriente, fue certificado por los Escribas al decirle al rey Herodes que, de acuerdo con la profecía de Miqueas, el Mesías nacería en Belén de Judea.[321]

Bueno, Pastor, entonces, ¿de dónde salió esa idea entre los judíos de que cuando el Cristo venga nadie sabrá de dónde vino? Me parece que esa idea nació de dos fuentes y, espero no equivocarme. *La primera*: De la ignorancia de las profecías bíblicas. Y, *segunda*: De su egoísmo por no aceptar su ignorancia y de su orgullo como los *sabelotodo*.

¡Ah, gente que se cree saberlo todo! Y en su sabiduría ponen a Jesús a un lado del camino. Los

---

[318]   Juan 7:27b, (DHH).

[319]   Juan Crisostomo en *up sup*. *Cantena Aurea*. *Comentarios sobre el Evangelio de San Juan*. (San Bernardino, California. Ivory Fall Books. 2016), 243.

[320]   Mateo 2Ñ23.

[321]   Mateo 2:1-2: Miqueas 5:2.

sabelotodo ahora están anunciando que las vacunas contra el COVID-19 es un chip que obligará a someterse a la voluntad del Anticristo. Algunos hablan de la Segunda venida de Jesucristo en estos días y otros como el pastor Abraham Peña en su mensaje titulado: *La marca de la bestia - Conoce toda la verdad*, en el que dice que esto sucederá en la Gran Tribulación.[322]

Algunos de ellos son profetas que han llegado a ser indirectamente cómplices de las muertes de aquellos que, por hacerles caso a sus supuestas profecías y filosofías bíblicas y supuestamente científicas, no se vacunaron. Otros más están en los abarrotados hospitales solicitando una cama en donde los puedan atender.

El comentarista Eric Levenson, dijo el día 8 de julio de este año 2021 que: "El 99% de personas que han muerto recientemente por covid-19 en Estados Unidos no estaban vacunadas". [323]

Ese mismo día (8 Julio, 2021), "El Dr. Peter Hotez, decano de la Escuela Nacional de Medicina

---

[322]   Abraham Peña. *La marca de la bestia - Conoce toda la verdad.* (La Habra, California. Video en YouTube. Mensaje predicado el 3 de mayo del 2020. Consultado el 29 de agosto del 2021), ¿? https://www.bing.com/videos/ search?q=La+marca+de+la+bestia+por+Abraham+Pe%c3%b1a&docid= 608047775879270837&mid=8D80FE3633D3382D51FB8D80FE3633D3382D51FB &view=detail&FORM=VIRE

[323]   Eric Levenson. El 99% de personas que han muerto recientemente por covid-19 en Estados Unidos no estaban vacunadas. (La Habra, California. Internet. Consultado el 27 de agosto del 2021), ¿? https://cnnespanol.cnn.com/2021/07/08/ muertes-recientes-por-covid-19-estados-unidos-no-estaban-vacunadas-trax/

Tropical de la Facultad de Medicina de Baylor, dijo: 'No hay duda de que casi todas las muertes y hospitalizaciones serán en personas no vacunadas y, por lo tanto, debemos esperar que la mayoría de las enfermedades graves, las hospitalizaciones y las muertes ocurran predominantemente en áreas de baja vacunación y alta presencia de Delta'.[324]

En el tiempo de Cristo, algunos que creyeron en él, dijeron: "Nadie ha hablado como este".[325] Pero, de inmediato, los *sabelotodo* de su tiempo pronunciaron una maldición contra su propia gente, diciéndoles: "— ¿Así que también ustedes se han dejado engañar? —Replicaron los fariseos—. ¿Acaso ha creído en él alguno de los gobernantes o de los fariseos? ¡No! Pero esta gente, que no sabe nada de la ley, está bajo maldición".[326]

¡Imagínense esto! Los predicadores de hoy día, esos *sabelotodo*, anuncian que el que se vacune ha sido sellado para la condenación, pues está en camino para obedecer al Anticristo. Esta semana escuché decir a un querido hermano: *La vacuna es la plataforma para el Anticristo. Allí hay mano negra.*

---

[324] Dr. Peter Hotez. *El 99% de personas que han muerto recientemente por covid-19 en Estados Unidos no estaban vacunadas.* (La Habra, California. Internet. Consultado el 27 de agosto del 2021), ¿? https://cnnespanol.cnn.com/2021/07/08/muertes-recientes-por-covid-19-estados-unidos-no-estaban-vacunadas-trax/

[325] Juan 7:46b, (RV 60).

[326] Juan 7:47-49, (NVI).

Sí esto es así, entonces, ¿Dónde está la promesa paulina de que el que está en Cristo es nueva criatura? ¿Dónde está la promesa de Cristo de que nadie los arrebatará de su mano? ¿Dónde está la seguridad eterna que Jesucristo prometió cuando dijo que nos daría Vida Eterna? ¿Dónde queda la promesa de Jesucristo de que nos está preparando un lugar en la Casa de su Padre?[327] ¿Dónde está la seguridad de estar siempre con Jesucristo como dijo el apóstol Pablo si una vacuna me apartará de su presencia para adorar al Anticristo? [328]

Si como cristianos vacunados contra el COVID-19 y la cepa Delta seremos siervos o esclavos del Anticristo, entonces, el apóstol Pablo y Jesucristo, ¡nos mintieron! Y, los *sabelotodo* contemporáneos han descubierto sus mentiras.

No, hermanos, no se confundan. La Biblia y todo lo que en ella existe es la verdad.

Así que, la respuesta a la pregunta: ¿Es ese el Cristo? Con mucha certeza decimos, ¡Si, lo es! ¡Jesucristo es Dios Redentor y Eterno! El hecho de que seamos ignorantes de la verdad bíblica no nos da derecho de rechazar la sabiduría de Jesucristo diciendo que: *"Nadie sabe de dónde viene el Mesías"*, porque sí sabemos: Vino del cielo para que, todos los creyentes en El, seamos llevarnos con el Señor a la

---

[327]   2 Corintios 5:17; Juan 10:28; Juan 14:6.

[328]   I Tesalonicenses 4:13-17, (RV, 1960).

Casa de Su Padre. Vacunados o no, si creemos en su oferta de salvación, ¡Nos iremos con El!

III.-TERCER DILEMA: ¿POR QUÉ NO LE CREEMOS SE IRÁ A LOS GRIEGOS PARA ENSEÑARLES?

Durante el dialogo entre Jesús y los judíos, durante la Fiesta de los Tabernáculos o Fiesta de las Enramadas en la ciudad de Jerusalén, El Señor Jesús, les suelta una "bomba" que confunde las mentes de sus oyentes. Les dijo: "Ustedes me buscarán, pero no me encontrarán; y no pueden ir adonde yo voy".[329]

¿Qué dijo Jesús? Dijo que un día lo iban a buscar pero que estaría en un lugar en donde sus oyentes no podrían llegar. Jesús habló del lugar de gloria hacia donde volvería después de resucitar. Estaría en "ese lugar que es la esperanza cristiana".[330] Los que estaban allí en la ciudad de Jerusalén escuchando al Mesías de Dios no todos creían en él, "por tanto todos ellos morirían en su pecado de incredulidad (Jn.8:21-22)".[331] Pero allí mismo estaban presentes

---

[329]   Juan 7:34, (NTV).

[330]   Samuel Pérez Millos. *Comentario exegético al texto griego del Nuevo Testamento. JUAN.* (Viladecavalls (Barcelona), España. Editorial CLIE. 2016), 765.

[331]   Samuel Pérez Millos. *Comentario exegético al texto griego del Nuevo Testamento. JUAN.* (Viladecavalls (Barcelona), España. Editorial CLIE. 2016), 765.

los discípulos, aquellos que sí creían en él, a ellos les "dice que no podrían seguirlo ahora (Jn 13:33)".[332]

Sin embargo, pues, estas palabras de Jesús que leemos en el Juan 7:34, confundieron a los líderes político/religiosos. En esa confusión se preguntan: "¿Y este a dónde piensa irse que no podamos encontrarlo? — Comentaban entre sí los judíos—. ¿Será que piensa ir a nuestra gente dispersa entre las naciones, para enseñar a los griegos?"[333] ¡Sí que estaban confundidos!

Les invito a que nos metamos en su *Confusión*, y nuevamente nos preguntemos: "¿Qué quiso decir con eso de que "me buscarán, pero no me encontrarán", y 'adonde yo esté no podrán ustedes llegar'?"[334] Fueron palabras directas; nada endulzadas con retorica alegórica, o, con tono ilusionista. Fue una declaración concreta y realista: ¡No pueden por sí solos! Jesús hizo referencia a un lugar muy especial, un lugar en donde el ser humano "no puede acceder ... porque es un lugar privado para Jesucristo. Nadie puede estar en la intimidad divina del Seno Trinitario",[335] solamente el Mesías de Dios. Es un lugar especial

---

[332]   Samuel Pérez Millos. *Comentario exegético al texto griego del Nuevo Testamento. JUAN.* (Viladecavalls (Barcelona), España. Editorial CLIE. 2016), 765.

[333]   Juan 7:35, (NVI).

[334]   Juan 7:36, (NVI).

[335]   Samuel Pérez Millos. *Comentario exegético al texto griego del Nuevo Testamento. JUAN.* (Viladecavalls (Barcelona), España. Editorial CLIE. 2016), 765.

para Aquel que "vimos su gloria, gloria como del Unigénito del Padre, lleno de gracia y de verdad".[336]

Existen algunos consejos que no nos llevan a ningún lado positivo. Son palabras endulzadas pero que pronto se les acaba el dulce. Por ejemplo, leamos los siguientes seis consejos que presenta el Grupo Iluminación y, analicemos su contenido:

> 1.- *No recuerdes:* Deja ir lo que ya pasó. ¡Cuidado! Si no recuerdas, nunca aprenderás del pasado y no podrás testificar de lo que Dios ha hecho contigo. ¡Tienes que recordar!
>
> 2.- *No imagines*. Deja ir lo que puede venir. ¡Cuidado! Si no imaginas, vivirás en la ignorancia. Cerrarás tu mente a la nueva tecnología y en el caso de la Biblia, cerrarás tu mente a las profecías bíblicas.
>
> 3.- *No pienses*. De ir lo que sucede ahora. ¡Cuidado! Si no piensas estás en riesgo de morir hoy mismo. Si no piensas que un auto te puede atropellar, ¡Posiblemente mueras atropellado! Si no piensas en Dios como tu Salvador personal; morirás espiritualmente.

---

[336]   Juan 1:14, (RV, 1960).

4.- *No examines*. No trates de interpretar nada. ¡Cuidado! Si no examinas serás como el bote de basura que todo recibe y lo guarda y, en poco tiempo, apesta.

5.- *No controles*. No hagas que algo suceda. ¡Cuidado! Si "No controlas", tu vida y tu familia serán un desastre. Cada uno hará lo que les dé la gana y, esa actitud, lleva a la ruina.

6.- *Descansa*. Relájate, ahora, y descansa.[337] ¡Cuidado! Está bien relajarse y descansar, pero si todo el tiempo estás descansado, te aburrirás de descansar y entonces, el estrés tomará el lugar de tus actividades y te arruinará, física, moral y económicamente. Hoy, con la pandemia lo estamos viendo. La gente está enfermándose mentalmente.

Cuando Jesucristo dijo: *"Me buscarán, pero no me encontrarán, y adonde yo esté no podrán ustedes llegar"*, no dijo que como no lo podrán encontrar y no podrán llegar hasta donde él se encuentre, entonces, no *recuerdes* nada, no *pienses* nada, no *imagines*

---

[337] La Iluminación Espiritual. *Seis Consejos*. (La Habra, California. Internet. lailuminacion.com. Consultado el 12 de febrero del 2021), ¿? https://www.pinterest.com/pin/4292562134417350/

nada, no *examines* nada, no *controles* nada y como no tienes que hacer nada; ¡mejor relájate!

¡No, el Señor no dijo ni trató de decirlo que la vida cristiana es pasiva! La vida cristiana no es un sentarse con los pies doblados, las manos sobre las rodillas, con los ojos cerrados y balbucear palabras que no ayudan a nadie. Me encanta ir a la playa, sentarme y acostarme en la arena mientras el sol me calienta. Con los ojos cerrados medito, pienso y, en ocasiones me quedo dormido, pero, esto no es todos los días, ¡hay muchas cosas por hacer! No por ser cristiano tengo que ir a la playa todos los días y por las noches ver televisión o simplemente no hacer nada. ¡Noooo!, ¡la vida cristiana es activa!

No te confundas, el Señor Jesús no se irá a ninguna parte, está aquí para enseñarte lo que es el Camino a la eternidad; está aquí por medio del Espíritu Santo para que medites, pienses, reflexiones y pongas en práctica sus enseñanzas: Es decir que, la vida cristiana es de AMOR en acción. Por favor, no me digas que no me puedes amar porque estás descansando; no me digas que no puedes amar porque te estás relajando y no quieres pensar en mostrarme un poco de amor.

No me digas que en el *"Día del Amor y la Amistad"*, no puedes amar a tu cónyuge porque has dejado ir el sentimiento del amor; no me digas que no puedes amar a tus hijos porque no imaginas que son el futuro de tu familia. No me digas que no debes amar a las personas porque no quieres que suceda un cambio entre ellas.

Bueno, volvamos al texto bíblico, ¿qué es lo que el Señor Jesús les dijo a los judíos?

Primero: "Jesús advierte a los judíos de que tienen poco tiempo para aceptarlo. Como en el caso de la sabiduría, - Jesucristo -, solo puede ser encontrado por quienes lo buscan con corazón sincero".[338] El no está perdido ni fuera de tu alcance, Tú y yo somos los que nos perdemos en las actividades y diversiones de este mundo. Si buscamos el camino para llegar a Jesucristo con diligencia, ¡lo encontraremos!

Segundo: Jesucristo regresará al Padre y es allí en donde no lo podrán encontrar. Los judíos esperaban al Mesías Salvador; lo estaban buscando. Así que, si no lo aceptaban en ese instante en que estaba entre ellos, después de resucitar, regresaría al Padre y allí, ellos, no podrían encontrarlo; no podrían llegar hasta El. El Señor Jesús dijo claramente: "… —Yo soy el camino, la verdad y la vida; nadie puede ir al Padre si no es por medio de mí".[339] Y si no se acepta a Cristo Jesús como el Salvador personal, no se puede caminar por el Camino que Dios ha enviado

---

[338]   Raymond E. Brown. *El Evangelio y las cartas de Juan.* Td. María del Carmen Blanco Moreno. (Bilbao, España. Editorial Desclee de Brouwer, S. A. 2010), 82.

[339]   Juan 14:6, (NTV).

a este mundo para poder llegar hasta Su Morada Celestial.

Tercero: Jesucristo será exaltado a Su Gloriosa Morada y Existencia.[340] Recordemos que el apóstol Juan dijo que habían visto su gloria; habían contemplado en Jesús un anticipo de lo que es la eternidad con Dios. Una Eternidad Gloriosa si se acepta a Jesucristo como el Señor y Salvador de nuestras vidas. Jesucristo fue exaltado y los cristianos, ¡seremos exaltados a Su presencia!

Así que, ¿cuál es la clave para poder estar con Jesús ahora y en la eternidad? Creo, sinceramente que, además de aceptar a Jesucristo como el Camino al Padre: Es decir, aceptarlo como el Señor y Salvador de nuestras vidas, además de eso, el AMOR juega un papel muy importante, porque el que CREE en Jesucristo como Su Salvador personal, también pone el AMOR de Dios en Acción.

En resumidas cuentas, podemos decir que:

*¡Debemos AMAR a la gente!
*¡Debemos AMAR a nuestros amigos!
*¡Debemos AMAR a nuestros líderes!
¡Tenemos la obligación de AMAR a los hermanos en Cristo Jesús!
*¡Hay que AMAR a tu iglesia!

---

[340]   Samuel Pérez Millos, *Comentario exegético al texto griego del Nuevo Testamento. JUAN.* (Viladecavalls (Barcelona), España. Editorial CLIE. 2016), 764-765.

*¡Tenemos el deber de AMAR a nuestro cónyuge!

*¡Debemos de AMAR a nuestros hijos sean como sean!

¡Debemos de AMAR al Señor Jesucristo! A Él debes amarlo —"Ama "con todo tu corazón, con todo tu ser y con toda tu mente".[341]

Lo que notamos en el relato del Capítulo siete de Juan es todo lo contrario de las ocho declaraciones que he escrito antes. Los judíos buscaban a Jesús para matarlo y eso, mis amados hermanos en Cristo Jesús, ¡eso no es AMOR! ¡Eso es ODIO! Los líderes odiaban a Jesús porque no estaban de acuerdo con sus enseñanzas; no les convenía cambiar de mentalidad y de corazón. La gente te va a odiar porque no está de acuerdo con lo que tú y yo creemos.

En este Tercer Dilema: *¿Por qué no le creemos se irá a los griegos para enseñarles?*, notamos que la confusión ha cerrado los ojos del entendimiento para no creer en el Mesías de Dios y, al no creer en El, sus ojos físicos y los espirituales, ¡no pudieron ver la gloria de Dios Padre en la persona de Jesucristo! En lugar de aceptarle como el enviado por Dios para la salvación de sus almas, en su ceguera espiritual, en ese odio hacia Jesús y en su sabiduría muy

---

[341]   Mateo 22:37, (NVI).

humana, se preguntaron: "¿De Galilea ha de venir el Cristo?" "¿Cómo puede el Cristo venir de Galilea? ¿Acaso no dice la Escritura que el Cristo vendrá de la descendencia de David, y de Belén, el pueblo de donde era David?"[342]

¡Ah, gente incrédula! Gente que estudiaba las Escrituras hebreas pero que las interpretaba y aplicaba a su conveniencia. Gente que no quiso hacer caso a la verdad que escucharon de la misma boca del Redentor Cristo Jesús.

¡Gracias a Dios! ¡Sí, gracias a Dios!, porque entre la multitud hubo gente que creyeron al mensaje de Jesús. Fueron personas que la ver los milagros y escuchar el mensaje de los labios del Mesías prometido, exclamaron, diciendo: "Verdaderamente es el profeta".[343] Y luego lo confirman diciendo: "Es el Cristo".[344]

Toda enseñanza o descubrimiento provoca dilemas. Cuando Galileo Galilei afirmó que la tierra era redonda y que no era el centro del Sistema Solar, causó una revolución mental a tal grado que algunos lo querían matar. Muchos otros, entre ellos los sabios egipcios hablaban de la redondes de la tierra, sin embargo: "No fue hasta Galileo (de 1564 a 1642) cuando se comienza a pensar que realmente la tierra

---

[342]   Juan 7:41b-42, (NVI).

[343]   Juan 7:40, (RV 60).

[344]   Juan 7: 41ª, (RV 60).

es redonda, aunque debemos aclarar que no fue este quien descubrió la auténtica forma de la Tierra, sino que se le debe reconocer por haber defendido la teoría del heliocentrismo algo por lo que el científico italiano fue condenado por la Inquisición. Su teoría iba en contra de la Iglesia que afirmaba que la Tierra, y no el Sol, estaba en el centro de nuestro Universo".[345]

Existen aquellos que se enojan, en lugar de investigar, si lo que se dice es la verdad. Los judíos del tiempo de Jesús tenían todo escrito acerca de la venida del Mesías de Dios y, cuando llega, en lugar de asegurarse por las Escrituras de la veracidad de su presencia, se enojan porque les descubre su ignorancia de las Escrituras y en su orgullo profesional, mataron al dador de la vida: ¡Mataron al Redentor que Dios les había prometido!

¿Por qué lo mataron? Porque, en lugar de aceptar las enseñanzas de Jesús, se cuestionaron: ¿Es ese el Cristo? Y, luego, con sus dudas, comenzaron los dilemas. El primero fue: "*Sabemos de donde es*". Entonces, si sabemos, este no puede ser el Cristo que esperamos. El Segundo fue: "*Nadie sabe de dónde viene el Mesías*". Y, como ellos sabían que Jesús había nacido en Nazaret, aunque en realidad nació

---

[345]   Blanca Espada. *¿Quién descubrió que la Tierra era redonda?* (La Habra, California. Internet. Artículo publicado el 13/06/2021, a las 12:30. ACTUALIZADO: 13/06/2021 12:30. Consultado el 4 de septiembre del 2021), ¿? https://okdiario.com/curiosidades/galileo-tierra-redonda-1259994

en Belén de Judea, y que su Padre había sido José y su madre era María, entonces, Jesús el nazareno, no podría ser el enviado de Dios. Y, el tercer dilema con el que los judíos se encontraron fue: *¿Por qué no le creemos se irá a los griegos para enseñarles?* ¡Ah, gente! ¡Siempre pensando en lo terrenal! Así que, cuando Jesús hace referencia a lo espiritual, se nota a leguas su ceguera espiritual.

CONCLUSIÓN.

Los dilemas que tú tengas acerca de Jesucristo y su Obra Redentora, ¡no estorbarán ni impedirán los planes de Dios! El ha hecho una promesa: *La venida del Espíritu Santo.* Esta promesa enseña que "aquel que cree en Jesucristo como su Salvador personal, como dice la Escritura, de su interior brotarán ríos de agua viva".[346] Con esto se refería al Espíritu que habrían de recibir más tarde los que creyeran en él. Hasta ese momento el Espíritu no había sido dado, porque Jesús no había sido glorificado todavía".[347]

Notemos que: El Espíritu Santo no es un privilegio de todos; es solo para los creyentes en Cristo Jesús. No es para los que ponen dilemas acerca de la vida y ministerio de Jesucristo: ¡Es un privilegio para los

---

[346] Juan 7:38, parafraseado por Eleazar Barajas.

[347] Juan 7:38-39, (NVI).

que dicen: "*Es el Cristo*",[348] el UNICO que nos puede dar vida eterna!

¡Los creyentes somos privilegiados en este contexto! El Cristo de Nazaret, que para algunos es una confusión, o son dilemas provocados por su incredulidad, dilemas que no los pueden resolver, para los redimidos por Cristo Jesús, ¡Son dilemas ya resueltos! ¡El Cristo, está con nosotros por medio del Espíritu Santo que vive en nosotros! El que fue rechazado en Nazaret y buscado en la Fiesta de los tabernáculos para matarlo, es el Cristo que nos ha dado la Salvación de nuestras almas y nos ha garantizado la Vida Eterna.

¡Amén!

---

[348]   Juan 7: 41ª, (RV 60).

ACUSADORES

"Enderezándose Jesús, y no viendo a nadie sino a la mujer, le dijo: Mujer, ¿dónde están los que te acusaban? ¿Ninguno te condenó? . . . Ni yo te condeno".

Juan 8:10-11, (RV, 1960).

INTRODUCCIÓN.

En la última semana de exámenes finales, en el *Seminario Bíblico* de la ciudad de Puebla, Puebla, México, fui acusado de haber violado el Reglamento de la Institución. Me llamaron al Comité de disciplina. Me leyeron parte del Reglamento, la parte que supuestamente había violado. El Reglamento era todo un libro de reglas, similar a la Ley oral de los judíos.[349] La sentencia por el supuesto delito de haber violado parte del Reglamento, fue que no

---

[349] Hablemos de Religión. *ELEMENTOS DE LA LEY JUDÍA: La Ley Oral.* Conocida como Torá shebe al pe, es el cuerpo de leyes necesarias para la aplicación de la legislación bíblica a la vida diaria. De acuerdo con la tradición, Moisés recibió leyes divinas (Deuteronomio 12:21) que no se incorporaron al Pentateuco y que se transmitieron a Josué, los ancianos, los profetas y los hombres de la gran sinagoga. Existía la creencia de que la transmisión de la Torá estuvo acompañada de una explicación, sin la cual no se podrían cumplir los preceptos. (La Habra, California. Internet. Consultado el 10 de septiembre del 2021), ¿? https://hablemosdereligion.com/las-normas-del-judaismo/

estaría presente en el Banquete y la Ceremonia de Graduación.

Su conciencia acusadora les hizo cambiar de mentalidad en las últimas doce horas y, sí estuve en el Banquete y en la Ceremonia de Graduación. Y, sí, me graduaron con un *Diploma con énfasis en Teología*. ¡Había sido una falsa acusación!

Este no fue el caso con la mujer que se menciona en Juan 8:1-11, ella era culpable. La encontraron pecando. Oh, como se dice popularmente, la encontraron con las manos en la masa.

En la vida tenemos varios acusadores. Son más los que nos acusan que los que nos defienden. En este relato sobre la mujer adultera, existen por lo menos tres acusadores que desean la muerte de la pecadora. Los acusadores son:

I.- ESCRIBAS Y FARISEOS. Estos son tus primeros acusadores.

La Biblia dice que: "Los maestros de la ley y los fariseos llevaron entonces a una mujer, a la que habían sorprendido cometiendo adulterio".[350] Estos son los que yo llamo: Los cazadores de brujas. "Los escribas eran hombres que enseñaban y aplicaban las Escrituras hebreas; especialmente los cinco

---

[350]   Juan 8:3, (DHH).

primeros libros"[351] – El Pentateuco -. "Para ellos, la autoridad era característicamente critica, censora y condenatoria. ... Creían "que su función les daba el derecho de estar por encima de los demás como severos guardianes, para detectar cualquier desliz o desviación de la ley".[352]

En este mismo Evangelio de Juan, leemos que cuando: "Los guardianes del templo – dijeron - —¡Jamás ningún hombre ha hablado así! Entonces los fariseos les dijeron: —¿También ustedes se han dejado engañar? ¿Acaso ha creído en él alguno de nuestros jefes, o de los fariseos? Pero esta gente, que no conoce la ley, está maldita".[353] Estos acusadores están diciendo que "Jesús no ha convencido a ninguna persona instruida".[354] Pero al mismo tiempo han dicho que tú, *Primero.* no te consideres intelectual; no te consideres una persona instruida. Tan instruida como para tomar una decisión, porque, en su entendimiento, no lo eres. *Segundo*, que como tú no conoces la ley de Dios, entonces, ¡eres una persona maldita! Y como persona maldita tú no puedes entender la Ley de Dios, ni puedes tener comunión

---

[351]   Nota de pie de página en la *Biblia de Estudio Esquematizada.* (Brasil. Sociedades Bíblicas Unidas. 2010), 1576-1577.

[352]   William Barclay. *Comentario al Nuevo Testamento: Volumen 6: JUAN II.* (Terrassa (Barcelona), España. Editorial CLIE. 1995), 13.

[353]   Juan 7:45-49, (DHH).

[354]   Raymond E. Brown. El Evangelio y las cartas de Juan. Td. María del Carmen Blanco Moreno. (Bilbao, España. Editorial Desclee de Brouwer, S. A. 2010), 83-84.

con Él. En mi pueblo michoacano se nos dijo que no leyéramos la Biblia porque no la entenderíamos.

Se dice de una persona maldita que es: "Perversa, de mala intención y dañadas costumbres".[355] ¡Y sí que lo es! ¿Por qué? Porque el pecado la ha hecho de esa manera: ¡Maldita! El pecado ha deformado tu personalidad, por eso eres como eres.

Pero también sabemos que una persona maldita es aquella "que ha sido maldecida". Ya sea por sus creencias, por su raza, o por su origen. Nosotros, tú y yo, como seres humanos, procedemos de una raza que fue destituida de la presencia de Dios por haber cometido pecado. En ese sentido, somos una raza maldita. Y como seres malditos, entonces, los que se creen sin pecado, los que se creen que se las saben de todas todas, ¡Nos acusan ante Dios y la sociedad de pecadores!

¿Y saben qué? ¡Tienen razón! ¡Somos parte de una raza caída! ¡Somos parte de una generación que vive y practica el pecado! Lo que estoy diciéndote es que tú y yo merecemos ser llevados ante el Todo Santo, llamado Jesucristo, para recibir la justa sentencia divina. El pecado de adulterio entre los judíos era un grave pecado y se castigaba con la muerte. En el caso de la mujer de este relato juanino, de acuerdo con la

---

[355] Real Academia Española. *Maldito, ta.* (La Habra, California. Internet. Consultado el 9 de septiembre del 2021), ¿? https://dle.rae.es/maldito

Misná, tendría que ser lapidada.[356] Así que, "desde el punto de vista legal, los escribas y fariseos estaban perfectamente correctos. Aquella mujer debería de morir apedreada".[357]

¿Alguna vez te has puesto a pensar que puede ser que tus acusadores tengan la razón? ¿Será posible que estén en lo correcto?

Lo que los escribas y fariseos no sabían era que aquel que estaba en medio de todos los mirones iba a pronunciar unas palabras que estarían en contra de todos sus anhelos religiosos: *"Ni yo te condeno".* ¡Benditas palabras! ¿Quién más las podría decir, sino solo Aquel que tiene la autoridad para perdonar pecados?

Estas son las mismas palabras que te dice hoy mismo. Si hoy tú le confiesas tus pecados, ten por seguro que el Señor te dirá: *"No te condeno",* más bien te perdono.

Él tiene toda la autoridad para perdonarte. ¿Por qué la tiene? El apóstol Pablo dijo que Jesucristo "nos rescató de la maldición de la ley haciéndose maldición por causa nuestra, porque la Escritura dice: 'Maldito

---

[356] Hablemos de Religión. *La Mishná.* La Mishná son seis tratados básicos que abarcan la vida judía, sus normas y sus preceptos, a saber: 1.- TRATADO ZERAIM (SEMILLAS), 2.- MOADIN, 3.- SEDER NEZIKIM, 4.- SEDER NASHIM, 5.- KODASHIM, 6.- TEHAROT-TEHARÁ-PUREZA. (La Habra, California. Internet. Consultado el 10 de septiembre del 2021), ¿? https://hablemosdereligion.com/las-normas-del-judaismo/

[357] William Barclay. *Comentario al Nuevo Testamento: Volumen 6: JUAN II.* (Terrassa (Barcelona), España. Editorial CLIE. 1995), 10.

todo el que muere colgado de un madero'."[358] Y aquí
está el acto sublime de la Redención; el acto de Dios
incomprensible en bien de la humanidad. Aunque
los sabios y todo mundo te acusen de pecador, de
pecadora, y de ser maldito o maldita, El Señor Jesús
tomó tu lugar, Él se hizo maldito para que tú y yo
fuésemos aceptados por Dios como hijos amados.
Todo lo que tienes que hacer es confesarle a Dios tu
pecado y, si hoy lo haces, te aseguro que escucharás
las benditas palabras: *"Ni yo te condeno"*.

II.- LA LEY. Esta es tu segunda acusadora.

La Ley de Moisés, dice que: "Si alguien comete
adulterio con la mujer de su prójimo, tanto el adúltero
como la adúltera serán condenados a muerte".[359]
También en el Nuevo Testamento dice que: "Quienes
ponen su confianza en la ley están bajo maldición,
porque la Escritura dice: 'Maldito sea el que no
cumple fielmente todo lo que está escrito en el libro
de la ley'."[360] ¡Sí, es correcto! ¡La ley no perdona!
¡La ley acusa, defiende y condena al mismo tiempo!

Los Escribas y los fariseos le recuerdan a Jesús
lo que la ley enseña en cuanto al adulterio. Le dicen

---

[358]   Gálatas 3:13, (DHH).

[359]   Levítico 20:10, (NVI).

[360]   Gálatas 3:10, (DHH).

a Jesús: "En la ley, Moisés nos ordenó que se matara a pedradas a esta clase de mujeres".[361]

Y luego le hacen la siguiente pregunta: "y tú que dices".[362] Ahora bien, aquí, los acusadores ponen a Jesús en un serio dilema: "Si autoriza la muerte de la adultera, viola la ley romana, que no permitía a los judíos aplicar la pena capital. Si recomienda misericordia, viola la ley Mosaica".[363]

¡Ah, mi pecado y tu pecado!, ¡cómo siguen poniendo a Dios en un dilema! Tú y yo sabemos que por ser pecadores merecemos la ejecución de la ley divina; Tú y yo como pecadores, sabemos que no podemos estar bien con el que es Todo Santo; Tú y yo, personas que hemos pecado contra Dios, sabemos que merecemos la muerte que proclama la ley de Dios.

En el otro lado de la moneda está la gracia y la misericordia de Jesucristo que ofrecen al pecador el perdón de sus pecados. En este lado de la moneda, sí, se escuchan las palabras: Si alguien ha cometido pecado debe morir inmediatamente y en la eternidad debe de estar separado de Dios eternamente.

Pero también se escuchan las palabras del que murió en la Cruz del Calvario, diciendo: ¡Sí, es cierto,

---

[361]   Juan 8:5, (DHH).

[362]   Juan 8:5b, (DHH).

[363]   Raymond E. Brown. *El Evangelio y las cartas de Juan*. Td. María del Carmen Blanco Moreno. (Bilbao, España. Editorial Desclee de Brouwer, S. A. 2010), 84-85.

porque eres un pecador debes morir en tus pecados! Pero, yo he tomado tu lugar, yo he muerto para que tú tengas vida. La sentencia de la ley que te acusa de ser pecador y como consecuencia que mereces morir, ¡ya fue pagada! ¡Mi gracia y mi misericordia están disponibles para que tú seas liberado o liberada de tus pecados!

¿Sabes qué?, aunque la ley te acuse, si hoy tú aceptas la oferta de la gracia y la misericordia de Jesucristo; es decir que, si le confiesas al Señor tus pecados, ¡serás perdonado!, *"mujer, ni yo te condenó"*, le dijo Jesús a la mujer que había pecado.

En el dilema que los acusadores pusieron a Jesús, el decidió no violar ninguna de las leyes, ni la divina ni la romana, el decidió someterse a las dos leyes para que tú y yo decidiéramos ser perdonados en Cristo Jesús. Y por eso te sigue diciendo: *"Ni yo te condeno"*.

¿Qué te puedo decir en esta hora? ¡Libérate de esta ley acusadora! humíllate ante Jesucristo, de la misma manera como aquella mujer a los pies del Señor. Si tú le confiesas tu pecado, varón, que me estás escuchando, ten por seguro, y tú también, mujer, tengan por seguro que escucharan del mismo Señor Jesucristo estas alentadoras y redentoras palabras: *"Ni yo te condeno"*.

III.- TÚ CONCIENCIA. Esta es
tu tercera acusadora.

La escena que presenta Juan es a Jesús sentado enseñando en el Templo; la acusada está de rodillas e inclinada ante el Señor; los acusadores están de pie frente al Señor Jesús, y los mirones están rodeándolos. A todos ellos, Jesús, les dijo: "El que de vosotros esté sin pecado sea el primero en arrojar la piedra contra ella - mientras escribía con su dedo en la tierra -. Pero ellos, al oír esto, acusados por su conciencia, salían uno a uno, comenzando desde los más viejos hasta los postreros; y quedó solo Jesús, y la mujer..."[364]

Ahora bien, es muy cierto que la Biblia dice que la misericordia y el amor de Dios cubrirá multitud de pecados.[365] Y creo que tú puedes decir; ¡Ya la libré! ¡Dios es un Dios de amor! ¡Es un Dios que por su gran misericordia me perdona! ¡Dios es todo amor! Sí, eso es cierto. Pero, mi amigo, mi amiga, y aun tú mi hermano en Cristo, ¿qué te dice tu conciencia? El relato bíblico dice: "Pero ellos, al oír esto, acusados por su conciencia, salían uno a uno, comenzando desde los más viejos hasta los postreros; y quedó solo Jesús, y la mujer que estaba en medio".[366]

---

[364]   Juan 8:7-9, (DHH).

[365]   I Pedro 4:8.

[366]   Juan 8:9, (RV,1960).

En este instante, mientras tu conciencia te está acusando y te das cuenta de que en realidad no eres tan santo como pensabas. En este instante, cuando tu conciencia te dice que no eres tan sabio como pensabas. Ahora que tu conciencia te está diciendo que no eres tan cristiano como pensabas que lo eras, ahora, en este instante, tiene dos opciones:

Primera: Salir por la puerta que entraste a este recinto mientras la gente te sigue diciendo que has pecado y que debes de recibir tu castigo como pecador. Puedes salir de este lugar mientras la ley te sigue acusando y condenando de ser un violador de la ley de Dios y que mereces ser mandado al juicio de Dios. Puedes levantarte de tu asiento y salir mientras tu conciencia te sigue diciendo que aún no eres lo que tú pensabas que eras y que, por tal motivo, necesitas arreglar cuentas con Dios.

La *segunda* opción es quedarte frente a frente ante el Señor Jesucristo, de la misma manera como lo hizo la mujer acusada de adulterio. Ella estaba en el piso, humillada y avergonzada por su pecado, pero, fue allí donde escuchó las benditas palabras: *"Ni yo te condeno"*. ¡Fue allí donde ella recibió el perdón de su pecado!

Estas son las mismas palabras que Jesucristo quiere que escuches con tus oídos ahora mismo, antes de salgas corriendo con tu pecado sobre tu persona. Jesucristo desea que salgas de este lugar libre de tu pecado. ¿Por cuál opción te decides?

CONCLUSIÓN.

Aquella mujer, de rodillas ante el Señor Jesucristo, no solo recibió el perdón de su pecado, sino que también contempló la gloria de Jesucristo. Acusadores tenemos muchos, pero solo un Salvador; Solo uno que tiene toda la autoridad para decirte: "*Ni yo te condeno*". Es UNO solo que si te postras delante de El podrás recibir su perdón y al mismo tiempo podrás contemplar Su gloria.

Así que, te repito la pregunta: ¿por cuál de las dos opciones te decidirás? ¿Por salir de este lugar con tu pecado o confesarlo a Jesucristo para que seas libre? "En Jesús tenemos el Evangelio de la segunda oportunidad. Él está intensamente interesado, no solo en lo que una persona ha sido, sino en lo que puede llegar a ser".[367]

El Señor sabe lo que has sido; sabe lo que eres; pero también sabe lo que puedes llegar a ser si le entregas tu vida a Él.

¡Amén!

---

[367]   William Barclay. *Comentario al Nuevo Testamento: Volumen 6: JUAN II.* (Terrassa (Barcelona), España. Editorial CLIE. 1995), 16.

"¿TÚ QUIÉN ERES?"

"Entonces le dijeron: ¿Tú quién eres? Entonces Jesús les dijo: Lo que desde el principio os he dicho. ... "—Ustedes son de aquí abajo, pero yo soy de arriba; ustedes son de este mundo, pero yo no soy de este mundo.

Juan 8:25; 23, (DHH).

INTRODUCCIÓN

Desde los mismos días de Jesucristo hasta nuestra Era Contemporánea, siempre se ha tenido el problema de conocer a ciencia cierta quien fue y es Jesucristo. En el correr de la historia, Jesucristo ha sido confundido y sustituido por personas sabias, como un Gran Maestro, por imágenes de diferentes materiales, colores y tamaños y por otros objetos y conceptos.

Por ejemplo, el Cristo que los conquistadores trajeron a América, es llamado por el Dr. Juan A. Mackay: *El Otro Cristo Español*. Este es el Cristo que "recorre lo largo y lo ancho de las Américas al lado del pueblo sufriente y oprimido"[368] pero que no puede ayudarles en nada de sus necesidades físicas y espirituales porque, las personas siguen en esclavitud y el Cristo sigue crucificado y con una corona de espinas.

Entonces, Pastor, ¿Quién es el Cristo que dijo: "—Ustedes son de aquí abajo, pero yo soy de arriba; ustedes son de este mundo, pero yo no soy de este mundo"? El personaje que dijo estas palabras es el mismo que da la respuesta. Te presento la respuesta en una forma triple. La primera parte de la respuesta es que Jesús dijo:

I.- "YO NO SOY DE ESTE MUNDO".

A la pregunta de los líderes de los judíos: *"Tú quién eres?"*, "Jesús les dijo: —Ustedes son de aquí abajo, pero yo soy de arriba; ustedes son de este mundo, pero yo no soy de este mundo".[369] El Señor les indica algo que parece negativo en su persona: *"Yo no soy…"*.

Ahora bien, no es fácil interpretar esta declaración de Jesús, pues "este es uno de los pasajes (vrs.21-39) de discusión y debate que son característicos

---

[368] Juan A. Mackay. *El Otro Cristo Español*. (Lima, Perú, Sudamérica. Tercera Edición. Edición especial de celebración de las Bodas de Diamante del Colegio San Andrés (antes Anglo Peruano). Impreso en noviembre de 1991), Contraportada.

[369] Juan 8:23, (DHH).

del Cuarto Evangelio y tan difíciles de dilucidar".[370] Jesús, les ha dicho a los líderes de los judíos que a donde él se va a ir ellos no lo podrían seguir. La razón era porque Él es de arriba y ellos de abajo. Jesucristo, pues, "comienza – este dialogo – diciéndoles a sus oponentes que Él se marcha; y que, cuando se haya ido, se darán cuenta de lo que se han perdido, y Le buscarán, pero será en vano"[371] su búsqueda.

Pastor, ¿qué quiso decir Jesús con estas palabras o qué significan? Jesús había nacido del vientre de María, una joven de Nazaret, en Galilea; nació entre los judíos; vivió como todo un hombre judío; desde niño asistió a todas las fiestas judías celebradas en Jerusalén; asistió a las fiestas de sus amigos y vecinos; ministró o enseño como si fuera otro de los maestros de los judíos: ¡Fue un Rabino Judío! Precisamente, en aquel instante en que narra el Evangelio de Juan, Jesús estaba en la ciudad de Jerusalén enseñando en el Templo, al estilo de los maestros de Israel.

En este contexto, Jesús era un hombre como lo eran los demás hombres de la tierra de Palestina. ¡Era un hombre como cualquier otro hombre! Aunque, sin pecado.

Entonces, Pastor, ¿por qué Jesús dijo que no era de este mundo? Los judíos esperaban al Mesías; Un

---

[370] William Barclay. *Comentario al Nuevo Testamento: Volumen 6: JUAN II.* (Terrassa (Barcelona), España. Editorial CLIE. 1995), 25

[371] William Barclay. *Comentario al Nuevo Testamento: Volumen 6: JUAN II.* (Terrassa (Barcelona), España. Editorial CLIE. 1995), 26.

personaje que bajaría del cielo; Un hombre distinto a todos los hombres. Los líderes religiosos habían dicho que cuando el Mesías llegara haría muchos más milagros que los que Jesús estaba haciendo. ¡Esperaban a un Super Hombre! Algo parecido a la leyenda mitológica de Superman. Les invito a que pensemos en los siguientes cuatro puntos para que notemos un poco más sobre la enseñanza de Jesús que presentó en el dialogo con los lideres religiosos de su tiempo.

A.- Enfoque divino.

Así que, Jesús, quien está hablando con los que conocían las Escrituras, o se suponía que las conocían, en su dialogo se enfoca en su divinidad. Ellos le conocían humanamente, por eso ahora se enfoca en su divinidad. Jesucristo ERA y ES el Logos de Dios, el que estaba con Dios en la eternidad, Creador del universo y como Dios Eterno y Todopoderoso, es suficiente Salvador y Señor de la humanidad y de todo cuanto existe.

El Evangelista Lucas le dijo a María que el Santo Ser que nacería de su vientre sería llamado Hijo del altísimo.[372] Es decir que Jesús ERA y ES un ser humano igual que todos los seres humanos, pero sin pecado. Al mismo tiempo que ERA y ES Dios

---

[372]   Lucas 1:32.

Redentor, el Salvador de la humanidad. Fue en esas dos formas que Juan da testimonio diciendo: "Y el Verbo se hizo carne, y habitó entre nosotros, y vimos su gloria, gloria como del unigénito del Padre, lleno de gracia y de verdad".[373]

Fue, pues, en este enfoque divino que, Jesús, dijo: "—Ustedes son de aquí abajo, pero yo soy de arriba; ustedes son de este mundo, pero yo no soy de este mundo".[374]

B.- La expectativa judía.

La expectativa judía en cuanto a la venida del Mesías era diferente a lo que humanamente conocían de Jesús, y por eso estaban confundidos. El Mesías había llegado a ellos, pero estaban cegados espiritualmente a tal grado que llegaron a confundir al Mesías con un demonio. Su idea acerca de Jesús había contaminado a la gente a tal grado que: "Algunos decían: 'Está loco y endemoniado, ¿para qué escuchar a un hombre así?'.[375] Leían las Escrituras, pero no con la dirección del Espíritu Santo y por eso no entendieron su verdadero significado. Al no entenderlo, habían inventado teorías y filosofías

---

[373] Juan 1:14, (Biblia Gateway).

[374] Juan 8:23, (DHH).

[375] Juan 7:20; 10:20, (NTV).

que en cierta manera satisfacían sus perturbados conocimientos.

Su expectativa mesiánica no solo les había cegado espiritualmente, sino que aun más, estaban blasfemando contra Dios mismo y al hacerlo, estaban pecado. En el lenguaje del Nuevo Testamento, "la palabra para pecado es *hamartía*, que etimológicamente pertenecía al lenguaje de la caza y quería decir literalmente *errar al tiro, no dar en el blanco*".[376] Los lideres religiosos del tiempo de Jesucristo no dieron en el blanco; su expectativa en cuanto al Mesías de Dios les hizo *errar el tiro*.

¡Cuidado con las expectativas que tengas acerca de Jesucristo! Porque "la persona que se niega a aceptar a Jesús como Salvador y Señor ha errado el blanco en la vida, muere con una vida frustrada y, por tanto, muere incapacitada para entrar en una vida superior con Dios". Muere separado de Dios; una eterna condenación le acompañará eternamente.

C.- ¿Tú quién eres?".

En la mayoría de los casos, las expectativas sin la sabiduría de Dios llevan a filosofías planteadas y razonadas humanamente. Claro está que esas

---

[376] William Barclay. *Comentario al Nuevo Testamento: Volumen 6: JUAN II.* (Terrassa (Barcelona), España. Editorial CLIE. 1995), 26-27

filosofías provocan las dudas en cuanto a Jesús y su Obra Redentora. Esta es la razón por la cual hasta hoy día esta pregunta hecha a Jesús: ¿Tú quién eres?", sigue vigente. La filosofía del Docetismo de finales del Siglo Primero y principios el Segundo, enseñaba que Jesús en "su forma humana, ... una simple apariencia sin ninguna naturaleza carnal".[377] "Los arrianos profesaban una gran adoración a Cristo, hasta reconocían su preexistencia; pero, la manera como creían en Él era como una Creación de Dios, rechazaban la verdad de su eterna preexistencia. En tiempos más recientes, la controversia ha sido con los socianos y con los sucesores de ellos, los unitarios. Todos los cuales, con una clara inconsecuencia, han buscado mantener para ellos el digno nombre de *cristianos*, mientras deshonran a Aquel cuyo nombre han adoptado".[378]

En tiempos más recientes, entre algunos judíos y algunos árabes, se cree que Jesús fue un Gran Maestro. Algunos piensan que Jesús fue un extraterrestre. Un alienígena que llegó a Galilea y se estableció por un tiempo en Nazaret. Pues, dicen que: "Para asimilar el sentido de la Encarnación, debemos comenzar en los confines

---

[377] Wikipedia, la enciclopedia libre. *Docetismo*. (La Habra, California. Internet. Consultado el 11 de septiembre del 2021), ¿? https://es.wikipedia.org/wiki/Docetismo

[378] Lewis Sperry, Chafer. *Teología Sistemática: Tomo I*. trds. Evis Carballosa, Rodolfo Mendieta P. y M. Francisco Lievano P. (Dalton, Georgia, E. U. A. Publicaciones Españolas. 1974), 325.

del cosmos, pues seguramente Cristo provino de esos reinos".[379] Pero que no solo vino y vivió a Galilea, sino que también llegó a América y estuvo viviendo entre los Mayas con el nombre de Quetzalcóatl.[380] ¡Cuidado! No confundamos el cosmos (*kosmos*) con el Cielo. "El *kosmos* es lo contrario al Cielo. Jesús vino del Cielo al mundo (al *kosmos*, Juan 1:9). Fue enviado por Dios al mundo (Juan 3:17). Él no es del mundo; sus oponentes si lo son (Juan 8:23) – nosotros somos del mundo, de este *kosmos* -. El *kosmos* es la vida cambiante y pasajera que vivimos ahora; es todo lo que es humano, en oposición a lo divino".[381]

Ciertamente entre algunos cristianos, Jesucristo es el Hijo de Dios, pero no necesariamente su Salvador y mucho menos El Señor de sus vidas. Jesús, para ellos, sigue siendo el Hijo de Dios como

---

[379]   Barbara Hand Clow. El Código Maya: La aceleración del tiempo y el despertar de la conciencia mundial. Trd. Ramón Soto. (Rocherter, Vermont, USA. Inner Traditions en español. Una división de Inner Traditions International. 2007), 213.

[380]   Barbara Hand Clow. *El Código Maya: La aceleración del tiempo y el despertar de la conciencia mundial*. Trd. Ramón Soto. (Rocherter, Vermont, USA. Inner Traditions en español. Una división de Inner Traditions International. 2007), 212. "En los libros de historia se lee que los mayas fueron introducidos al cristianismo por los conquistadores españoles. No creo que esto sea necesariamente verdadero. Si se examina su arte y sus tradiciones, se puede ver que conocían a Cristo. No siempre entendían Quién era, pero estuvo presente con ellos mucho antes que llegaran los sacerdotes católicos". (Alison Palmer. ¿Creía el antiguo Pueblo Maya en Cristo? Artículo publicado en el internet el 28 de marzo de 2008. Consultado el 11 de septiembre del 2021), ¿? https://masfe.org/creencias-santos-de-los-ultimos-dias/libro-de-mormon/creia-el-antiguo-pueblo-maya-en-cristo/

[381]   William Barclay. *Comentario al Nuevo Testamento: Volumen 6: JUAN II*. (Terrassa (Barcelona), España. Editorial CLIE. 1995), 27.

cualquier otro dios. Así que la pregunta: *"¿Tú quién eres?"*, ¡sigue vigente!

D.- *No se confundan.*

He mencionado y afirmado que Jesús fue un ser humano, un hombre exactamente como lo eran sus contemporáneos; un habitante en Nazaret de Galilea. Sin embargo, Jesucristo NO Es un simple hombre que vivió en Nazaret de Galilea. El Señor Jesús NO Es un fantasma descarnado sin dolores y sentimientos. Jesús NO Es una serpiente emplumada llamada Quetzalcóatl. Jesús NO fue solamente el Gran Maestro de Galilea, fue mucho más que un Maestro o un Rabí en Israel. ¡Es el Hijo de Dios y como tal, es cien por ciento Dios! Jesucristo es *"El Elyón* (Dios altísimo) (Gn 14.22, 46.3); *El Shaddai* (Dios Todopoderoso) (Gn 17.1), y *El Olam* (Dios Eterno) (Gn 21.33)"[382] y, ¡nuestro Señor y Redentor de nuestras vidas!

Con este contexto, notamos que Jesucristo es mucho más que una imagen; El Señor Jesús no es una botella de agua bendita que supuestamente cura todos los males, si así fuera, los miles que han muerto

---

[382] Vivir Diario. *Nombres de Dios en hebreo y en griego.* (La Habra, California. Internet. Consultado el 15 de diciembre el 2021), ¿? https://www.vivirdiario.com/3/1/ nombres-de-Dios-en-hebreo-y-en-griego/

por el COVID vivirían tomando agua de la supuesta Fuente Milagrosa.[383]

El Mesías de Dios profetizado en el Antiguo Testamento y revelado en el Nuevo es Jesucristo, es el UNICO Dios que puede decir con toda la autoridad divina: "—Ustedes son de aquí abajo, pero yo soy de arriba; ustedes son de este mundo, pero yo no soy de este mundo".[384] Es decir que nada de lo que existe en este *kosmos* es un medio de salvación, ni nada de lo que hagamos como buenas obras nos garantiza la salvación ni, mucho menos las expectativas razonadas sin la sabiduría divina. El que vino el Cielo, ¡Es UNICO! Todas las otras prácticas salvíficas o de sanación supuestamente divinas, es *errar al blanco*.

La segunda parte de la respuesta a la pregunta: *"¿Tú quién eres?"*, Jesús responde diciendo:

---

[383] La Iglesia Universal del Reino de Dios (IURD) fundada el 27 de julio de 1977 por Edir Macedo Becerra, tiene varios fetiches como medios de sanación, no de salvación. Algunos de ellos son: "jabón de la descarga", "agua bendita", "la rosa milagrosa", "la llave de la victoria", "la sal bendecida por el Espíritu Santo", "el agua del río Jordán", "piedras de la tumba de Jesús", "pan bendecido", "aceite milagroso de Israel", "arena de la playa del mar de Galilea", "aceite del monte de los olivos", "vara de Jacob", "maderitas de la cruz de Jesús"; y también actitudes mágico-salvadoras como "tocar el Manto sagrado", "pasar por la puerta de la victoria", "pisar la sal", etc. (Miguel Pastorino. *"Pare de Sufrir" o Iglesia Universal del Reino de Dios: ¿es o no es cristiana?* La Habra, California. Internet. Articulo publicado el 23 de noviembre del 2015. Consultado el 15 de diciembre del 2021), ¿? https://es.aleteia.org/2015/11/23/pare-de-sufrir-o-iglesia-universal-del-reino-de-dios-es-o-no-es-cristiana/#

[384] Juan 8:23, (DHH).

II.- "YO SOY LA VERDAD".

Ahora, Jesús, continua su dialogo con los líderes del judaísmo anunciando dos cosas positivas de su personalidad, una de ellas es: *"Yo soy la verdad"*. El relato bíblico dice que: "Jesús les dijo a los judíos que habían creído en él: —Si ustedes se mantienen fieles a mi palabra, serán de veras mis discípulos; conocerán la verdad, y la verdad los hará libres".[385] Más adelante, en este mismo Evangelio, el Señor les dijo a sus seguidores: "... —Yo soy el camino, la verdad y la vida; nadie puede ir al Padre si no es por medio de mí".[386] Así que, piensa en esto: "Rechazar a Cristo es ser un extraño para Dios; aceptarle es llegar a ser amigo de Dios";[387] es llegar a descubrir la Verdad de Dios.

En este maravilloso mundo que Dios ha creado para que lo disfrutemos existen muchas hipótesis[388],

---

[385]   Juan 8:31-32, (DHH).

[386]   Juan 14:6, (NTV).

[387]   William Barclay. *Comentario al Nuevo Testamento: Volumen 6: JUAN II.* (Terrassa (Barcelona), España. Editorial CLIE. 1995), 27.

[388]   Concepto. ¿Qué es una hipótesis? Una hipótesis **es una proposición o enunciado que se considera cierto de entrada, aunque aún no haya podido probarse,** y que por lo tanto constituye una especulación o una conjetura de trabajo, carente de confirmación o refutación mediante la <u>experiencia</u>. El término proviene del griego *hypo,* "por debajo", y *thesis,* "opinión" o "<u>conclusión</u>". (La Habra, California. Internet. Consultado el 18 de septiembre del 2021), ¿? https://concepto.de/hipotesis/

teorías[389] y verdades científicas, verdades filosóficas y verdades teológicas que se toman como ciertas: ¡Pero solo existe una VERDAD Absoluta, Jesucristo! Las hipótesis, las teorías, las verdades científicas, las filosofías y las teológicas pueden cambiar el día de mañana, pero, la VERDAD absoluta no cambia. La Biblia dice que: "Jesucristo es el mismo ayer y hoy y por los siglos".[390] LA VERDAD Absoluta, es decir, Jesucristo, ¡No cambia!

La hipótesis, que no es una verdad científica ni mucho menos absoluta, se toma como verdad por la razón de que la hipótesis suena como si fuera la verdad. Por ejemplo, se dice que: "Los automóviles de la actualidad consumen 20% más de energía que los de hace veinte años".[391] En la religión se dice que los libros apócrifos son libros inspirados por Dios; que el dios Vishnu, entre los habitantes de la India, con sus diez encarnaciones – las más famosas *Ramá* y *Krishna* - puede "equilibrar las fuerzas del bien y el mal, por lo tanto, se le identifica como el dios de la preservación y la bondad".[392] En la salud se dice

---

[389] Definición de. *Definición de teoría*. La palabra teoría tiene su origen en el vocablo de origen griego *theorein* ("observar"). … la noción de teoría permite hacer referencia a un asunto provisional o que no es cien por ciento real. (La Habra, California. Internet. Consultado el 18 de septiembre del 2018), ¿? https://definicion.de/teoria/

[390] Hebreos 13:8, (NVI).

[391] Clasificación De. *Tipos de hipótesis (con ejemplos)*. (La Habra, California. Internet. Consultado el 18 de septiembre del 2021), ¿? https://www.clasificacionde.org/ejemplos-de-hipotesis/

[392] mitología Inf. *Dioses de la India*. (La Habra, California. Internet. Consultado el 18 de septiembre del 2021), ¿? https://www.mitologia.info/hindu/dioses/

que comer verduras es lo más saludable. ¡Y todo esto y muchas otras hipótesis se consideran como verdades! Aunque solo son hipótesis.

En cuanto a las teorías, encontramos que una de las teorías es que la tierra tiene billones de años de existencia. "Los evolucionistas comenzaron diciendo que la Tierra tenía miles de años, conforme su teoría de la evolución no se podía adaptar tuvieron que irle agregando cada vez más años, millones de años, miles de millones, y actualmente dicen que billones de años... en fin un cuento de nunca acabar, la pregunta a todo esto sería: ¿Quién pudo observar todos esos billones de años?".[393] Dentro de esta misma teoría, el profesor y conferencista Armando Alducin afirma que había seres vivientes sobre la tierra antes de Adán y Eva, pero que no eran seres humanos sino demonios descarnados que fueron sacados del paraíso celestial.[394]

Una teoría muy popular es la aparición de la Virgen de Guadalupe en el cerro del Tepeyac, en la antigua Tenochtitlan.[395] Teoría que se ha aceptado

[393] Mike Gutiérrez en Evangelio Real. ¿EXISTIÓ UNA RAZA PREADÁMICA? (La Habra, California. Internet. Consultado el 18 de septiembre del 2021), ¿? https:// evangelioreal.com/2018/11/22/existio-una-raza-preadamica/

[394] Mike Gutiérrez en Evangelio Real. ¿EXISTIÓ UNA RAZA PREADÁMICA? (La Habra, California. Internet. Consultado el 18 de septiembre del 2021), ¿? https:// evangelioreal.com/2018/11/22/existio-una-raza-preadamica/

[395] Cerro del Tepeyac. En este cerro existió un templo en el que los indígenas mesoamericanos adoraban a Nan Tonant'sin, que se traduce como "nuestra madrecita". (La Habra, California. Internet. Consultado el 1 de septiembre del 2021), ¿? https:// mayatecum.com/tonantzin-origen-la-virgen-guadalupe/

como verdad para desplazar a la diosa náhuatl de nombre *Tonantzin* que quiere decir *nuestra madre*. Ella tenía su altar en el cerro del Tepeyac, en lo que hoy es la alcaldía Gustavo A. Madero de la Ciudad de México. A esta diosa se le ofrecía sacrificios "como nos lo cuenta Bernardino de Sahagún en su *Historia general de las cosas de la Nueva España*, en donde dice que: "Ahí en Tepeaca -*Tepeyac*, le decían *Tepeaca* porque no podían pronunciar correctamente el término *Tepeyac* -, donde ahora está la iglesia que usted mandó construir hacían muchos sacrificios a honra de una diosa de nombre Tonantzin...".[396]

Otra teoría es que habrá un Rapto de la Iglesia a la mitad de la Gran Tribulación. En escatología se dice que al final del mundo habrá una gran ciudad llamada la Nueva Jerusalén en donde toda clase de enfermedad, dolor y muerte no existirán; así que no habrá doctores, hospitales ni cementerios o crematorios; En ese nuevo lugar animales salvajes y seres humanos convivirán sin hacerse daño ni uno al otro.

Entre los seguidores o pensadores de la Teología de la Prosperidad están los que creen en la idea de Oral Roberts de que con sembrar una semilla de fe; dar una ofrenda, se harán más ricos. Esta teoría

---

[396] Xiu. *La historia del cerro del Tepeyác, de Tonantzin a la Virgen de Guadalupe.* (La Habra, California. Internet. Artículo publicado en México el 11 de diciembre del 2019. Consultado el 10 de diciembre del 2021), ¿? https://matadornetwork.com/es/historia-cerro-del-tepeyac-tonantzin-virgen-de-guadalupe/

teológica o doctrinal asegura que es la voluntad de Dios de que todos los cristianos sean ricos y, si aumentan sus semillas de fe, podrían ser millonarios. A esto yo le llamo epidemia teológica, pero, ellos le la llaman verdad bíblica.

Algunos contemporáneos enseñan que la vacuna contra el COVID-19 es la marca del Anticristo con la que la plataforma política/demoniaca dominará a la humanidad.[397] Estas y otras más teorías se han aceptado como verdades. ¡Aunque solo son teorías! "La gente lee comentarios erróneos y cree que son ciertos", dijo Greg Laurie, pastor de Harvest Christian Fellowship.[398]

En cuanto a las que se consideran verdades porque han sido probadas como tales, tenemos verdades de toda clase. Por ejemplo, es una verdad científica y bíblica que la tierra, además de ser similar a un globo, por eso le llaman Globo terráqueo, también

[397] Erick Peraza. *Para algunos la vacuna Covid-19 es la marca de la bestia ¿Qué dice la Biblia?* (La Habra, California. Internet. Artículo publicado el 26 de septiembre del 2021. Consultado el 15 de diciembre del 2021), ¿? https://laverdadnoticias.com/mundo/Para-algunos-la-vacuna-COVID-19-es-la-marca-de-la-bestia-que-dice-la-Biblia-20210926-0047.html

[398] Erick Peraza. Para algunos la vacuna Covid-19 es la marca de la bestia ¿Qué dice la Biblia? (La Habra, California. Internet. Artículo publicado el 26 de septiembre del 2021. Consultado el 15 de diciembre del 2021), ¿? https://laverdadnoticias.com/mundo/Para-algunos-la-vacuna-COVID-19-es-la-marca-de-la-bestia-que-dice-la-Biblia-20210926-0047.html

gira alrededor del sol.[399] La dieta alimenticia que proponen los Adventistas del Séptimo día es una verdad que ayuda a la salud. La meditación propuesta por los budistas es una verdad que nos ayuda a la relajación del estrés provocado por todas las actividades que nos rodean. La grandeza del universo; de la cual, Alejandro Luevano, comenta diciendo: "Nada, si miras hacia la vía láctea desde el otro lado del universo no mirarás ni clusters[400] de galaxias mucho menos la tierra, mucha gente se cree muy importante por su ego, pero en realidad no somos nada ni un grano de polvo ante la grandeza del universo".[401] La lista de las verdades de toda clase es inmensa. ¡Gracias a Dios por estas verdades!

Y, sin embargo, a pesar de tener todas estas verdades: "Nuestro mundo es un lugar cambiante e incierto. Mucha gente busca seguridad en el dinero, en los títulos académicos, en las personas y en el poder político y social. Estas cosas, sin embargo,

---

[399] Isaías 40:22, (RV, 1960). "*Él está sentado sobre el círculo de la tierra, ...*". *La rotación de la Tierra alrededor del Sol y su valor:* Rotación de la Tierra alrededor del Sol, como la de otros planetas, pasa por la órbita elíptica. Por lo tanto, una vez en el año, el 3 de enero, la Tierra está lo más cerca posible del Sol y de una sola vez, de 5 de julio, se retira de él a la mayor distancia. (La Habra, California. Internet. Artículo publicado el 2 de marzo del 2019, a las 11:20:09. Consultado el 13 de septiembre del 2021), ¿? https://tostpost.com/es/la-educaci-n/29347-la-rotaci-n-de-la-tierra-alrededor-del-sol-y-su-valor.html

[400] *Cluster* es un término que no forma parte del diccionario de la Real Academia Española (RAE). Su uso, de todos modos, es habitual en nuestra lengua. El vocablo puede traducirse como "cúmulo" o "racimo".

[401] Quora. *¿Qué somos en medio de este inmenso universo?* (La Habra, California. Internet. Consultado el 13 de septiembre del 2021), ¿? https://es.quora.com/Qu%C3%A9-somos-en-medio-de-este-inmenso-universo

no están garantizadas de un día para otro. Los noticiarios son prueba suficiente de que todo eso puede desaparecer en cualquier momento. No es extraño que haya desesperación y temor".[402] Cuando no se conoce LA VERDAD absoluta, la cual, repito, es Jesucristo, siempre existirá la desesperación y el temor. Cuando estamos en La VERDAD entonces podemos decir con toda seguridad como dijo el Salmista: "Yo le digo al Señor: 'Tú eres mi refugio, mi fortaleza, el Dios en quien confío'."[403]

La tercera parte de la respuesta a la pregunta: *"¿Tú quién eres?"*, la encontramos en las palabras de Jesús cuando dice de forma implícita:

III.- YO SOY EL LIBERTADOR.

"Así que, si el Hijo los hace libres, ustedes serán verdaderamente libres".[404] Esta fue una verdadera bomba que Jesús les soltó a los líderes político/ religiosos. Es decir que "lo que dijo Jesús de la libertad les molestó a los judíos. Pretendían que nunca habían sido esclavos de nadie. En un sentido, está claro que

---

[402]   Encuentro con Jesús. *Un cimiento firme.* (La Habra, California. Internet. Consultado el 13 de septiembre del 2021), ¿?
www.encontacto.org - www.encontacto.org/meditaciondiaria - www.encontacto.org/archivodevocional

[403]   Salmo 91:2, (NVI).

[404]   Juan 8:36, (DHH).

aquello no era verdad".[405] Una y otra vez los profetas, los salmistas y los poetas, les recordaban que habían sido esclavos del imperio egipcio; les dejaron por escrito que habían sido llevados a Babilonia como esclavos. Los historiadores les dejaron sus narrativas de la esclavitud bajo los persas, los griegos y en el tiempo en que Jesús le dice que Él es el verdadero libertador, están bajo el dominio de los romanos.

El Señor les había dicho que entre ellos no se practicaría la esclavitud; permitió que algunos trabajaran como sirvientes con derecho a ser libres en el año del jubileo. La Ley de Moisés dice que: "Si alguno de tus compatriotas se empobrece y se ve obligado a venderse a ti, no lo hagas trabajar como esclavo. Trátalo como al jornalero o como al residente transitorio que vive entre ustedes. Trabajará para ti, solo hasta el año del jubileo".[406] Así es que, todo judío consideraba la libertad como un derecho de nacimiento. Todos los ciudadanos israelitas estaban obligados a cumplir la Ley Mosaica. Una ley que también ordenaba que cada siete años se practicara la libertad y con ella la restitución de los bienes de los esclavos y siervos.

Así es que "el séptimo año (el año sabático), tenía como propósito dejar descansar la tierra; - pero – el

---

[405]   William Barclay. *Comentario al Nuevo Testamento: Volumen 6: JUAN II.* (Terrassa (Barcelona), España. Editorial CLIE. 1995), 33.

[406]   Levítico 25:39-40, (NVI).

año del jubileo (Lev.25:8-17) era el año en el que debían liberar a los esclavos y devolver los campos a sus primeros dueños. Era una manera de afirmar que Dios es el dueño de la tierra (v.23) y el Señor de los israelitas (v.55)".[407] Todo esto lo sabían muy bien los judíos pero, como no querían que un galileo llamado Jesús de Nazaret les enseñara a los orgullosos capitalinos y educados en las mejores escuelas rabínicas de su capital o su territorio lo que era la verdadera interpretación de la Ley y el cumplimiento profético del Mesías de Dios, rechazaron a Jesús.

Así que cuando él les dice que Él es el libertador, como decía mi abuelita, respingan, o dan patadas contra el aguijón como lo hizo un tiempo el apóstol Pablo. Cuando el Señor Jesús se le apareció a Pablo en el camino hacia la ciudad de Damasco, en su confusión y temor preguntó: "¿Quién eres, Señor? Y le dijo: Yo soy Jesús, a quien tú persigues; dura cosa te es dar coces contra el aguijón",[408] "La palabra coces significa *patadas*, esta frase constituía una expresión proverbial de aquel entonces, donde se tenía la imagen de un buey que da patadas al mismo aguijón con el cual su amo lo punza para que siga

---

[407] Comentario en la *Biblia de Estudio Esquematizada*. (Brasil. Sociedades Bíblicas Unidas. 2010), 194. *Biblia de Estudio NVI Arqueológica: Un viaje ilustrado a través de la cultura y la historia bíblicas.* (Miami, Florida. Editorial Vida. 2009), 200.

[408] Hechos 9:5, (RV, 1960).

arando".[409] Es decir que, Pablo estaba en contra del mensaje que los apóstoles y cristianos estaban predicando; ellos hablaban a las personas de un Cristo Resucitado, de Jesús de Nazaret que les podía salvar dándoles la libertad de sus pecados.

Al parecer, Pablo siguió el ejemplo de los judíos del tiempo de Cristo terrenal, pues, ¡esto era lo que habían hecho! Dieron *patadas* contra el Ministerio Terrenal de Jesús.

Repito lo antes dicho, el Señor Jesucristo les dijo a los judíos que El era Su Libertador. No les hablaba de la libertad política; no les hablaba de una rebelión contra Roma como ellos lo habían dicho y que después lo confirmaron ante Poncio Pilato. Jesús les habló de la libertad del pecado; les habló de la salvación que había en el para compartirla con sus paisanos. El era el Mesías de Dios y tenía y tiene toda la autoridad para salvar. Así es que: "Las palabras de Jesús - Yo soy el libertador. Oh, 'si el Hijo los hace libres, ustedes serán verdaderamente libres', hacen referencia al único camino de libertad. Solo el Hijo pueda hacer libre al hombre".[410] Todo lo que el ser humano puede hacer para obtener esta libertad

---

[409]   Bibliatodo: Reflexiones. *¿Qué significa la expresión "dar coces contra el aguijón"?* (La Habra, California. Internet. Artículo publicado el domingo 25 de julio del 2021. Consultado el 15 de diciembre del 2921), ¿? https://www.bibliatodo.com/ Reflexiones-Cristianas/que-significa-la-expresion-dar-coces-contra-el-aguijon/

[410]   Samuel Pérez Millos. *Comentario exegético al texto griego del Nuevo Testamento. JUAN.* (Viladecavalls (Barcelona), España. Editorial CLIE. 2016), 865.

en Cristo Jesús, es creer en él y aceptarle porque Jesucristo es el "Libertador de todos los que creen en El".[411]

¡Jesucristo es el Libertador del poder del pecado! ¡Amén!

CONCLUSIÓN.

"¿Tú quién eres?" Es la pregunta que le hicieron a Jesús de Nazaret los líderes de los judíos. Las respuestas de Jesús, al igual que sus milagros, nos dejan asombrados, pero con profundas enseñanzas. Antes de que los líderes judíos le preguntaran a Jesús: "¿Tú quién eres?", El Señor ya les había hecho a Sus discípulos unas preguntas similares: "—¿Quién dice la gente que es el Hijo del hombre? Ellos contestaron: —Algunos dicen que Juan el Bautista; otros dicen que Elías, y otros dicen que Jeremías o algún otro profeta – siempre confundiendo a Jesús con otras personas u objetos – Luego, Jesús fue directo a Sus discípulos y les preguntó: —Y ustedes, ¿quién dicen que soy? Simón Pedro le respondió: —Tú eres el Mesías, el Hijo del Dios viviente".[412] Una respuesta

---

[411]   Samuel Pérez Millos. *Comentario exegético al texto griego del Nuevo Testamento. JUAN.* (Viladecavalls (Barcelona), España. Editorial CLIE. 2016), 865.

[412]   Mateo 16:14-16, (DHH).

con toda seguridad. "Y por esta respuesta, Pedro es llamado 'bienaventurado'."[413]

Cuando confesamos sin titubear quien es Jesús de Nazaret, ¡somos bienaventurados!

Somos bienaventurados cuando decimos o confesamos que Jesús es el UNICO Salvador. Esta es una verdad que está en contra de todo fetiche como los que usan algunas iglesias para disque sanar y salvar a las personas y, sobre toda filosofía que se acepta como verdad, aunque no lo sea.

Somos bienaventurados cuando confesamos que Jesucristo es el UNICO libertador. Nadie más nos puede liberar del poder del pecado y de las trampas de Satanás, sino solo el Señor Jesús. Él es la única esperanza segura que tenemos para la vida aquí y en la eternidad.

Por eso es justo que hoy, entendiendo que Jesús es la UNICA Verdad y el UNICO Salvador y libertador, podamos decir: ¡A Él sea la Gloria!

¡Amén!

[413]   Bibliatodo: Reflexiones. *¿Cómo identificar a los falsos profetas en la iglesia?* (La Habra, California. Internet. Artículo publicado el domingo 28 de noviembre del 2021. Consultado el 15 de diciembre del 2921), ¿? https://www.bibliatodo.com/Reflexiones-Cristianas/como-identificar-a-los-falsos-profetas-en-la-iglesia/

MAESTRO, ¿POR QUÉ NACIÓ CIEGO ESTE HOMBRE?

*"—Rabí, ¿por qué nació ciego
este hombre? —le preguntaron
sus discípulos—. ¿Fue por sus
propios pecados o por los de
sus padres?*

Juan 9:2, (NTV).

INTRODUCCIÓN.

El apóstol Juan escogió "siete acontecimientos del ministerio de Jesús, son siete marcas del Mesías para demostrar la autoridad del Señor como el ungido de Dios". La sexta marca es la sanidad de un ciego (Jn.9:1-12). Esta historia casi no necesita comentario, pues Cristo dijo que él vino para 'dar vista a los ciegos'. Así que, el Señor escogió a un hombre ciego de nacimiento y lo sanó".[414]

Los milagros que Jesucristo hizo fueron, como dice la Escritura, para quedarse admirados. Nosotros decimos, para quedarse con la boca abierta. Uno de ellos es el que relata Juan en este capítulo nueve

---

[414] Ray C. Stedman y James D. Denney. *Aventurándonos en el conocimiento de la Biblia; Una guía global de la Palabra de Dios.* (Grand Rapids, Michigan. Publicaciones RBC. 1997), 560.

de su Evangelio; un hombre adulto que nació ciego recibe la vista. En cada uno de ellos, Jesús da una enseñanza o prueba de quien es él. En el caso de este hombre que nació ciego y que Jesús le dio la vista, "Jesús demuestra que él es la luz que trae vida a las personas".[415] Y la enseñanza es que él es la luz que ayuda a las personas a caminar por sí solos, sin bastón, sin tropezar, sin caerse y sin perder el rumbo como les sucede a algunos que han perdido la vista. Jesús dijo: "Entre tanto que estoy en el mundo, luz soy del mundo".[416]

Y, nosotros, ¿qué más podemos aprender de este milagro? Les invito a que pensemos en tres lecciones que podemos aprender de este acto maravilloso del Señor Jesús.

I.- CONTRA TODA ADVERSIDAD.

Jesús estaba frente al hombre ciego. Sus discípulos observaban y esperaban ver que haría Su Maestro. De momento, sin decir ninguna palabra: "Jesús escupió en el suelo, hizo con la saliva un poco de lodo y se lo untó al ciego en los ojos".[417] ¿Qué cosa hizo? Hizo lodo con su saliva y se lo untó en los ojos del ciego. ¡Qué manera de hacer un milagro! ¡Con lodo

---

[415] Comentario en la *Biblia de Estudio Esquematizada.* (Brasil. Sociedades Bíblicas Unidas. 2010), 1580.

[416] Juan 9:5, (DHH).

[417] Juan 9:6, (DHH).

sucio y saliva contaminada! "Los investigadores del Institutos Nacionales de la Salud (NIH) de Estados Unidos . . . saben que la boca humana, es la mayor puerta de entrada de bacterias al cuerpo".[418] Y sí a este hecho científico le agregamos los microbios de la tierra, Juan, nos presenta un milagro ¡contra toda adversidad!

Recordemos que Jesús estaba en el Templo enseñando, pero los líderes políticos/religiosos lo querían matar. Como no había llegado la hora de su muerte, Jesús, lo tenía todo bien planeado, entonces se escapó de ellos con un milagro que ni ellos mismos se dieron cuenta. El Evangelio de Juan dice que Jesús "salió del Templo; y atravesando por en medio de ellos, se fue".[419] Después de que Jesús salió del Templo, sus discípulos que seguramente sí lo vieron cuando salió, lo siguieron.

En el camino se encontraron con un hombre que había nacido ciego. Es probable que estaba en alguna esquina de alguna de las calles de la ciudad de Jerusalén pidiendo limosna, pues de eso se mantenían este tipo de personas. Jesús se paró frente a él y entonces sus discípulos le preguntan:

---

[418] Solociencia. *Censando microbios presentes en la saliva humana.* (La Habra, California. Internet. Consultado el 16 de diciembre del 2021), ¿? https://www.solociencia.com/biologia/09040805.htm

[419] Juan 8:59b, (RV, 1960).

"—Maestro, ¿por qué nació ciego este hombre? ¿Por el pecado de sus padres, o por su propio pecado?"[420]

¡Interesantes preguntas! No fueron preguntas fuera de su contexto judío, sino que fueron preguntas de acuerdo con lo que se les había enseñado sobre las enfermedades. Es decir que: "En aquel tiempo, muchos creían que la enfermedad y el sufrimiento los mandaba Dios como castigo por algún pecado, y que ese castigo pasaba de los padres a los hijos (Exodo 20:5; 34:7)".[421] En el libro de Exodo, dice: "—El Señor, el Señor, Dios clemente y compasivo, lento para la ira y grande en amor y fidelidad, que mantiene su amor hasta mil generaciones después, y que perdona la iniquidad, la rebelión y el pecado; pero que no deja sin castigo al culpable, sino que castiga la maldad de los padres en los hijos y en los nietos, hasta la tercera y la cuarta generación".[422] Así que, sus preguntas estaban dentro de su cultura.

Sin embargo, también el mismo Antiguo Testamento enseñaba que "nadie es castigado por causa de los pecados de sus padres (Dt 24:16; Ez 18:20)".[423] En el libro de Deuteronomio dice que: "No se dará muerte a los padres por la culpa de sus

---

[420]   Juan 9:2, (DHH).

[421]   Nota de pie de página en *la Biblia de Estudio Esquematizada*. (Brasil. Sociedades Bíblicas Unidas. 2010), 1580.

[422]   Exodo 34:6b-7, (NVI).

[423]   Nota de pie de página en la *Biblia de Estudio Esquematizada*. (Brasil. Sociedades Bíblicas Unidas. 2010), 1580.

hijos, ni se dará muerte a los hijos por la culpa de sus padres. Cada uno morirá por su propio pecado". Y, en el libro del profeta Ezequiel, dice: "Todo el que peque merece la muerte, pero ningún hijo cargará con la culpa de su padre, ni ningún padre con la del hijo: al justo se le pagará con justicia y al malvado se le pagará con maldad".[424]

Al parecer, la idea de los discípulos era que posiblemente el hombre ciego había pecado antes de nacer o que el pecado de sus padres le había afectado aun antes de nacer. Una cosa es tener la naturaleza pecaminosa desde el momento en que fuimos concebidos por nuestros padres, y otra cosa es pecar antes de nacer. La vieja naturaleza, la que nos hace pecar, no la conseguimos, no la compramos, ni la buscamos, ¡nos la heredaron! Pero, eso no significa que antes de nacer ya estábamos pecando. Es decir que el hombre ciego no estaba así porque había pecado antes de nacer.

Hoy sabemos que, en algunos casos, los niños nacen con problemas físicos porque sus padres estuvieron usando drogas o tomando medicamentos que afectaron el desarrollo saludable del feto. En estos casos si se puede decir que los hijos sufrieron las consecuencias del pecado de los padres aun sin haber pecado.

---

[424] Deuteronomio 24:16, (NVI); Ezequiel 18:20, (NVI).

En todo caso, Jesús dejó muy claro que el pecado personal, ni el del ciego ni el de sus padres fue la razón de la ceguera. Sin embargo, Jesús, no niega ni afirma si es por causa del pecado de uno o del otro, sino que dice que ese hombre: "Nació ciego para que todos vieran el poder de Dios en él".[425] ¿Alguna vez te has preguntado el por qué naciste, así como eres? ¿Alguna vez te has preguntado por qué esto me sucedió a mí? Si no te has preguntado, hazlo ahora. Y, si no sabes las respuestas, aquí están: ¡Para que todos vean el poder de Dios en ti! Y, al ver el poder de Dios en tu vida, también se puede ver la gloria de Jesucristo en tu persona.

El profesor de Evangelismo en el Seminario teológico Bautista Liberty, David Wheeler, en uno de sus escritos titulado: *Encarnar a Jesús en la vida cotidiana*: *¡Que Cristo sea exaltado mediante mi dolor!* dice: "Recuerdo a un profesor del Seminario a quien se le diagnosticó cáncer de próstata cuando tenía un poco más de 50 años. Cuando se hizo evidente que la enfermedad era resistente a la quimioterapia, y que le quitaría la vida en cuestión de meses, no se amargó, ni se enojó con Dios. Su testimonio terrenal concluyó con múltiples historias de cómo vivió con alegría sus últimos días, comunicando el evangelio a todo aquel que se acercaba. Enfermeras, doctores y camilleros testificaban de su grandioso espíritu de

---

[425] Juan 9:2, (NTV).

amor por Cristo y por ellos. En su funeral, no podías sino esbozar una sonrisa cuando su hijo citó algunas de las palabras finales de su padre. 'Puede que ya esté por irme, pero quiero llevarme a todas las almas que pueda (...). ¡Qué Cristo sea exaltado mediante mi dolor!'."[426] Lo que te sucede a ti y a mi o lo que nos puede suceder, aunque no lo creamos: ¡Es para la gloria de Dios! Pastor, ¿Cómo es eso? ¡No lo sé! Solo lo creo porque la Biblia lo dice.

En fin, lo que hizo Jesús, el método que usó para darle la vista al hombre ciego de nacimiento, no fue nada saludable: Saliva, tierra y manos sucias, ¡y sin guantes! Y luego lo envía a lavarse en un estanque en donde el agua no era filtrada ni libre de microbios. Todos los visitantes o los que regresaban de sus campos de trabajo toman agua de este estanque. Es decir, era una fuente contaminada. Y, aun así, contra toda adversidad, ¡el hombre recibió la vista! ¿Por qué la recibió? "Porque nada hay imposible para Dios".[427] ¡Ah, con justa razón, el apóstol Juan dijo: "Y vimos su gloria"!

¿Para qué aquel hombre nació ciego? ¡Para la gloria de Dios! ¿Para qué Dios permite lo que estás pasando? ¡Para la gloria de Dios! Aunque tú no lo creas, hoy el Señor Jesús está parado frente a ti

---

[426]   Dave Earley y David Wheeler. *Evangelismo es ...: Cómo testificar de Jesús con pasión y confianza.* (Nashville, Tennessee. Publicado por B&H Publishing Group. 2012), 212.

[427]   Lucas 1:37, (RV, 1960).

porque desea manifestar Su gloria en tu persona. ¡No se lo impidas! ¡Él tiene un buen propósito para tu vida! Espera sentir el poder del Señor en tu vida. ¡Espera llegar a ser una persona para la gloria de Dios!

Me pregunto si tú ya has visto la gloria de Jesucristo; me pregunto si te has dado cuenta de que Jesucristo está frente a ti; me pregunto si sientes Su presencia; me pregunto si conoces a Jesucristo. Aquel hombre ciego no lo conocía, solo sabía que se llamaba Jesús. Cuando le preguntaron dónde estaba el que lo había sanado, sencillamente dijo: "No sé".[428] ¿Lo sabes tú?

II.- Sanidad en el Enviado.

Después de que Jesucristo le untó el lodo en los ojos: Jesús, "le dijo: —Ve a lavarte al estanque de Siloé (que significa: *Enviado*). El ciego fue y se lavó, y cuando regresó ya podía ver".[429]

El estanque de Siloé era una pileta al sur de la ciudad de Jerusalén. Entiendo que, como he dicho antes que, el agua del estanque de Siloé no era un agua limpia, sino que era parte del agua del rio Guijón que llenaba el estanque y, una fuente o estanque en donde muchos inclinaban sus cabezas

---

[428]   Juan 9:12, (RV, 1960).

[429]   Juan 9:7, (DHH).

hacia el para ver sus frescas aguas. ¡Nada saludable! "La palabra Kolumbeθpav, *estanque*, *piscina*, hace referencia a un lugar con abundancia de agua, que incluso permitiría nadar en él".[430] Esto, entonces, lo hacía más contaminado. ¡Un milagro conra toda adversidad!

Sin embargo: "El agua del estanque del Siloé en Jerusalén se consideraba sagrada. Según la tradición rabínica, durante la celebración de la Fiesta de las Enramadas[431] se sacaba agua del estanque en una vasija dorada y esta se cargaba en la procesión al Templo".[432] Siendo así, entonces, Jesús mandó al hombre ciego a que se lavara con agua sucia y sagrada al mismo tiempo, una clara presentación del Mesías de Dios que, en forma humana (algo sucio que estaba controlado por el pecado, aunque Jesús era sin pecado) y, sagrado, porque había venido de Dios y estaba consagrado a la Redención de la humanidad, tal y como lo era Soloé.

---

[430] Samuel Pérez Millos. *Comentario exegético al texto griego del Nuevo Testamento. JUAN.* (Viladecavalls (Barcelona), España. Editorial CLIE. 2016), 928.

[431] Fiesta de los Tabernáculos. La 4ta fiesta anual era la de los tabernáculos (2 Crónicas 8:13; Esdras 3:4; Zac 14:16), tambíen llamada fiesta de la cosecha (Ex 23:16;34:22), fiesta a Jehová (Lev 23:39; Jue 21:19). A veces era simplemente "la fiesta" (I Rey 8;2; 2 Cron 5:3; 7:8; Is 20:29; Ez 45:23,25) porque se conocía en detalle. La celebración culminaba la cosecha de la labor de los campos (Ex 23:16), el fruto de la tierra (Lev 23:39), las acciones de la era y el lagar (Deut 16:13), y la morada en enramadas (o tabernáculos) que debían ser recordatorios jubilosos para el pueblo de Israel (Lev 23:41; Deut 16:14)". (Calcada, Leticia: Editora General. Diccionario Bíblico Ilustrado Holman. (Nashville, Tennessee. USA. B&H Publishing Group. 2008), 638.

[432] Comentario en la *Biblia de Estudio NVI Arqueológica: Un viaje ilustrado a través de la cultura y la historia bíblica.* (Miami Florida. Editorial Vida. 2009), 1783.

Ahora bien, este fue un milagro de Jesús, pero a la distancia corporal del Señor. Es decir, aunque El no estuvo físicamente presente, fue el poder de Jesús el que realizó el milagro. Tomen en cuenta que: "Ni el barro sobre los ojos, ni el lavamiento en el estanque fueron los elementos causantes de la sanidad. El acto de obediencia a la determinación y demanda del Señor es el camino para recibir la bendición".[433] El hombre fue sanado porque llegó al Enviado (Siloé) y se lavó en sus aguas sagradas. ¡Esto se llama obediencia! No esperes recibir bendiciones de Dios cuando estas en desobediencia.

La sanidad en el Enviado fue una realidad. Es decir que, la sanidad física puede ser sanada mientras uno se lava en las aguas espirituales, pero, la seguridad es que, la sanidad espiritual es una realidad cuando obedecemos los mandatos de Jesucristo.

III.- TESTIMONIO IRREFUTABLE.

El milagro había sucedido. El hombre que había nacido ciego podía ver; el que se sentaba en las calles de Jerusalén a pedir limosna, está frente a ellos viéndolos. Aunque algunos dudaban de su sanidad, "todos querían conocer como se había producido aquel milagro. La situación salía de la lógica y se

---

[433]   Samuel Pérez Millos. *Comentario exegético al texto griego del Nuevo Testamento. JUAN.* (Viladecavalls (Barcelona), España. Editorial CLIE. 2016), 929.

trasladaba al terreno de los sobrenatural".[434] Así que le han preguntado el cómo le fueron abiertos los ojos.[435] El no lo sabía a ciencia cierta, cuando estaba ciego, posiblemente ni siquiera se dio cuenta que Jesús había hecho lodo con Su saliva. Ni nosotros lo sabemos con detalles específicos; ¡Fue un milagro! Y los milagros, en su mayoría, no tienen explicación. ¿Qué es lo que el exciego sabía? Sabía que: "—Ese hombre que se llama Jesús hizo lodo, me lo untó en los ojos, y me dijo: "Ve al estanque de Siloé, y lávate. Yo fui, y en cuanto me lavé, pude ver".[436] Todo lo que sabía del Mesías de Dios es que se llamaba Jesús. Aunque todavía "no comprende – que Jesús – es el Mesías, ... da testimonio claro de cómo se llama y que hizo".[437] ¡Fue un testimonio irrefutable!

¡Wauu!, ¡qué mensaje tan corto, pero con una profundidad en el poder sanador de Jesús. El exciego dijo lo que sabía, no inventó nada, no dijo que Jesús hizo lodo con su saliva porque seguramente él no se dio cuenta de ello. Dijo lo que sintió: *"me puso lodo en los ojos"*. Dijo que escuchó un mandato: *"Ve al Siloé, y lávate"*. Dijo que obedeció: *"Y fui, y me lavé"* y, dijo el resultado: *"Y recibí la vista"*. Paso a

---

[434]   Samuel Pérez Millos. *Comentario exegético al texto griego del Nuevo Testamento. JUAN.* (Viladecavalls (Barcelona), España. Editorial CLIE. 2016), 932.

[435]   Juan 9:10.

[436]   Juan 9:11, (DHH).

[437]   Samuel Pérez Millos. Comentario exegético al texto griego del Nuevo Testamento. JUAN. (Viladecavalls (Barcelona), España. Editorial CLIE. 2016), 933.

paso contó su testimonio de sanidad. ¡Un testimonio irrefutable!

¿Qué manera de evangelizar? Mientras el exciego confesaba como habían sido abiertos sus ojos para ver las maravillas de Dios, los líderes judíos estaban con corazones oprimidos y con mentes confusas porque no tenían la luz que los ojos del exciego tenían para poder aceptar el milagro. Un milagro que lo tenían frente a frente y que no podían refutar; ¡Era un testimonio irrefutable!

¡Ahí, frente a ellos está el milagro! Pero se enfrentan a otro dilema, el milagro se había hecho en sábado. Una buena excusa para poder acusar a Jesús de pecador porque había violado la ley. William Barclay dice que: "No cabe duda de que Jesús había quebrantado la ley del sábado que los escribas tenían tan sistematizada. Y dice que la quebrantó de tres maneras: (i) Al hacer el barro había sido culpable de trabajar en sábado, porque la cosa más sencilla constituía un trabajo ese día. (ii) Estaba prohibido curar en sábado. (iii) Estaba establecido específicamente: 'En cuanto a la saliva de la mañana, no se permite ni ponerla en los parpados'."[438]

La ceguera espiritual hizo que los acusadores se enfocaran en la ley tradicional - no en la Ley de Moisés - en lugar de pensar y darle gracias a Dios

---

[438]   William Barclay. *Comentario al Nuevo Testamento: Volumen 6: JUAN II.* (Terrassa (Barcelona), España. Editorial CLIE. 1995), 59.

porque un hombre que nunca había visto la luz del sol y los maravillosos colores de la naturaleza, ahora los podía disfrutar. Entre ellos, existió un enfoque equivocado: "Maliciosamente ocultan el hecho y solo hablan de la supuesta prevaricación; porque ellos no decían que había curado en el día del sábado, sino que no guarda el sábado".[439] El que no quiere aceptar la verdad de Dios buscará la manera de tergiversarla. Si tú le dices a una persona que rechaza la verdad de Dios que Jesucristo te ha perdonado todos tus pecados, te contestará que no fue Jesucristo, sino que tú mismo decidiste no volver a pecar.

Pues bien, los judíos tenían frente a sus ojos un milagro irrefutable y, aun así, dice el Evangelista Juan que "los judíos no creían que el hombre hubiera sido ciego y que ahora viera, y hasta llamaron a sus padres y les preguntaron: —¿Es este su hijo, el que dicen ustedes que nació ciego? ¿Cómo es que ahora puede ver?".[440] ¡Ah, mentes cerradas a las maravillas de Dios! ¡Ah, corazones empedernidos que la verdad puede llegar a ellos como una bala disparada desde un fusil y, no causar ningún cambio o daño!

En cambio, el que había sido ciego toda su vida "llegó a comprender la verdad definitiva de que

---

[439] Santo Tomás de Aquino. *Comentario de Juan Crisóstomo, in Joanem hom 56.* (Cantena Aurea. Comentarios sobre el Evangelio de San Juan. (San Bernardino, California. Ivory Fall Books. 2016), 305.

[440] Juan 18:19, (NVI).

Jesús había llegado de Dios".[441] Con esta verdad en su corazón es que, sin temor alguno, da testimonio de que Jesús es más que un profeta, el hombre que lo ha sanado y por ello, es el Mesías de Dios. Es un fuerte e irrefutable testimonio. Es como si el exciego les estuviera diciendo a los judíos; aquí está entre nosotros el Mesías de Dios, yo he visto Su gloria.

Hermanos y hermanas en Cristo Jesús, "No esperes que Dios te use como faro en un lugar lejano, si no lo estás sirviendo de candela donde estás".[442] En contra de todo lo que los líderes decían y pensaban acerca de Jesús, el exciego, les dijo: "—Si es pecador, no lo sé. Lo que sí sé es que yo era ciego y ahora veo".[443] ¿Y quien puede debatir tal testimonio? ¡Nadie! ¡Es un testimonio irrefutable!

Cuando tú dices lo que Dios ha hecho en tu vida, nadie te lo puede refutar. Es tu experiencia con Dios.

CONCLUSIÓN.

¿Por qué nació ciego este hombre?, fue la pregunta de los seguidores de Jesús. ¿Por qué eres lo que eres? ¿Por qué Dios te hizo de esa manera?, son las mismas

---

[441] Raymond E. Brown. *El Evangelio y las cartas de Juan*. Td. María del Carmen Blanco Moreno. (Bilbao, España. Editorial Desclee de Brouwer, S. A. 2010), 93.

[442] Pensamiento en Revista La Antorcha de la Verdad. (La Antorcha de la Verdad. Costa Rica, CA. Revista bimestral. Publicadora la Merced. Volumen 32. Número 6. Noviembre-diciembre. 2018), 35.

[443] Juan 10:25, (DHH).

preguntas de hoy día. Y mi respuesta es: ¡Para la gloria de Dios!

Algunos de entre nosotros estamos enfermos, algunos físicamente, otros espiritualmente. Y, hoy, Jesús se ha detenido para ver su problema, quiere sanarte para que seas un testimonio para la Gloria de Dios. El hombre ciego dejó, contra toda adversidad, que Jesús le pusiera lodos en sus ojos; algo contra natural en la salud física. ¡Pero fue sanado! Contra toda adversidad de tus pecados y los adversarios satánicos, Jesús quiere poner en tu vida Su poder salvífico; ¡deja que El te salve! No tengas ninguna duda de que te puede salvar. La Sanidad está en el Enviado.

¿Por qué te ha salvado? ¿Por qué te quiere salvar? No solo para que vivas una vida en otra dimensión espiritual, sino que también para seas de testimonio irrefutable del poder de Dios en tu vida. Y, todo, ¡Para la Gloria de Dios! ¡Quiere que veas Su Gloria!

"CREO, SEÑOR; Y LE ADORÓ"

"Oyó Jesús que le habían expulsado; y hallándole, le dijo: ¿Crees tú en el Hijo de Dios? Respondió él y dijo: ¿Quién es, Señor, para que crea en él? Le dijo Jesús: Pues le has visto, y el que habla contigo, él es. Y él dijo: Creo, Señor; y le adoró".

Juan 9:35-38, (RV, 1960).

INTRODUCCIÓN.

¡La elegancia de la literatura! ¡Sí, esto es lo que notamos en este relato que estamos estudiando! Existe una persona que nació ciega; existe una pareja que es llamada a testificar sobre la sanidad de su hijo; y existe tres grupos formados, primero por Jesús y sus discípulos, segundo por el pueblo judío, y el tercero por los lideres político/religiosos.

Esto es que: "No hay galería de retratos más gráfica que ésta en ninguna literatura. Con diestras y reveladoras pinceladas Juan da vida ante nosotros a los distintos personajes".[444] Pero no solo les da vida a los personajes, sino que también nos da enseñanzas de alta calidad teológica como lo que es la incredulidad contra la credulidad, lo que es la duda contra la seguridad y lo que es la razón contra la fe.

Les invito a que pensemos en estas declaraciones teológicas que nos presenta el relato juanino.

I.- INCREDULIDAD CONTRA CREDIBILIDAD.

Les vuelvo a citar las palabras registradas en Juan 9:18-19, las cuales dicen: "Pero los judíos no creían que el hombre hubiera sido ciego y que ahora viera, y hasta llamaron a sus padres y les preguntaron: —¿Es este su hijo, el que dicen ustedes que nació ciego? ¿Cómo es que ahora puede ver?"[445] El hecho de la sanación del hombre que había nacido ciego es claro y contundente. La gente sabía que era él, el que se antes era ciego, lo conocían muy bien, ya era un posible adulto, así que lo conocían como el ciego que pedía limosna por años. Y, por eso, al verlo caminar sin tropezar, era su duda de si era o no era la misma persona.

Esta reacción de los judíos es para pensarse, pues: "Lo normal después de un milagro es que las

---

[444]   William Barclay. *Comentario al Nuevo Testamento: Volumen 6: JUAN II.* (Terrassa (Barcelona), España. Editorial CLIE. 1995), 62

[445]   Juan 9:18-19, (NVI).

personas se sorprendan y alaben a Dios (Mat. 15:31; Mr. 2:12). Aquí, eso no sucedió. Al contrario, las personas discuten acerca de quién es aquel que fue sanado (v.8-9), y se preguntan cómo volvió a ver (v.10), y dónde está aquel que lo curó (v.12)".[446] Pero, no solo ellos están en duda, sino que, "los – lideres - judíos no creían que el hombre hubiera sido ciego y que ahora viera".[447] Es decir que, entre la gente existía la duda, pero entre los líderes había la incredulidad.

La incredulidad es la "Resistencia a creer una cosa". En la religión, la incredulidad es: "Falta de fe religiosa".[448] En este caso, "los fariseos cuestionan la realidad misma de la curación".[449]

¿Cuál era el mayor problema que se presentaba en las mentes de los fanáticos religiosos del tiempo de Jesucristo? ¡El sábado! El hombre que había sido ciego les dijo como había sido sanado, ¡Con lodo en los ojos! Y aquí estaba el problema: "En sábado estaba prohibido hacer lodo (v.6)".[450] ellos lo estaban viendo sanado, el hombre curado los podía ver. Pero, en lugar de ver el milagro, se enfocaron en la ley

---

[446] Nota de pie de página en la *Biblia de Estudio Esquematizada*. (Brasil. Sociedades Bíblicas Unidas. 2010), 1580.

[447] Juan 9:18, (NVI).

[448] The Free Dictionary. *Definición de Incredulidad*. (La Habra California. Internet. Consultado el 24 de septiembre del 2021), ¿? https://es.thefreedictionary.com/incredulidad

[449] Brown. E. Raymond. *El Evangelio y las cartas de Juan*. Td. María del Carmen Blanco Moreno. (Bilbao, España. Editorial Desclee de Brouwer, S. A. 2010), 92.

[450] Nota de pie de página en la Biblia de Estudio Esquematizada. (Brasil. Sociedades Bíblicas Unidas. 2010), 1581.

tradicional no en la sanidad del que había sido ciego, por eso es por lo que: "Algunos fariseos dijeron: — El que hizo esto no puede ser de Dios, porque no respeta el sábado".[451]

Ahora bien, el sábado o Shabbat, sí fue una institución divina; fue un día que Dios instituyó como descanso para el pueblo judío. Y, al parecer, solo fue para el pueblo israelita, pues, desde la creación hasta el tiempo de Moisés, no se habla de un Shabbat. Además: "Las Escrituras enseñan que Dios dio el Shabbat a Su pueblo como una manera de enfocarse en Él, y de servirle a Él. Fue un recordatorio de dos verdades bíblicas importantes: Que la creación fue la obra de Dios, y la redención es exclusivamente de Dios".[452] Así que, lo que los fariseos "creían sobre el sábado y sobre Dios entraba en conflicto con el hecho de recibir la vista. Dios no podía bendecir a nadie que quebrantase el deber sabático".[453] Es decir, repito: Los judíos en realidad no creían que el hombre que estaba frente a ellos y que observaba todos sus movimientos y gestos había sido ciego. ¡Esto no era posible en sus tradiciones! ¡No creían que hubiese estado ciego! Al parecer, "habían sospechado que

---

451   Juan 9:16, (DHH).

452   Daniel Sherman. *Shabbat, el sabado judio/día de descanso.* (La Habra, California. Internet. Declaración de: Elwel W. A., & Beitzel, B. J. (1998), en: Baker, Encyclopedia of the Bible. Pág. 1874. Consultado el 24 de septiembre del 2021), ¿? https://losnavegantes. net/wp-content/uploads/2016/02/Shabbat-copy.pdf

453   Samuel Pérez Millos. *Comentario exegético al texto griego del Nuevo Testamento. JUAN.* (Viladecavalls (Barcelona), España. Editorial CLIE. 2016), 945.

aquello había sido un 'milagro' amañado entre Jesús y él".[454]

¿Se dan cuenta? De una manera muy directa estaban diciendo que Jesús era un engañador. Una excusa para no creer en el mensaje de Dios que ha recorrido toda la historia hasta la fecha. Ya hemos comentado sobre algunas maneras que la humanidad, como el Humanismo en sus diferentes pensamientos, ha inventado para rechazar los milagros de Jesús y, por ende, su divinidad.

Pues bien, nos preguntamos: ¿Cuál era el propósito farisaico? Cuando su incredulidad aumentó o, tal vez sus excusas, entonces, los fariseos llaman a los padres del que había sido ciego y les preguntan si él era su hijo y si había nacido ciego. La afirmación de los padres contradice el propósito farisaico. "El propósito de ellos era que los progenitores diesen una explicación que resolviese el problema. Pero la respuesta de los padres fue contra el deseo de los fariseos de desacreditar el milagro".[455] Es decir que ellos, pensaron que atemorizando a los padres del que había sido ciego, anunciarían que la sanación del ciego había sido un engaño.

La verdad permanece contra toda mentira e incredulidad. Esta es una realidad histórica. ¡Los

---

[454] William Barclay. *Comentario al Nuevo Testamento: Volumen 6: JUAN II.* (Terrassa (Barcelona), España. Editorial CLIE. 1995), 63.

[455] Samuel Pérez Millos. *Comentario exegético al texto griego del Nuevo Testamento. JUAN.* (Viladecavalls (Barcelona), España. Editorial CLIE. 2016), 945.

judíos no se salieron con la suya! Su legalismo religioso fue descubierto: "Aquellos malvados y mentirosos enemigos de Jesucristo no consiguieron lograr su propósito de desacreditar la verdad".[456] ¡Todo lo contrario, ¡la verdad permaneció contra toda mentira e incredulidad! Es decir que, ¡la verdad resaltó sobre todo el fanatismo religioso farisaico!

Ahora notemos la manera en que pensaban desacreditar el milagro. Al llamar a los padres del sanado, "con una enorme astucia formulan una pregunta triple. Les hacen tres preguntas en una con el propósito de generar confusión en los padres del – que había sido – ciego".[457]

Primera pregunta: Identificación. "Este es su hijo". Difícil poder negarlo. Todo mundo lo sabía.

Segunda pregunta: Su condición de ciego de nacimiento. Se podría decir que les preguntaron. Bueno, si están seguros de que este es su hijo, entonces, ¿también aseguran que nació ciego? ¡Por supuesto que sí! Ellos estuvieron allí cuando nació; ellos lo ayudaron en su niñez a no lastimarse a causa de su ceguera. Ellos, seguramente le enseñaron el camino hacia donde pedía limosna. ¡Ellos sabían que había nacido ciego!

---

[456]   Samuel Pérez Millos. Comentario exegético al texto griego del Nuevo Testamento. JUAN. (Viladecavalls (Barcelona), España. Editorial CLIE. 2016), 945.

[457]   Samuel Pérez Millos. Comentario exegético al texto griego del Nuevo Testamento. JUAN. (Viladecavalls (Barcelona), España. Editorial CLIE. 2016), 945.

Sin embargo, al parecer, los fariseos les estaban acusando de decir que ellos estaban mintiendo; que en realidad su hijo nunca había sido ciego. Por eso les dicen: "¿Declaran ustedes que nació ciego?"[458] Esta es una manera de comprometerse a decir la verdad o a mentir por temor.

La tercera pregunta se puede tomar como una acusación. Noten la pregunta: ¿Cómo es que ahora ve? Si había nacido ciego, como es que ahora ve. ¡Qué pregunta tan acuciosa! Si dicen que no sabían cómo se había sanado, entonces, no podrían testificar de ser un milagro[459] y sus padres quedarían como mentirosos y engañadores.

Recodemos que Jesucristo había dicho que el padre de los líderes religiosos era el diablo. "… ustedes son hijos de su padre el diablo – les había dicho Jesús -, y les encanta hacer las cosas malvadas que él hace".[460] Y, aquí, en este corto dialogo entre Jesús y los fariseos se puede notar y certificar que sus intereses personales eran controlados por su padre el diablo. Valía más el fanatismo religioso tradicional que la vista dada al ciego de nacimiento. ¿Qué es de más valor para ti? ¿Las tradiciones religiosas o la verdad bíblica?

---

[458]   Juan 9:19, (DHH).

[459]   Samuel Pérez Millos. *Comentario exegético al texto griego del Nuevo Testamento. JUAN.* (Viladecavalls (Barcelona), España. Editorial CLIE. 2016), 945-947

[460]   Juan 8:44, (NTV).

Ahora pensemos en la credibilidad. La credibilidad es creer y aceptar los resultados positivos y negativos de las cosas materiales y espirituales. La credibilidad no es solo un acto de los seres humanos sino también de los demonios, ellos creen y tiemblan ante la presencia de Dios; es decir, ellos le creen a Dios. El apóstol Santiago te pregunta: "¿Tú crees que hay un solo Dios? ¡Magnífico! También los demonios lo creen, y tiemblan".[461] ¡Ellos saben quién es Dios! ¿Lo sabes tú?

Volvamos de nuevo a la escena que el apóstol Juan ha presentado. El hombre que nació ciego, de un momento a otro, está parado ante un hombre judío que le hace la siguiente pregunta: "¿Crees tú en el Hijo de Dios? Respondió él y dijo: ¿Quién es, Señor, para que crea en él? Le dijo Jesús: Pues le has visto, y el que habla contigo, él es. Y él dijo: Creo, Señor; y le adoró".[462]

¿Qué harías tú, si te dieras cuenta de que Jesucristo está parado frente a ti haciéndote esta pregunta, crees tú en que yo soy Dios? ¿Qué harías? Aquel hombre cayó de rodillas y le adoró. ¿Tú qué harías? Te cambio la pregunta, Jesucristo está aquí, está frente a ti, ¿Qué debes hacer? ¿Adorarlo? Si esto es cierto, entonces, ¡Hazlo!

---

[461] Santiago 2:19, (NVI).

[462] Juan 9:35-38, (RV, 1960).

II.- DUDA CONTRA SEGURIDAD.

Jesús se encontró con un hombre que había nacido ciego. El Señor usó un método muy distinto de los métodos que había usado para sanar: Hizo un poco de lodo con su saliva, se la untó en los ojos y luego le dijo: "—Ve y lávate en el estanque de Siloé (que significa: Enviado). El ciego fue y se lavó, y al volver ya veía".[463] Lo lógico es que, al volver del estanque del Siloé ya no regresó cuidándose de no tropezar o atropellar a alguien. Me supongo que se dirigió a su casa para darle las buenas nuevas a sus padres. La gente que lo conocía, al verlo caminar y, posiblemente sin el bastón con el que se ayudaba a caminar con menos riesgo, ¡se confundieron! La historia bíblica dice que: "Sus vecinos y los que lo habían visto pedir limosna decían: '¿No es este el que se sienta a mendigar?' Unos aseguraban: 'Sí, es él'. Otros decían: 'No es él, sino que se le parece'. Pero él insistía: 'Soy yo'."[464] Entre ellos había duda de si era o no. Pero también había la seguridad; ¡Él es!, lo aseguraban.

"La duda es la vacilación o indecisión que se tiene entre dos o más juicios o decisiones; o la incertidumbre que se experimenta ante determinados hechos y noticias. La palabra, duda significa 'vacilar

---

[463]   Juan 9:7, (NVI).

[464]   Juan 9:8-9, (NVI).

entre dos cosas'.".[465] Desde el punto de vista de la Teología Cristiana, la duda es una poderosa arma que Satanás usa para hacer dudar de las verdades bíblica y aun de las que experimentamos como cristianos.

Desde el punto de vista de la Biblia, la duda es la que aparta de la obediencia a Dios. Es el arma que Satanás usó con Eva en el huerto del Edén. Con sus palabras: "—¿Es verdad que Dios les dijo que no comieran de ningún árbol del jardín?",[466] otra versión dice: ¿Conque Dios os ha dicho: No comáis de todo árbol del huerto?".[467] Esa poderosa arma satánica es destrozada o anulada por la fe en Cristo Jesús. Una fe que nos hace decir acertadamente: ¡Yo Soy cristiano! ¡Yo le creo a Dios! Y, por eso, ¡lo adoro! Una fe que nos hace también decir que hemos visto Su Gloria. Una fe que nos hace proclamar que "la Palabra se hizo hombre y vino a vivir entre nosotros. Estaba lleno de amor inagotable y fidelidad. Y hemos visto su gloria, la gloria del único Hijo del Padre".[468] Esta fe es un escudo que nos libra de todos los darnos malignos de la duda.

---

[465]   La duda. *Significado de la duda*. (La Habra, California. Internet. Consultado el 24 de septiembre del 2021), ¿? https://www.bing.com/search?q=La+duda+definicion&form=QBLH&sp=-1&ghc=1&pq=la+duda+definicion&sc=1-18&qs=n&sk=&cvid=462C5B557B25439EBE87477A7B0A76A5

[466]   Génesis 3:3, (NVI);

[467]   Génesis 3:1, (RV, 1960).

[468]   Juan 1:14, (NTV).

III.- RAZÓN CONTRA LA FE.

El hombre que había sido ciego de nacimiento, fue interrogado por las autoridades judías y al no estar satisfechos con las respuestas del que había recibido la vista, lo expulsaron; lo sacaron del lugar en donde lo juzgaron. Creo que la razón principal de su expulsión fue porque el hombre les preguntó: "¿Es que también ustedes quieren hacerse sus discípulos?".[469] De inmediato su razonamiento fue negativo: "Entonces lo insultaron y le dijeron: —¡Discípulo de ese lo serás tú! ¡Nosotros somos discípulos de Moisés! Y sabemos que a Moisés le habló Dios; pero de este no sabemos ni de dónde salió".[470] Razonamiento ilógico. Este tipo de razonamiento viene de rechazar la fe en Dios. ¿Por qué lo digo? Porque la fe en Dios es razonable; la fe en Dios no es algo simplemente emocional o espurio. Es decir que: "Para que una creencia sea racional para alguien, esa creencia no necesita ser necesariamente verdadera y mucho menos ser probada verdadera",[471] Los lideres judíos aseguran como verdad que son descendientes de Moisés y también ha dicho que son hijos de Abraham, pero la verdad se las dijo Jesús: "… ustedes son hijos

---

[469] Juan 9:27, (NVI).

[470] Juan 9:28-29, (NVI).

[471] William Lane Craig. *¿Qué hace que una fe sea razonable y quién decide cual fe es o no razonable?* (La Habra, California. Una respuesta del Dr. Craig a la pregunta planteada de Kelli el 27 de mayo del 2013. Consultado el 28 de diciembre del 2021), ¿? https://es.reasonablefaith.org/escritos/pregunta-de-la-semana/que-es-una-fe-razonable

de su padre, el diablo, y les encanta hacer las cosas malvadas que él hace. Él ha sido asesino desde el principio y siempre ha odiado la verdad, porque en él no hay verdad. Cuando miente, actúa de acuerdo con su naturaleza porque es mentiroso y el padre de la mentira".[472] Así que, la fe, tampoco es algo generacional; es personal y razonal.

Te lo repito, la fe en Dios y en la Biblia no es algo emocional ni mucho menos falso o una fe no legitima (espuria[473]) Por ejemplo: "La fe católica es (…) razonable y tiene también confianza en la razón humana (...) Asimismo, el conocimiento de la fe no está en contra de la recta razón (...) En el irresistible deseo de verdad, sólo la relación armoniosa entre fe y razón representa el camino acertado que conduce a Dios y a la plenitud del ser".[474] Cuando el escritor a los Hebreos dice que: "Tener fe es tener la plena seguridad de recibir lo que se espera; es estar convencidos de la realidad de cosas que no vemos.

---

[472]   Juan 8:44, (NTV).

[473]   *Definición de Espurio*. Adulterado, falto de legitimidad o autenticidad. Que fue degenerado con respecto a su origen o naturaleza. Falso. Tiene un uso muy despectivo. (La Habra, California. Internet. Consultado el 29 de diciembre del 2021), ¿? https://www. definiciones-de.com/Definicion/de/espurio.php Fuente: https://www.definiciones-de. com/Definicion/de/espurio.php © Definiciones-de.com

[474]   Sin autor. *La fe razonable*. (La Habra, California. Internet. Consultado el 28 de diciembre del 2021), ¿? https://www.bing.com/search?q=La%20fe%20 razonable&qs=n&form=QBRE&sp=-1&pq=la%20fe%20razonable&sc=0-15&sk =&cvid=25982AA9E04142A3840A6BFCB506EDCF

Nuestros antepasados fueron aprobados porque tuvieron fe".[475] Está diciendo que la fe es razonable.

Bueno, allí estaba el hombre viendo todos los movimiento y gestos de los lideres judíos y, entonces, fue la fe en Aquel que le había dado la vista que le hace dar un fuerte y convincente testimonio ante las autoridades, diciendo: "—¡Allí está lo sorprendente! —respondió el hombre—: que ustedes no sepan de dónde salió, y que a mí me haya abierto los ojos. Sabemos que Dios no escucha a los pecadores, pero sí a los piadosos y a quienes hacen su voluntad. Jamás se ha sabido que alguien le haya abierto los ojos a uno que nació ciego. Si este hombre no viniera de parte de Dios, no podría hacer nada".[476]

¡Wauu, qué manera de razonar! La fe en Dios lleva a conclusiones concretas a pesar "de la realidad de cosas que no vemos".[477] Es una convicción muy difícil de debatir. Es una realidad que si no se acepta puede producir un enojo irracional. Notemos, por ejemplo, la respuesta de los sabios de Jerusalén que no pudieron debatir lo razonable que el hombre a quien estaban juzgando les planteo: "Ellos replicaron: —Tú, que naciste sumido en pecado, ¿vas a darnos lecciones? Y lo expulsaron".[478] Es decir lo excomulgaron de la

---

[475]   Hebreos 11:1-2, (DHH).

[476]   Juan 9:30-33, (NVI).

[477]   Hebreos 11:1, (DHH).

[478]   Juan 9:34, (NVI).

sinagoga. Un acto que tiene su antecedente en los tiempos de Esdras. En aquellos días, los que habían regresado del cautiverio babilónico pecaron. Para solucionar el pecado se llamó a todos a una reunión: "Y advirtieron que a todo el que no se presentara en el plazo de tres días, según la decisión de los jefes y dirigentes, se le quitarían sus propiedades y se le expulsaría de la asamblea de los repatriados".[479] Sin embargo, "prácticamente no hay información sobre la forma en que se practicaba en el Nuevo Testamento".[480] Sabemos que la sinagoga era el centro de las reuniones de la comunidad y, allí se decidían los asuntos de la comunidad. Así que, al que había recibido la vista le cerraron las puertas de la sinagoga; sería como un extranjero o pagano.

Ya el autor a los Hebreos nos ha dado una definición de lo que es la fe. Una certeza de aun cosas que aun no vemos. ¿Y qué es la razón? "La razón es la facultad del ser humano de pensar, reflexionar para llegar a una conclusión o formar juicios de una determinada situación o cosa. ... La razón es el argumento que una persona alega para probar algo o persuadir a otra persona de sus argumentos. Asimismo, razón es la causa determinante del proceder de una persona y

---

[479]   Esdras 10:8, (NVI).

[480]   Nota de pie de página en la *Biblia de Estudio NVI Arqueológica: Un viaje ilustrado a través de la cultura y la historia bíblicas*. (Miami, Florida. Editorial Vida. 2009), 1784.

de un hecho".[481] El hombre que había sido ciego de nacimiento les planteo a los lideres judíos un dilema doble para razonar; es decir, pidió que le probaran si en verdad Jesús no venía de parte de Dios. Si no venía de parte del Señor, entonces, como se explicaban sus milagros. No pudieron dar las respuestas. En cambio, el que ha recibido la vista usa la fe en Jesús y cree en él. Usa la razón y le acepta como el Mesías enviado por Dios y, entonces, "postrándose, lo adoró".[482]

El hombre que había sido ciego no solamente pudo ver los hermosos colores de la naturaleza, sino que también pudo ver la Gloria de Dios en la persona de Jesucristo y por eso, no solo creyó en él, sino que también le adoró.

Cuando Dios abre nuestros ojos espirituales no solo vemos lo que nos rodea, también somos capaces de ver las maravillas que Dios hace; ¡Podemos ver Su Gloria en nuestro caminar cristiano! ¡Y, por eso le adoramos!

"Así que ¿Quién decide que la fe es o no razonable? ¡Bueno, obviamente, tú lo haces! Cada uno de nosotros lo hacemos. Como decía Pascal, el juego ya se está jugando. Tú debes hacer una

---

[481] Wikipedia, la enciclopedia libre. *La Razón*. (La Habra, California. Internet. Consultado el 28 de diciembre del 2021), ¿? https://es.wikipedia.org/wiki/Raz%C3%B3n

[482] Juan 9:38, (NVI).

apuesta. ¿Cómo va a elegir?"[483] ¿Rechazaras la fe
en Jesucristo porque crees que es espuria o barata
o te unirás a nosotros y adorarás con fe razonable a
Jesucristo? Tu eliges: razonar ilógicamente o tener
fe razonable, es tu decisión. Tú eliges seguir en el
razonamiento filosófico o tener fe razonable que te
permita ver la Gloria de Dios.

CONCLUSIÓN.

Jesús buscó a este hombre. En la vida cristiana
algunos somos rechazados aun por los mismos
familiares. Tú, hijo o hija de Dios, tú que le crees a
Dios, no te preocupes, Jesucristo siempre te buscará,
quiere estar contigo todo el tiempo para ayudarte a
que veas sus maravillas; quiere que veas Su Gloria
en la persona de Jesucristo.

Jesús mismo se le reveló a este hombre. Cuando
Jesús le preguntó si creía en el Hijo del Hombre,
estaba haciendo referencia al Mesías de Dios. El que
había sido ciego le fue leal a Jesús en el interrogatorio
judío. "La lealtad conduce a la revelación; es a la
persona que Le es leal a la que Jesús se revela más

---

[483]　William Lane Craig. *¿Qué hace que una fe sea razonable y quién decide cual fe
es o no razonable?* (La Habra, California. Una respuesta del Dr. Craig a la pregunta
planteada de Kelli el 27 de mayo del 2013. Consultado el 28 de diciembre del 2021), ¿?
https://es.reasonablefaith.org/escritos/pregunta-de-la-semana/que-es-una-fe-razonable

plenamente".[484] Esa lealtad con fe razonable llevó al hombre a que se postrara ante el Señor y lo adorara.

¿Qué tan fiel eres con Jesucristo? Recuerda, "la lealtad conduce a la revelación". Dios desea que le conozcas; quiere que veas más de cerca su poder sanador; quiere que veas Su Gloria; pero sobre todo quiere que, al estar junto a ti, tú le digas: "Creo, Señor; y le adores". Quiere escucharte que le crees y quiere que veas Su gloria mientras lo adores con todo tu ser. ¿Lo harás?

[484]   William Barclay. *Comentario al Nuevo Testamento: Volumen 6: JUAN II.* (Terrassa (Barcelona), España. Editorial CLIE. 1995), 65

¿QUÉ PUEDE CEGARTE AL MENSAJE DE JESUCRISTO?

> *"Entonces Jesús dijo: —Yo he venido a este mundo para juzgarlo, para que los ciegos vean, y los que ven se queden ciegos. Algunos fariseos que estaban con él, al oírlo hablar así, le preguntaron: —¿Qué? ¿Acaso también nosotros somos ciegos?"*

> Juan 9:39-40, (NVI).

INTRODUCCIÓN.

Cada año, miles de cubanos se hacen a la mar en barcas atestadas para atravesar los 160 kilómetros del estrecho de la florida. ¡Su destino? Estados Unidos y la libertad. Calculan que saliendo del puerto de Cárdenas que se encuentra en el norte de la isla, llegaran en cinco o siete días a los cayos de la Florida.

Yaqueline y su hijo de quince meses, producto de una violación por un jefe del gobierno castrista, el 4 de febrero del 2000, junto con otras siete personas se subieron a una barca en la que: "Dos cámaras de neumático servían de salvavidas. No llevaban mapa ni brújula, ni chalecos salvavidas ni motor". A las 5:16 de la mañana el viaje a los Estados Unidos y a la libertad comenzó.

En pocas horas, el cielo se nubló y una fuerte tormenta los azotó. Estaban como a 20 kilómetros mar adentro. "Los pasajeros de la barcaza ... lucharon por la vida, zarandeados por el viento y acometidos por olas de casi dos metros de altura", tres grandes olas azotaron la barca, hasta que la cuarta rompió la barcaza. Seis de los tripulantes lograron agarrarse a las cámaras y allí permanecieron hasta que la Guardia cubana los encontró y los encarceló.

¡Un sueño frustrado! ¿Y qué pasó con Yaqueline y su bebé? Ambos se ahogaron. A su madre le quedó "el consuelo de que habían 'escapado de las garras de Castro'." Una corona hecha en la playa en memoria de los ahogados fue lanzada al mar mientras la mamá de Yaqueline decía: "- Duerme en paz, hija mía- ... mientras el mar se llevaba la corona -. Por fin eres libre".[485]

El mar y la guardia cubana les impidieron a los nueve tripulantes llegar al destino en donde esperaban ser libres. A ti y a mí, ¿qué nos puede impedir o cegar para no aceptar el mensaje de Jesucristo? ¿Qué nos

---

[485]   Jack Keller. *El alto precio de la libertad.* (México, D. F. Selecciones del Reader's Gigest. Octubre del 2000), 86-88. Todos los párrafos entre comillas son las palabras literales de la autora.

puede impedir conocer la verdad bíblica? Creo que uno de los pensamientos que nos puede impedir es:

I.- LA EXPECTATIVA EXTERNA.

Por lo general, la humanidad está más abierta a creer las cosas externas o ajenas a su persona que la misma educación que ha recibido. Por ejemplo, la visión de la supuesta cara de Jesucristo en las nubes en una noche oscura del 9 de agosto del 2015. Algunos de los que vieron esta figura creyeron que ya era el fin del mundo y que había alguien que nos vigilaba. Hace tres años, Nelson Estrada, dijo: "Esa imagen de dios en el cielo la miré de noche cuando le pedía a Dios una luz para que me sacara de la obscuridad y Dios se apareció en el cielo y me puso una luz en el camino donde encontré ayuda".[486] El 8 de marzo del 2019, apareció la "imagen de Jesucristo sobre el cielo de Italia",[487] caminando sobre las aguas del mar Agropoli en Italia. Alfredo Lo Brutto, un habitante de Agropoli tomó la fotografía de la supuesta imagen de Jesucristo.

---

[486] Alejandro Salas Muñoz en YouTube. *La Cara de Jesús Aparece en las Nubes, Arriba de la Cruz.* (La Habra, California. Internet. *Video* publicado el 5 de junio del 2014. Consultado el 24 de septiembre del 2021), ¿? https://www.youtube.com/watch?v=MmsaiOIrhCo

[487] La verdad. *Foto: ¿Milagro? Aparece imagen de 'Jesucristo' sobre el cielo de Italia.* (La Habra, California. Internet. Consultado el 2 de octubre el 2021), ¿? https://laverdadnoticias.com/viral/FOTO-Milagro-Aparece-imagen-de-Jesucristo-sobre-el-cielo-de-Italia-20190304-0171.html

"¡Visiones de Dios! Las visiones de Dios no tienen por qué ser externas; fuera de nosotros, como las que vio el profeta Ezequiel",[488] para que se abran nuestros ojos al mensaje de Dios, sí, nos pueden ayudar a ver la Gloria de Dios y el mensaje del Señor para nuestras vidas; al profeta Ezequiel, sus visiones le confirmaron que Dios no había abandonado a su pueblo en el cautiverio babilónico. Por medio de una visión, "Dios promete que el mismo será el pastor de su pueblo (cap. 34), y que los llevará de regreso a su tierra (cap. 36), donde ellos serán su pueblo y el será su Dios (36:28)".[489]

Sí, tú y yo podemos llegar a entender el mensaje de Dios para nuestras vidas por medio de algunas experiencias externas, pero ¡cuidado con enfocarse en ellas! Algunas de ellas no son más que nuestra imaginación o nuestro espíritu religioso. Y al ser nuestra imaginación se forma una barrera mental y espiritual para no creer al mensaje de Dios que se encuentra en la Biblia.

Por ejemplo, el Dogma del Purgatorio. Nuestra palabra española se "deriva de la palabra latina *purgare* que significa *'limpiar'* o *'purificar'*."[490]

---

[488]   Jessie Penn Lewis. *Los cielos fueron abiertos*. Trd. Samuel Vila. (Terrassa, Barcelona, España. Editorial CLIE. 1984), 7

[489]   Nota de pie de página en la *Biblia de Estudio Esquematizada*. (Brasil. Sociedades Bíblicas Unidas. 2010).

[490]   Calcada, Leticia: Editora General. *Purgatorio. Diccionario Bíblico Ilustrado Holman*. (Nashville, Tennessee. USA. B&H Publishing Group. 2008), 1334.

Pastor, ¿qué enseña este Dogma? "Según el catolicismo romano, las almas de los cristianos que mueren cargadas de pecados veniales o mortales ... son trasladas al purgatorio donde atraviesan un proceso de limpieza por sus pecados".[491]

El dogma del purgatorio, "es una ofensa a la gracia de Dios, es creer que Jesucristo perdona sólo una parte de la culpa del pecado, y que el mismo pecado, una vez perdonado, tiene que ser expiado con alguna pena por parte del pecador". [492]

Pero ¿qué dice la Biblia? En el Evangelio de Lucas leemos estas interesantes palabras: "Saquen pronto la mejor ropa y vístanlo; pónganle también un anillo en el dedo y sandalias en los pies. Traigan el becerro más gordo y mátenlo. ¡Vamos a celebrar esto con un banquete!".[493] Son palabras del padre en la parábola del hijo pródigo. Notemos que "no se dice que el padre perdonó al hijo y lo encerró en algún

---

[491] Calcada, Leticia: Editora General. *Purgatorio. Diccionario Bíblico Ilustrado Holman.* (Nashville, Tennessee. USA. B&H Publishing Group. 2008), 1334. *El Pecado Venial.* "El pecado venial o pecado leve es el que deja que la caridad siga existiendo en el hombre, por lo tanto, no rompe la alianza con Dios. Los ocho pecados veniales son: Decir una mentira piadosa. Beber licor en exceso. Tener malos pensamientos dentro del consciente. Gritar a una persona. Robar por necesidad. Dedicar un tiempo a la pereza o flojera. Tener relación antes del matrimonio y tener relaciones sexuales con muchas mujeres. *¿En qué se diferencian el pecado mortal, y el venial?* ... Lo primero, en que el mortal quita la vida al alma privándola de la vida de la gracia, y el venial sólo priva del fervor de la caridad. Lo segundo, en que el mortal, cuanto es de sí destruye a Dios, mas no el venial. (La Habra, California. Internet. Consultado el 29 de diciembre del 2021), ¿? Источник: https://alsina-sa.com/sobre-religion/cuales-son-los-pecados-veniales.html

[492] Samuel Vila. *El dogma del purgatorio.* (La Habra, California. Internet. Artículo publicado el 27 de junio del 2012 por Juan Valles. Consultado el 30 de septiembre del 2021), ¿? https://edf.org.ve/el-dogma-del-purgatorio/

[493] Lucas 15:22-23, (DHH).

sótano de la casa paterna para que se purificara por los pecados perdonados, sino que le restauró plena e inmediatamente a la condición de hijo, y aun hizo una fiesta en su honor".[494]

¿Y qué sucedió con los pecados del ladrón que le suplicó a Jesús que se acordara de él cuando le dijo a Jesús: "… acuérdate de mí cuando vengas en tu reino?". [495] Al suplicante no le dijo Jesús que después de que saliera del purgatorio lo aceptaría en Su reino. ¡No se le exigió una purificación antes de entrar en el Reino de Jesucristo! Sino que, Jesús le dijo: "Hoy estarás conmigo en el Paraíso".[496]

El autor de la epístola a los Hebreos dice que el Señor Jesús "con una sola ofrenda hizo perfectos para siempre a los que ha santificado".[497] La salvación no es por obras ni por una limpia en un lugar como el ilusorio y terrible purgatorio. Jesucristo, perdona, salva y limpia inmediatamente una vez y para siempre.

No, definitivamente no. Un lugar no puede tomar el lugar de Jesucristo para limpiarnos de toda maldad; un lugar no puede purificarnos de nuestros pecados. Entonces, Pastor, ¿qué dice la Biblia sobre

---

[494]   Samuel Vila. *El dogma del purgatorio*. (La Habra, California. Internet. Artículo publicado el 27 de junio del 2012 por Juan Valles. Consultado el 30 de septiembre del 2021), ¿? https://edf.org.ve/el-dogma-del-purgatorio/

[495]   Lucas 23:42, (NVI).

[496]   Lucas 23:43, (RV, 1960).

[497]   Hebreos 10:14, (RV, 1960).

este asunto doctrinal? *Primeramente*, debemos hacer notar que la Biblia no habla de un purgatorio como un destino de los pecadores. En *segundo* lugar, el apóstol Juan dijo: "La sangre de Jesucristo, su Hijo, nos limpia de todo pecado". Y luego agrega diciendo que "si confesamos nuestros pecados, podemos confiar en que Dios, que es justo, nos perdonará nuestros pecados y nos limpiará de toda maldad".[498] Es Jesucristo el que nos quita todo pecado y nos deja justificados ante Dios, ¡No es un lugar llamado purgatorio! ¡Es Jesucristo!

Otra barrera mental y espiritual para no creer al mensaje de Dios que se encuentra en la Biblia es la idea del chivo Azazel como co-redentor con Cristo. Esta doctrina es una herejía de la *Iglesia Adventista*. Esta enseñanza dice que "sobre Satanás son puestos los pecados de la humanidad, haciendo de Satanás co-redentor con Jesucristo".[499] La profetiza de la Iglesia Adventista, la señora Elena H. White afirma que: "Se ha visto también que si bien la ofrenda por el pecado señalaba hacia Cristo y su sacrificio, y el sumo sacerdote representaba a Cristo como mediador, el macho cabrío expiatorio tipificaba a

---

[498] I Juan 1:7, (RV, 1960; 1:9, (DHH).

[499] Juan Valles. *Azazel: la herejía adventista sobre el macho cabrío.* (La Habra, California. Internet. Artículo publicado el 6 de enero del 2019. Consultado el 1 de octubre del 2021), ¿? https://edf.org.ve/adventistas-macho-cabrio-y-otro-redentor-azazel/

Satán, el autor del pecado, sobre quien los pecados del verdadero penitente son finalmente cargados".[500]

¡Otra vez, no! ¡Por supuesto que no! Un animal como lo era el chivo llamado Azazel o cualquier o cualquier otro animal no puede ser y nunca lo ha sido co-redentor con Cristo Jesús. ¡Jesucristo es el UNICO Redentor de nuestros pecados! Ni un chivo ni otro animal como los sacrificados en la santería pueden limpiarte de tus pecados. ¡Solo Jesucristo lo puede hacer! Él es el Cordero de Dios que fue sacrificado para pagar tus pecados. ¡Él y NADIE más!

La Biblia nos provee el material para romper con las barreras mentales y espirituales que nos impiden creer al mensaje de Dios. El apóstol Pablo oró pidiendo que los 'ojos de los corazones' de los efesios pudieran ser iluminados o 'llenos de luz'. Esto solo puede significar que el Espíritu de Dios revela sus cosas a los 'ojos de nuestro corazón', dándonos, por decirlo así, 'lecciones graficas' para enseñarnos las cosas que Dios quiere que entendamos".[501]

Ahora bien, si tenemos que pensar en una expectativa externa, entonces pensemos en las palabras del apóstol Pablo que he mencionado. Él les

---

[500] Juan Valles. *Azazel: la herejía adventista sobre el macho cabrío.* (La Habra, California. Internet. Artículo publicado el 6 de enero del 2019. [The Great Controversy, p. 422]. Consultado el 1 de octubre del 2021), ¿? https://edf.org.ve/adventistas-macho-cabrio-y-otro-redentor-azazel/

[501] Jessie Penn Lewis. *Los cielos fueron abiertos.* Trd. Samuel Vila. (Terrassa, Barcelona, España. Editorial CLIE. 1984), 7

dijo a los hermanos de Éfeso: "No ceso de dar gracias por ustedes, mencionándolos en mis oraciones; … para que los ojos de sus corazones sean iluminados, y puedan así comprender cual es la esperanza de su llamado, y cuál es la riqueza de la gloria de la herencia de El para los santos".[502]

Lo que el apóstol Pablo dijo es que tú y yo necesitamos una experiencia personal con Jesucristo. Esto es un abrir los ojos de nuestros corazones para ver el poder, la gracia y la misericordia de Jesucristo, de esta manera, no solo podremos comprender cual es la esperanza que tenemos en Cristo Jesús, sino que también podemos ver su gloria.

El apóstol Juan, dijo: "Y vimos su gloria, gloria como la del Hijo lleno de gracia y de verdad".[503] Él tuvo una experiencia personal con Jesucristo. Yaqueline y su bebe no pudieron pisar la tierra de Estados Unidos de América ni experimentar la libertad que nosotros tenemos. De igual manera, aunque las visiones externas te pueden anunciar de que existe algo espiritual más allá de lo que conocemos, puede que llegue el viento y desaparezca la visión; aunque exista un lugar imaginario como el purgatorio de Dante Alighieri en la *Divina Comedia*, ese se ha quedado en la literatura clásica, y aunque

---

[502] Efesios 1:16, 18, (*Biblia Peshitta en español. traducción de los Antiguos Manuscritos Arameos.* (Nashville, Tennessee. Holman Bible Publishing. 2006), 1302.

[503] Juan 1:14, (RV, 1960).

supuestamente exista un animal que sea co-redentor con Cristo Jesús, esa es una herejía en contra del mismo Redentor Jesucristo. Aunque exista esto y mucho más, nadie te asegurará el perdón de tus pecados; nadie te asegurara una eternidad con Dios. Sin embargo, una experiencia personal con Jesucristo no solo te perdonará tus pecados, sino que también te hará entender que en Jesucristo existe una seguridad eterna.

Lo exterior te hará entender que existe un Dios que te ama y desea lo mejor para ti, pero la experiencia personal con Jesucristo te asegurará que en verdad Dios te ama y desea tener comunión contigo.

Así que, te pregunto, ¿has tenido una verdadera experiencia con Dios? ¿Es Dios el que vive en tu persona o es una imaginación de Dios? ¿Es Jesucristo el que ha perdonado tus pecados o es un lugar o un animal que lo ha hecho? El apóstol Pedro dijo que: "¡En ningún otro hay salvación! Dios no ha dado ningún otro nombre bajo el cielo, mediante el cual podamos ser salvos".[504] ¡Solo en Jesucristo!

II.- TU "YO", PUEDE CEGARTE.

Con un espíritu de superioridad, los fariseos que estaban frente a Jesús y le escucharon decir: "—Yo he venido a este mundo para juzgarlo, para que los

---

[504] Hechos 4:12, (NTV).

ciegos vean, y los que ven se queden ciegos",[505] de inmediato, con ese espíritu de un "Yo" muy profundo, le preguntaron a Jesús en forma burlona: "—¿Qué? ¿Acaso también nosotros somos ciegos?".[506] Por favor, notemos seriamente la respuesta de Jesús: "Jesús les contestó: —Si fueran ciegos, no serían culpables de pecado, pero, como afirman que ven, su pecado permanece".[507] ¡Ah, ese "Yo"! ¡puede llevarte a la ceguera espiritual! "Si aquellos fariseos hubiesen confesado que eran espiritualmente ciegos, habrían sido sanados, es decir, sus pecados habrían sido borrados y estarán libres de culpa. Pero como no reconocieron que eran ciegos, continuaron teniendo culpa".[508]

"La hija de Billy Graham fue entrevistada en uno de los programas mañaneros y Jane Clayson le preguntó '¿Cómo puede permitir Dios que algo como los ataques del 911, la destrucción de las Torres Gemelas, los ataques terroristas, las balaceras en las escuelas, los huracanes, los sismos y los terremotos ocurran?'.

Ana Graham con mucha perspicacia le contesto: 'Dios está más conmovido con todo esto que nosotros

---

[505] Juan 9:39b, (NVI).

[506] Juan 9:40b, (NVI).

[507] Juan 9:41, (NVI).

[508] Nota de pie de página en la Biblia de Estudio Esquematizada. (Brasil. Sociedades Bíblicas Unidas. 2010), 1581

mismos, pero como por años le hemos estado pidiendo que salga de nuestras escuelas, que salga de nuestro gobierno y que salga de nuestras vidas, y siendo el un Caballero, poco a poco ha ido dándonos gusto y alejándose de nosotros.

¿Cómo podemos esperar bendición y protección de parte de Dios si le exigimos con cada uno de nuestros actos que se aleje?'."[509] Pensamos mas en nosotros que en los demás; pensamos más en nosotros que en los Decretos Bíblicos; pensamos más en nosotros que en el bien de la humanidad. ¡Somos egoístas! El pecado nos ha cegado y nos incita contra la oración a Dios, nos desalienta para leer la Biblia, nos pone cosas interesantes para no asistir a la iglesia, nos vuelve rebeldes contra Dios mismo.

Tu "Yo" puede cegarte a la verdad de Dios y hacerte creer que la moralidad en la que vivimos es lo más correcto; te puede hacer creer que es una vida adecuada a nuestro tiempo. Tu "YO" te puede cegar a los hechos históricos ya sean estos de la Historia Universal o de los relatos bíblicos. Tu "YO" te puede llevar a negar los hechos científicos y teológicos/bíblicos. El socialista ingles Samuel Birley Rowbotham escribio un libro titulado:

---

[509] Programa Mañanero. Entrevista a Ana Graham. (La Habra, California. Internet. Correo electrónico de Raquel Herrera a Eleazar Barajas. Correo enviado el 24 de septiembre del 2021. Consultado el mismo día, mes y año), ¿? https://www.messenger.com/t/100001372382567

Zetetic Astronomy: The Earth Not a Globe bajo el pseudónimo de 'Parallax."[510] Si el escribió esta teoría con un seudónimo, me da la impresión de que el estaba seguro de que su teoría era una mera novela de ciencia ficción.

Es verdad que entre los caldeos la idea de la tierra como una circulo plano era popular, lo mismo en la India y Egipto. El filosofo Tales de Mileto también creía que la tierra era plana. En los tiempos de los helenistas; el tiempo llamado en la Historia Bíblica: *Periodo Intertestamentario,* se descubrió que la tierra era redonda. "La circunferencia de la Tierra fue medida hacia el 240 a. C. por el científico griego Eratóstenes. Supo que en la ciudad de Siena (hoy Asuán), en Egipto, la luz del Sol caía perpendicular durante el solsticio de verano, mientras que la sombra creada por el sol en Alejandría estaba en un ángulo aproximado de 1/50° de círculo. Estimó la distancia en línea recta entre Siena y Alejandría en unos 5000 estadios, lo que le permitió calcular la circunferencia de la Tierra en unos 252 000 estadios, y cada arco de grado en 700 estadios. Aunque Eratóstenes empleó aproximaciones bastante amplias, dependiendo de la longitud que aceptemos para un *stadion,* su resultado está dentro de un margen de entre un 2 y un 20 %

---

[510]   Wikipedia, la enciclopedia libre. *Samuel Birley Rowbotham.* (La Habra, California. Internet. Consultado el 29 de diciembre del 2021), ¿? https://es.wikipedia.org/wiki/Samuel_Birley_Rowbotham

de los valores calculados hoy en día".[511] Es decir que "el científico griego Eratóstenes consiguió medir el perímetro terrestre. Con una gran aproximación, alcanzó la cifra de 40000 Km. Hoy en día se sabe que es de 40 mil 075 Km en el ecuador".[512]

¿Te das cuenta? ¡Tu "¡YO", puede cegarte! Puede hacerte creer cosas e ideas que son meras teorias o mitos y volverte incrédulo a los hechos científicos como fueron los filósofos Tales de Mileto y Demócrito que, a pesar de los hechos, siguieron creyendo que la tierra era plana. Ante los datos científicos, su "Yo" los cegó para no ver la verdad.

Esto es lo mismo que sucede con la verdad bíblica. Los lideres judíos fueron testigos de los milagros de Jesús; sus enseñanzas eran profundas, aunque era un hombre de Nazaret de Galilea, un lugar considerado como sin cultura o educación. Cuando el liderazgo judío quería apresar y condenar a Jesús, "Nicodemo, el líder que había ido a ver a Jesús, les preguntó: —¿Es legal condenar a un hombre antes de darle la oportunidad de defenderse? —. ¿También tú eres de Galilea? —contestaron ellos—. Estudia las

---

[511]   Wikipedia, la enciclopedia libre. *Tierra plana*. (La Habra, California. Internet. Consultado el 29 de diciembre del 2021), ¿? https://es.wikipedia.org/wiki/Tierra_plana#:~:text=La%20idea%20de%20una%20%22Tierra%20plana%22%20se%20refiere,ingl%C3%A9s%20Samuel%20Birley%20Rowbotham.%201%20%E2%80%8B%202%20%E2%80%8B

[512]   PorLaEducacion. *¿Cuál es la medida de la circunferencia de la tierra?* (La Habra, California. Internet. Consultado el 29 de diciembre del 2021), ¿? https://www.porlaeducacion.mx/la-medida-la-circunferencia-tierra/

Escrituras y compruébalo tú mismo: jamás ha salido un profeta de Galilea".[513] Su "Yo" les impidió ver la verdad mesiánica en Jesucristo.

¿Qué te impide a ti ver la verdad de Dios?

III.- LA IDEA O CONCEPTO DE UN DIOS LEJANO.

Con el relato bíblico de Jacob y la escalera hacia el cielo se podría pensar en que Jacob tuvo la experiencia de un Dios lejano. La Biblia dice que Jacob, después de engañar a su padre Isaac y de haberle robado la primogenitura a su hermano Esaú, "Salió … de Beerseba, y fue a Harán. Y llegó a un cierto lugar, y durmió allí, porque ya el sol se había puesto; y tomó de las piedras de aquel paraje y puso a su cabecera, y se acostó en aquel lugar. Y soñó: y he aquí una escalera que estaba apoyada en tierra, y su extremo tocaba en el cielo; y he aquí ángeles de Dios que subían y descendían por ella. Y he aquí, ***Jehová estaba en lo alto de ella***, el cual dijo: Yo soy Jehová, el Dios de Abraham tu padre, y el Dios de Isaac; la tierra en que estás acostado te la daré a ti y a tu descendencia".[514] Aceptemos que Jacob vio a un Dios lejano; allá en donde llegaba el otro extremo de la escalera, llamemos a ese lugar el Trono de Dios.

---

[513]   Juan 7:50-52, (NTV).

[514]   Genesis 28:10-13, (RV, 1960). Las **bolds** e *itálicas* son mías.

Sin embargo, en el dialogo entre Jesús y Natanael, notamos unas palabras interesantes. Jesús les dijo a Natanael, y a Felipe: "—Ciertamente les aseguro que ustedes verán abrirse el cielo, y a los ángeles de Dios subir y bajar *sobre el Hijo del hombre*".[515] Otra versión dice: "Ahora en adelante vais a ver que se abre el Cielo, y que los ángeles de Dios ascienden y descienden por el Hijo del Hombre".[516] Al parecer, esta declaración "afirma que el Hijo el Hombre es la verdadera escalera que une la tierra con el cielo".[517] Natanael estaba asombrado de que Jesús lo conociera aun antes de verlo. Y para asombrarlo más, Jesús, hace referencia a la escalera de Jacob. "Era como decirle: 'Natanael, yo puedo hacer mucho más que leer tu corazón. Puedo ser para ti y para todos el verdadero Camino, la escalera que conduce al Cielo'. Es por Jesús, y solo por El, como las almas pueden escalar el camino que conduce al Cielo".[518]

El apóstol Pablo le dijo al pastor Timoteo que había "... un solo Dios y *un solo mediador entre Dios y los hombres*, Jesucristo hombre".[519] La expresión que usa Juan es Hijo de Hombre, es la expresión que

---

[515]   Juan 1:51, (NVI). Las **bolds** e *itálicas* son mías.

[516]   William. Barclay. *Comentario al Nuevo Testamento: Volumen 5: JUAN I.* (Terrassa (Barcelona), España. Editorial CLIE. 1995), 112.

[517]   Nota de pie de página en la *Biblia de Estudio Esquematizada.* (Brasil. Sociedades Bíblicas Unidas. 2010), 64.

[518]   William. Barclay. *Comentario al Nuevo Testamento: Volumen 5: JUAN I.* (Terrassa (Barcelona), España. Editorial CLIE. 1995), 114.

[519]   I Timoteo 2:5, (NVI). Las **bolds** e *itálicas* son mías.

el mismo Jesús usó para referirse a sí mismo. De esa manera, los discípulos, los cuales eran los más cercanos a Jesús, pudieron ver la gloria de Dios en Jesús. ¿Por qué?, porque: "La comunicación entre el cielo y la tierra es posible en Cristo y por El. Juan sustituye la escala que vio Jacob por el Hijo del Hombre. El Hijo del Hombre está en el cielo y en la tierra (3:13) y baja para dar vida al mundo (6:27, 53), volviendo a subir a su gloria (6:62), hecha la redención y cumplida la reconciliación".[520]

No, ¡Dios no está muy lejos de nosotros! Está tan cerca como el aire que respiramos y en el caso de los cristianos está en nosotros. La otra experiencia de Jacob nos asegura esta verdad. Jacob, regresó a su tierra. En el trayecto, en un lugar llamado Peniel, tiene una lucha cuerpo a cuerpo con un ser desconocido para Jacob. Aquella noche durmió en el campamento, pero: "Aquella misma noche Jacob se levantó, tomó a sus dos esposas, a sus dos esclavas y a sus once hijos, y cruzó el vado del río Jaboc. Una vez que lo habían cruzado, hizo pasar también todas sus posesiones, quedándose solo. Entonces un hombre luchó con él hasta el amanecer".[521] Como dije, fue una lucha cuerpo a cuerpo, pues, Jacob lo tenía agarrado con tanto fuerza como podía a tal

---

[520]   Samuel Pérez Millos. *Comentario exegético al texto griego del Nuevo Testamento. JUAN.* (Viladecavalls (Barcelona), España. Editorial CLIE. 2016), 233-234.

[521]   Genesis 32:22-24, (NVI).

grado que el personaje que la Biblia llama el Ángel de Jehová, le suplicó que lo soltara porque ya estaba amaneciendo. ¿Se dan cuenta? Al parecer la lucha fue por horas.

Así que cuando ya estaba amaneciendo, "... el hombre le dijo: —¡Suéltame, que ya está por amanecer! —¡No te soltaré hasta que me bendigas! —respondió Jacob. —¿Cómo te llamas? —le preguntó el hombre. —Me llamo Jacob —respondió. Entonces el hombre le dijo: —Ya no te llamarás Jacob, sino Israel, porque has luchado con Dios y con los hombres, y has vencido".[522] ¡Dios estaba allí! ¡El no está lejos de nosotros! La idea o concepto de un Dios lejano es algo erróneo. La Biblia no enseña tal idea.

Lo que sí enseña la Biblia es que: "La lucha de Jacob con un hombre misterioso (v.24) a la orilla del río Jaboc cambió el rumbo de su vida. Después de esto, dejó de ser Jacob, el que engaña (véase Génesis 27:36, n.), y se convirtió en Israel, el padre de las doce tribus. A partir de ese momento, el pueblo escogido será llamado 'el pueblo de Israel'."[523] La cercanía con Dios produce cambios. Jesús llegó a este mundo para hacer directamente cambios en las personas y

---

[522] Genesis 32:26-28, (NVI).

[523] Comentario en la *Biblia de Estudio Esquematizada*. (Brasil. Sociedades Bíblicas Unidas. 2010), 71.

aun en la historia, pues su venida dividió la Historia en a.C. y d. C.

Deja que Dios, quien está contigo, te bendiga. No trates de luchar con el. No sea que te hiera en la cadera para que puedas entender que cuando el dije una cosa, lo dice con propósito.

Pues bien, en estos relatos notamos algo interesante. En el desierto, Dios se le apareció a Jacob en lo alto, en el extremo de la escalera, entre las nubes, pero, en Peniel, existe un Ser muy cercano a Jacob, tan cercano que luchan cuerpo a cuerpo. Es decir, en esta segunda historia, "El Señor desciende a Jacob y se le acerca para un encuentro más personal. En Betel vio al Señor en la cumbre de la escalera, pero en Peniel el Hombre Divino luchó con el hasta que Jacob termino quebrantado o lisiado como hombre.

Otra de las lecciones que notamos en esta segunda experiencia de Jacob es que recibió una marca de por vida. La lesión de Jacob fue en su cadera, el Ser Divino "le tocó el tendón del muslo"[524] el cual se contrajo y, Jacob cojeo a causa de esta herida el resto de su vida. ¡Esta fue la marca de su contacto personal con Dios! ¿Cuál es tu marca? ¿Cómo te distingues de las demás personas? ¿Oh, eres igual que todo el mundo?

---

[524] Génesis 32:25.

Tú puedes decir, si, yo conozco Betel. Y recuerdo el momento en que el Señor me revelo la puerta de acceso hacia Él, recuerdo cuando me puso la escalera espiritual entre la tierra y el cielo. Pero confieso que, para mí, hasta este momento, las cosas han transcurrido como si Dios estuviera arriba, en el cielo, y yo abajo en la tierra. La idea o concepto de que Dios está allá arriba nos hace pensar que Dios está tan lejano que no se acuerda de nosotros, o que no se preocupa de nosotros o que, sencillamente no puede llegar hasta nosotros, pero recuerda que esa es una idea errónea; Dios está más cerca de ti de lo que te imaginas.

CONCLUSIÓN.

¿Qué puede cegarte al mensaje de Jesucristo? *Primero: La expectativa externa.* Aquello que te causa admiración o sorpresa en tu medio ambiente. *Segundo*: *Tu "YO"*, aquello que te hace pensar que tú eres hasta más grandes y sabio que el mismo Dios. Y, *tercero*: *La idea o concepto de un Dios lejano.* De un dios – con minúscula – que está tan lejano de ti que no tiene ni el poder ni la oportunidad de ayudarte. No querer reconocer que necesitamos un volver a Dios, es peligroso.

La verdad es que Dios está tan presente en tus actividades que ni siquiera te das cuenta de ello. El

Señor está tan activo en tu vida pero que, tu ceguera espiritual no lo puede ver. Jesucristo es el Señor de este mundo, y está muy cerca de todo lo que acontece, pero, tu ceguera espiritual no puede ver sus milagros y por ello, al igual que los fariseos del tiempo de Jesús, por la ceguera espiritual se está rechazando a Dios cada día más y más.

Por causa de la ceguera de los lideres religiosos y políticos del tiempo de Jesús, Jerusalén fue destruida en el año setenta por las ordenes el General Tito. Jerusalén quedó en ruinas.

No querer ver y sentir la presencia de Dios es peligroso física y espiritualmente. No querer reconocer que necesitamos un volver a Dios, es peligroso porque: "¡NINGUNA NACIÓN O PUEBLO PUEDE SOBREVIVIR O PROGRESAR SIN DIOS"![525]

---

[525]   Programa Mañanero. *Entrevista a Ana Graham*. (La Habra, California. Internet. Correo electrónico de Raquel Herrera a Eleazar Barajas. Correo enviado el 24 de septiembre del 2021. Consultado el mismo día, mes y año), ¿? https://www.messenger. com/t/100001372382567

¿CONOCES LA VOZ DE TU PASTOR?

"Entonces Jesús dijo: 'Les aseguro que el que no entra en el redil de las ovejas por la puerta es un ladrón y un bandido. Pero el que entra por la puerta es el pastor que cuida las ovejas. El portero le abre la puerta, y el pastor llama a cada oveja por su nombre, y las ovejas reconocen su voz; la saca del redil, y cuando ya han salido todas, camina delante de ellas, y las ovejas lo siguen porque reconocen su voz. ... Yo soy el buen pastor. Así como mi Padre me conoce a mí y yo conozco a mi Padre, así también yo conozco a mis ovejas y ellas me conocen a mí'."

Juan 10:1-4; 14, (DHH).

INTRODUCCIÓN

El pastor y conferenciante Fred H. Wight en su libro titulado: *Usos y costumbres de las tierras bíblicas,* dice que: "Desde los tiempos de Abraham hasta la actualidad (1953), han abundado las ovejas en la Tierra Santa. A través de las centurias, los árabes de las tierras bíblicas grandemente dependieron de las ovejas para su vida. Los judíos de los tiempos de la Biblia fueron primeramente pastores y agricultores, pero nunca abandonaron por completo la vida pastoril. El gran número de ovejas que se crían en la tierra puede entenderse cuando se piensa que Job tenía catorce mil ovejas (Job 42:12), y el rey Salomón en la dedicación del templo sacrificó ciento veinte mil ovejas (I Reyes 8:63)".[526]

En los tiempos del Señor Jesús la vida pastoril era practicada y muy conocida por todos los habitantes de Palestina y los países vecinos como Arabia y Siria. Así que las palabras dichas por Jesucristo en Juan 10:1-4; 14, fueron muy bien comprendidas por sus oyentes. Ellos entendieron y nosotros podemos aprender de ellas por lo menos tres cosas muy importantes: Primero, lo que era una redil, segundo; que las ovejas conocen la voz de su pastor y tercero; que no solo conocen la voz de su pastor sino que son capaces de distinguirla de entre otras voces pastoriles. Estudios estos puntos de una manera muy breve.

---

[526]   Fred H. Wight. *Usos y costumbres de las tierras bíblicas.* Trd. Godofredo González. (Grand Rapids, Michigan. Editorial Portavoz. 1981), 159.

I.- EL REDIL.

"El diccionario de la Real Academia Española (RAE) define al redil como un aprisco que, a través de listones, palos, mallas o redes, se encuentra cerrado. Un aprisco, por su parte, es un terreno que permite a los pastores reunir a los animales y protegerlos. Los rediles, por lo tanto, sirven para resguardar a las cabras, las ovejas y las vacas y así cuidarlas de los ataques de animales salvajes o de posibles ladrones".[527]

En las tierras bíblicas existían, me supongo que todavía existen, tres clases de rediles. El redil simple e improvisado. Una construcción temporal que se hacía cuando se estaba lejos el hogar; era algo movible y fácil de armar y desarmar. Por lo general, en este hogar improvisado, el pastor dormía con sus ovejas. El segundo era un corral conectado con una caverna o cueva. Eran lugares en donde las ovejas se refugiaban de los vientos tempestuosos. Generalmente eran construidos con piedras y en forma circular. El tercer redil es más permanente. Era en este lugar en donde las ovejas estaban bien protegidas de los cambios climáticos. Eran casas de doble piso; en el primer piso dormían las ovejas y en el segundo el pastor con su familia.[528]

---

[527] Redil. *Definición de redil.* (La Habra, California. Internet. Consultado el 8 de octubre del 2021), ¿? https://definicion.de/redil/

[528] Fred H. Wight. *Usos y costumbres de las tierras bíblicas.* Trd. Godofredo González. (Grand Rapids, Michigan. Editorial Portavoz. 1981), 165-166.

Siguiendo esta práctica pastoril, "… Jesús dijo – a su audiencia -: 'Les aseguro que el que no entra en el redil de las ovejas por la puerta es un ladrón y un bandido'."[529] Pastor, ¿qué podemos aprender de estas palabras? Bueno, en el mundo espiritual, a nivel general, solamente existen dos grandes tipos de rediles: El mundo y la Iglesia Cristiana. Cuando hablo de la Iglesia Cristiana no me refiero a la iglesia física, sino a la iglesia espiritual, me refiero a la Iglesia Universal. Es decir, que me refiero a los redimidos por Cristo Jesús a nivel mundial. Me refiero a los que han aceptado a Jesucristo como Su Salvador personal. Me refiero, pues, a los que hemos sido rescatados de la esclavitud del pecado y Satanás por la Obra Redentora y justificadora de Jesucristo a través de la historia y de los que serán salvos. ¡Esta es la verdadera Iglesia Cristiana! ¡Este es el Rebaño que reconoce la voz de Su Pastor!

El otro gran redil es el mundo en donde existen un sin número de rediles controlados por el príncipe de este mundo; me refiero a Satanás. Un redil en el que el pastor general es un desalmando y cruel cuidador que llevará a sus seguidores – a sus ovejas – a un lugar nada agradable. Algunos le llaman *Tormento Eterno;* otros le llaman *Infierno;* Otros lo conocen con el nombre de *Lago de Fuego*. Otros lo conocen con el nombre de *Separación eterna de Dios.* No

---

[529] Juan 10:1, (NVI).

importa el nombre. Lo que sí importa es que ese pastor es un "ladrón y bandido o salteador"[530] que se roba las almas de las personas para separarlas de Dios eternamente.

La pregunta entonces es: ¿En cuál redil prefieres estar? En el redil del mundo en donde no existe un futuro glorioso sino de lloro y lamentos eternos o, prefieres estar en el Redil de Jesucristo en donde tendrás todo el cuidado necesario y al final una vida agradable; una vida en donde puedes y podrás contemplar la Gloria de Dios en la persona de Su Pastor. ¡En el Buen Pastor llamado Jesucristo! Tú decides en que redil vivirás hoy y para siempre.

II.- CONOCEN SU VOZ.

Un problema que se encuentra en las tierras bíblicas es el agua, Palestina tiene mucho terreno desértico, así que es necesario hacer pozos para abastecerse de agua. "En Palestina, a través de los años, en muchos casos se ha estado dependiendo de pozos para el agua, y a menudo los pozos se encuentran localizados fuera de los muros de la ciudad, pero otras veces el pueblo tiene la fortuna de tenerlos dentro del pueblo".[531] En Juan capítulo

---

[530]   Juan 10:1, (NVI y RV, 1960).

[531]   Articulo sin nombre del autor. *Acopio de Agua en Palestina.* (La Habra, California. Internet. Consultado el 8 de octubre del 2021), ¿? http://vidayverdad.weebly.com/ uploads/4/0/4/5/4045682/28_acopio_de_agua_en_palestina.pdf

4:1-8 se habla del pozo de Jacob que estaba fuera de la ciudad de Sicar en Samaria.

Posiblemente la ciudad de *Sicar* sea la actual *Ascar*, una aldea situada como a un kilómetro al norte del pozo de Jacob.[532] Es decir que este pozo estaba algo retirado de la aldea.

Pues bien, en algunas ocasiones los pastores llevaban a sus rebaños hacia los pozos fuera de la ciudad para darle agua. En ocasiones se juntaban más de dos rebaños al mismo tiempo; las ovejas de mezclaban entre sí. Ahora bien, ¿Cómo saber cuáles son de un pastor y cuáles son las de los otros pastores? Bueno, cuando ya han tomado el agua; cuando ya han saciado su sed, llega el tiempo cuando "es necesario separar las ovejas para que cada una se junte con su pastor, los pastores se paran y gritan: '¡Ta júuu! Ta ¡júuu!' u otra llamada similar propia de ellos. Las ovejas levantan la cabeza, y después de una revoltura general, principian a seguir cada una a su pastor".[533]

¿Por qué siguen esta conducta? Porque "están enteramente familiarizadas con el tono de voz de su pastor".[534] Jesucristo dijo: "Y cuando ha sacado fuera todas las propias, va delante de ellas; y las ovejas le

---

[532]   Nota de pie de página en la *Biblia de Estudio Esquematizada*. (Brasil. Sociedades Bíblicas Unidas. 2010), 1566.

[533]   Fred H. Wight. Usos y costumbres de las tierras bíblicas. Trd. Godofredo González. (Grand Rapids, Michigan. Editorial Portavoz. 1981), 167.

[534]   Fred H. Wight. *Usos y costumbres de las tierras bíblicas*. Trd. Godofredo González. (Grand Rapids, Michigan. Editorial Portavoz. 1981), 167.

siguen, porque conocen su voz. Mas al extraño no seguirán, sino huirán de él, porque no conocen la voz de los extraños".[535] Me pregunto si tú conoces la voz del Pastor de los Pastores; me pregunto si tú conoces el tono de voz de Jesucristo; me pregunto si tú puedes distinguir la voz de Jesucristo entre tantas otras voces de los que se dicen ser pastores pero que son "lobos encapuchados". Hermano, hermana, ¿conoces tú el tono de voz de Jesucristo?

III.- ENTRE OTRAS VOCES.

En cumplimiento de la profecía de Isaías 40:3, Juan Bautista, cuando le preguntaron: "¿Tú quién eres?", dio su testimonio de su llamamiento al servicio de Dios, diciendo: "Yo no soy el Cristo. Y le preguntaron: ¿Qué pues? ¿Eres tú Elías? Dijo: No soy. ¿Eres tú el profeta? Y respondió: No. Le dijeron: ¿Pues quién eres? para que demos respuesta a los que nos enviaron. ¿Qué dices de ti mismo? Dijo: Yo soy la voz de uno que clama en el desierto: Enderezad el camino del Señor, como dijo el profeta Isaías".[536]

Juan Bautista estaba seguro de quien era y no mintió ni se alabó a si mismo de quien era. Ni se hizo pasar por el Cristo ni por el profeta Elías, ni por el gran profeta que esperaban. Sencillamente testificó diciendo que Dios lo había llamado para preparar el

---

[535] Juan 10:4-5, (RV, 1960).

[536] Juan 1:19-23, (RV, 1960).

camino del Salvador del mundo en cumplimiento de la Palabra de Dios dicha al profeta Isaías. Es decir que, Juan el Bautista, además de que sabía quién era, también estaba centrado en el mensaje que escuchó de Dios. En este sentido, puedo decir que Juan conocía muy bien la voz de Dios.

En nuestra época hemos escuchado acerca del concepto híbrido. "Este vocablo proviene del latín *"hybrida"* y su significado indica la mezcla de dos razas diferentes, esta definición se remonta a la antigua roma donde llamaban de este modo a aquellos sujetos que provenían de la unión entre dos personas cuyo linaje no era el mismo, es decir, eran originarios de sitios distintos, uno era romano y el otro extranjero, o provenían de dos clases sociales distintas como los patricios y la plebe, o cualquier otra combinación posible, el resultado de esta unión era un ser humano denominado híbrido el cual era despreciado por el resto de la sociedad ya que ese tipo de mixtura no eran bien vistas en la alta sociedad de los romanos, es a lo que hoy en día algunos llaman mixtos o bastardos".[537]

Tenemos varios ejemplos de lo que es un hibrido. Uno de ellos es el ligre. "Un ligre, es un animal que nace cuando un león se cruza con una tigresa. Este híbrido se asemeja a un león de gran tamaño con

---

[537] Híbrido. *Concepto/Definición.* (La Habra, California. Internet. Publicado por: Redacción. (Última edición:31 de enero del 2021). Definición de Híbrido. Recuperado de: https://conceptodefinicion.de/hibrido/. Consultado el 9 de octubre del 2021), ¿? https://conceptodefinicion.de/hibrido/

rayas de tigre; en el caso de los machos, los ligres cuentan con melena, como los leones.

En el terreno de las plantas, se llama colinabo o nabicol a una especie comestible surgida por el cruce del nabo y el repollo.

Un vehículo híbrido, es aquel que puede movilizarse con electricidad o con combustible".[538]

Cuando comenzamos a escuchar otras voces de los dirigentes de los Otros Rebaños espirituales, no perdemos la fe en Dios, pero sí la dividimos; es decir, ya no es solo la fe hacia Dios sino también a la Otra Voz que estamos escuchando. Al igual que las ovejas en el pozo de agua, cuando escuchan la voz de su pastor levantan la cabeza, levantan sus orejas y sus ojos pueden ver a su pastor y lo siguen aun cuando están escuchando las otras voces de los otros pastores y aun cuando ven que las Otras Ovejas están siguiendo a los otros pastores. Cada una conoce la voz de su Pastor.

¿Cuál es el peligro? Creo que el mayor peligro es dejarse conducir por lo que dicen las Otras Voces creyendo que ambas son la verdad absoluta. Al seguir la Otra Voz, llegan al Redil equivocado. Esto es lo que yo llamo el concepto hibrido espiritual. Dentro del cristianismo tenemos diferentes tipos de

[538]   Julián Pérez Porto y María Merino. *Definición de híbrido.* (La Habra, California. Internet. Artículo publicado: 2018. Actualizado: 2020. Consultado el 9 de octubre del 2021), ¿? https://definicion.de/hibrido/

voces; palabras, teologías y filosofías que pueden convertirnos en cristianos híbridos.

Pastor, ¿de qué está hablando? Estoy diciendo que podemos escuchar las Otras Voces, que algunas de ellas no son voces malas, pero que sí son voces atrayentes; voces que satisfacen la comezón que tenemos de escuchar algo nuevo. El apóstol Pablo le dijo al pastor Timoteo: "Porque va a llegar el tiempo en que la gente no soportará la sana enseñanza; más bien, según sus propios caprichos, se buscarán un montón de maestros que sólo les enseñen lo que ellos quieran oír. Darán la espalda a la verdad y harán caso a toda clase de cuentos".[539] ¡Aquí es en donde está el peligro de escuchar otras voces! ¡Nos apartan de la Voz de Jesucristo!

Cuando dije que algunas de ellas no son malas voces es porque usan la teología y la Biblia para abrir la boca y llamar a las ovejas. Esto no quiere decir que estén en lo correcto bíblicamente. Por ejemplo:

A.- *Tenemos las voces milenarias.*

"Agustín de Hipona (nació el 13 de noviembre del 354-Hipona, y murió el 28 de agosto del 430, d. C., fue un escritor, teólogo y filósofo cristiano). Agustín, explicó que de pronto todo el imperio romano se había hecho cristiano porque el 'milenio'

---

[539] I Timoteo 4:3-4, (DHH).

había llegado. ... Consideró que la paz que trajo el imperio romano al mundo político equivalía a la paz universal y milenaria".[540] Así que, de acuerdo con esta interpretación, el Reino Milenial ya sucedió.

Casi mil años después, el reformador de la Iglesia Católica, Martin Lutero no solo aceptó que el milenio ya era una realidad en su tiempo "sino que también ¡anunció el fin del mundo para el mes de febrero de 1524! ¿Por qué no? – Según Lutero - ¡Todo el país para ese entonces iba a estar cristianizado!".[541] El mundo ha llegado al año 2022 y ni se ha llegado su fin ni está cristianizado. Todavía existen muchas personas que están en el camino al infierno; son seres humanos que debemos de rescatar de la esclavitud del pecado y de Satanás.

En 1968, cuando yo era estudiante de teología en el *Seminario Bíblico* de la ciudad de Puebla, Puebla, México, el movimiento milenial estaba en su apogeo. Teníamos conferencias proféticas; los conferencistas nos leían la Biblia y nos aseguraban que ya estábamos por iniciar el Reino Milenial. Hacíamos veladas de oración. Llegábamos a la Capilla del Seminario, caíamos de rodillas suplicándole a Jesucristo que

---

[540] Dale "Eugenio" Heisey. *Más allá del protestantismo: Los dos reinos.* (Costa Rica. La Antorcha de la verdad: Publicadora la Merced. Mayo – junio 2015. Volumen 29. Número 3), 7.

[541] Dale "Eugenio" Heisey. *Más allá del protestantismo: Los dos reinos.* (Costa Rica. La Antorcha de la verdad: Publicadora la Merced. Mayo – junio 2015. Volumen 29. Número 3), 7.

nos librara de la Gran Tribulación que estaba por comenzar y que nos aceptara en Su Reino Milenial. De enero a diciembre del 1969, todo el año y todos los domingos, prediqué sobre la estructura del Dispensacionalismo Dispensacional y sobre el Dispensacionalismo Histórico. La voz y el tono de la Biblia, en realidad no los conocía. ¡Estábamos escuchando Otras Voces!

¡No! ¡No todo el que te abre la Biblia y te enseña cosas interesantes te está diciendo la verdad bíblica!

B.- El día y la hora final.

Hermano, hermana en Cristo, y tú que estás leyendo este libro, te invito a que escuches la Voz de Jesucristo; te invito a que reconozcas la Voz del Señor para que le puedas seguir por el Camino de la Verdad Absoluta. Cuando Jesucristo dijo que el "día y la hora, nadie lo sabe, ni siquiera los ángeles en el cielo, …".[542] ¡Es porque nadie lo sabe! Ni los escatólogos, ni los llamados profetas contemporáneos, ni los llamados apóstoles que se creen la crema y nata de la sabiduría divina, ni los brujos con todos sus hechizos, ni los adivinos con sus diferentes cartas adivinatorias, ni los astrólogos y sus cartas astrológicas y, mucho menos los charlatanes: ¡Nadie sabe en qué día y a qué hora será el fin del mundo!

---

[542] Mateo 24:36, (NVI).

Si escuchas este tipo de voces, ten por seguro que no es la voz de Jesucristo.

C.- ¿Qué nos asegura la Biblia?

En cuanto al futuro, la Biblia nos asegura que: **Primero:** *Habrá gente burlona.* Pedro dijo: "Ante todo, deben saber que en los últimos días vendrá gente burlona que, siguiendo sus malos deseos, se mofará".[543] Se burlaran acerca de la Segunda venida de Jesucristo y de lo que dice la Biblia. ¡Y los tenemos!

Segundo: *Que habrá un caos mundial.* La Biblia dice que "el cielo y la tierra están guardados para el fuego, reservados para el día del juicio y de la destrucción de los impíos".[544] ¿Cuándo? ¡Solo Dios lo sabe! Así que no hagamos caso a las otras voces.

Tercero: *Que Jesucristo volverá por segunda vez a esta tierra.* Él dijo que volvería otra vez. Tiempo después, el apóstol Pedro dijo: "El Señor no tarda en cumplir su promesa, según entienden algunos la tardanza. Más bien, él tiene paciencia con ustedes, porque no quiere que nadie perezca, sino que todos se arrepientan".[545] ¡Cristo volverá otra vez! ¡No hagas caso de las otras voces que dicen que no volverá!

---

[543]   2 Pedro 3:1, (NVI).

[544]   2 Pedro 3:7, (NVI).

[545]   Juan 14:3, (RV, 1960; 2 Pedro 3:9, (NVI).

Cuarto: El Señor conoce tu nombre. Jesucristo dijo que el buen pastor no solo conoce a sus ovejas, sino que además "a sus ovejas llama por nombre".[546] Jesucristo es El Buen Pastor. Y como tu Pastor, Él te conoce perfectamente. Si eres oveja de Su Redil, tienes un maravilloso nombre puesto por el mismo Señor que te ha salvado o que quiere salvarte.

CONCLUSIÓN.

Pero, déjame preguntarte: ¿Conoces la voz de tu pastor? El conoce la tuya y por eso te escucha y te atiende. ¿Tú conoces la voz de él? "Cuando sabemos de las relaciones íntimas que existen entre el pastor y sus ovejas, la figura del Señor como Pastor de su pueblo adquiere un nuevo significado".[547] Un significado de comunión, de amor, de cuidado y de seguridad eterna.

Otras voces te prometen el cielo y la tierra; te prometen una prosperidad económica; Te prometen una espiritualidad que ni ellos mismos tienen; Te prometen una seguridad eterna de la cual ellos mismos no están seguros. ¡No atiendas a sus voces!

¿Conoces la voz de tu Pastor? Si la conoces, entonces, ¡Sigue al Buen Pastor! ¡Sigue a Jesucristo!

---

[546]   Juan 10:3, (RV, 1960).

[547]   Fred H. Wight. *Usos y costumbres de las tierras bíblicas.* Trd. Godofredo González. (Grand Rapids, Michigan. Editorial Portavoz. 1981), 168

¡SALVACIÓN ETERNA!

"Entonces los judíos lo rodearon y le preguntaron: —¿Hasta cuándo nos vas a tener en dudas? Si tú eres el Mesías, dínoslo de una vez.

Jesús les contestó: —Ya se lo dije a ustedes, y no me creyeron. Las cosas que yo hago con la autoridad de mi Padre lo demuestran claramente; pero ustedes no creen, porque no son de mis ovejas. Mis ovejas reconocen mi voz, y yo las conozco y ellas me siguen. Yo les doy vida eterna, y jamás perecerán ni nadie me las quitará. Lo que el Padre me ha dado es más grande que todo, y nadie se lo puede quitar".

Juan 10:24-29, (DHH).

INTRODUCCIÓN.

En un mensaje anterior dije que Jesucristo, el que ERA y Es el Cordero de Dios que quita el pecado del mundo,[548] en la *Fiesta de los Tabernáculos*[549] fue rechazado como el que les podía dar la liberación de sus pecados. En el pasaje de Juan que hemos leído, Jesús se encontraba en la *Fiesta de la Dedicación*[550]y, lamentablemente, ¡También allí es despreciado! Los grandes lideres de la nación israelita lo cuestión de si es o no es el Mesías.

No quitan el dedo del renglón. Se han propuesto quitar de esta tierra a Jesús Nazareno. Llegaron hasta donde Jesús estaba enseñando con un aire de ira diabólica "… lo rodearon y le preguntaron: —¿Hasta cuándo nos vas a tener en dudas? Si tú eres el Mesías, dínoslo de una vez. - Ya se los había dicho, pero, en la bendita paciencia -, Jesús les contestó: —Ya

---

[548]   Juan 1:29.

[549]   *Fiesta de los Tabernáculos.* La 4ta fiesta anual era la de los tabernáculos (2 Crónicas 8:13; Esdras 3:4; Zac 14:16), también llamada fiesta de la cosecha (Ex 23:16;34:22), fiesta a Jehová (Lev 23:39; Jue 21:19). A veces era simplemente "la fiesta" (I Rey 8;2; 2 Cron 5:3; 7:8; Is 20:29; Ez 45:23,25) porque se conocía en detalle. La celebración culminaba la cosecha de la labor de los campos (Ex 23:16), el fruto de la tierra (Lev 23:39), las acciones de la era y el lagar (Deut 16:13), y la morada en enramadas (o tabernáculos) que debían ser recordatorios jubilosos para el pueblo de Israel (Lev 23:41; Deut 16:14)". (Calcada, Leticia: Editora General. Diccionario Bíblico Ilustrado Holman. (Nashville, Tennessee. USA. B&H Publishing Group. 2008), 638.

[550]   La Fiesta de la Dedicación nació tres años después de Antíoco Epífanes lo profanó sacrificando una cerda. "Una vez purificado el templo de su contaminación, se efectuó la dedicación el 25 de Kislev de 165 a. E.C., exactamente tres años después que Antíoco hizo su sacrificio sobre el altar en adoración al dios pagano. Se reanudaron las ofrendas quemadas diarias o continuas. (1 Macabeos 4:36-54; 2 Macabeos 10:1-9, BJ.)". PATRICK MORRISROE. FIESTA DE LA DEDICACION, (La Habra, California. Internet. Consultado el 15 de octubre del 2021), ¿? https://www.biblia.work/diccionarios/fiesta-de-la-dedicacion/ La fiesta de la Dedicación o Janucá, "no fue dada por Dios en el monte Sinaí, pero fue profetizada por Daniel 8:9-14". (Diana Baker. El poder de las siete fiestas de Dios. (Córdoba, Argentina. Editorial Imagen. 2015), 64.

se lo dije a ustedes, y no me creyeron".[551] Así que se los vuelve a decir. La duda les carcomía como la cangrena carcome los músculos humanos. Se ha descubierto que "La gangrena es la muerte de tejido corporal como consecuencia de la falta de irrigación sanguínea o a una infección bacteriana grave".[552] Los dirigentes judíos estaban faltos de una irrigación del Espíritu Santo que les ayudara a combatir sus dudas en cuanto a la persona de Jesucristo.

Bueno, pero, Pastor, ¿qué es la enseñanza para nosotros esta mañana? Jesús les habló a sus oyentes acerca de la Salvación eterna. Es una salvación en la que encontramos la libertad de las cargas del pecado y nos ayuda a poner a un lado las dudas acerca de su persona. Es una salvación que nos ayuda a desterrar la incredulidad y aceptar la revelación divina. Y, también, es una salvación que nos provee de la ley del Espíritu de vida.

Te invito a que pensemos en estos apartados en las siguientes líneas de este mensaje o estudio.

I.- LIBRES DE LA CARGA.

Estamos en días en que la gente siente una carga emocional; una carga de temor; una carga

---

[551]   Juan 10:24-25, (DHH).

[552]   Mayo Clinic. *Cangrena*. (La Habra, California. Internet. Artículo escrito por el personal de Mayo Clinic el 29 de julio del 2021. Consultado el 30 de diciembre del 2021), ¿? https://www.mayoclinic.org/es-es/diseases-conditions/gangrene/symptoms-causes/syc-20352567

de angustia; una carga de no sé qué hacer. "Las organizaciones de ayuda en Reino Unido han visto un aumento en la violencia doméstica de hijos contra padres durante la pandemia. 'Muchas veces pensé en los cuchillos que estaban abajo. Y me preguntaba si él nos iba a matar mientras dormíamos'. La que habla es Lisa y se refiere a James, su hijo de 13 años. Asegura que el adolescente se volvió tan violento durante el confinamiento impuesto en Reino Unido el año pasado durante la pandemia, que temía por su vida".[553] ¡Estos son temores reales! ¡Son temores de dudas"!

La Biblia dice que los líderes israelitas en el tiempo e Jesús también tenían temor de sus dudas. Dudas en cuanto si Jesús de Nazaret era o no el Mesías de Dios Prometido a la Nación Israelita. La Biblia dice que: "Entonces los judíos lo rodearon y le preguntaron: —¿Hasta cuándo nos vas a tener en dudas?"[554] En la Versión Reina-Valera de 1960, dice: ¿Hasta cuándo nos turbarás el alma? Samuel Pérez Millos, quien es un experto en el idioma griego dice que esta pregunta "puede entenderse también

---

[553]   BBC News Mundo. *"Solía preguntarme si mi hijo me mataría mientras dormía"*. (La Habra, California. Internet. Articulo anunciado en el Periódico La Opinión el 25 de octubre 2021. Consultado el mismo días, mes y año), ¿? https://laopinion. com/2021/10/25/solia-preguntarme-si-mi-hijo-me-mataria-mientras-dormia/?utm_ source=La%20Opini%C3%B3n%20-%20Noticias%20M%C3%A1s%20Populares&utm_ medium=email&utm_campaign=La%20Opinion%20-%20Noticias%20Editorial%20 %28Morning%29&utm_term=LO%20-%20Noticias%20Mas%20Populares

[554]   Juan 1:24, (DHH).

como *¿hasta cuándo nos tienes el alma cargada?*"[555]
Parece que estamos escuchando a Liza y sus temores.

Al parecer tenían muchas dudas en cuanto al
ministerio de Jesucristo. Eran testigos de sus milagros;
sus enseñanzas eran sacadas de la Escrituras que
ellos tenían como Sagradas; no solamente sanaba
a los necesitados, sino que también los ayudaba
proveyéndolos con los alimentos típicos de su época;
es decir, pan y pescado.[556]

Ahora bien, aunque tenían sus dudas: "Realmente
no estaban interesados por la verdad, sino por la
respuesta que Jesús daría y que beneficiaria sus
intereses y sustentar sus planes".[557] ¡Ah, mentes
embusteras! ¿Qué esperaban los judíos como
respuesta? Lo repito, no esperaban escuchar la verdad,
pues no estaban interesados en ella, lo que buscaban
era una respuesta que les ayudaría a acusarlo ante
el gobernador Poncio Pilato de seductor o revoltoso.
En una ocasión: "Movidos por la malicia, fingieron
mucho amor para con Jesús y respeto para con sus
enseñanzas y vinieron para consultarle sobre la

---

[555] Samuel Pérez Millos. *Comentario exegético al texto griego del Nuevo Testamento.*
JUAN. (Viladecavalls (Barcelona), España. Editorial CLIE. 2016), 1027.

[556] *La alimentación de los 4000* (Marcos 8:1-10; Mateo 15:23-39); *La alimentación de
los 5000* (Mt. 14.13-21; Mr. 6.30-44; Lc. 9.10-17); *La multiplicación de los peces* (Juan
21:1-6).

[557] Samuel Pérez Millos. *Comentario exegético al texto griego del Nuevo Testamento.*
JUAN. (Viladecavalls (Barcelona), España. Editorial CLIE. 2016), 1027.

legalidad del tributo. Con palabra lisonjeras",[558] le preguntan a Jesús: "… —Maestro, sabemos que eres un hombre íntegro y que enseñas el camino de Dios de acuerdo con la verdad. No te dejas influir por nadie porque no te fijas en las apariencias. Danos tu opinión: ¿Está permitido pagar impuestos al césar o no?".[559] ¡hipócritas! A este tipo de labia, Jesucristo le llamó: "—¡Hipócritas! – y luego preguntó: ¿Por qué me tienden trampas?".[560]

¿En dónde estaba la trampa? Estaba en que: "Si hubiera dicho que 'Sí', esto habría vuelto al pueblo en su contra. Si hubiera dicho 'No', esto le habría hecho odioso a las autoridades y les habría dado motivo para acusarlo de alta traición. Fue un complot bien ideado".[561] Recordemos que cuando llevaron a Jesús ante Poncio Pilato lo acusaron de ser enemigo del Cesar.

En este contexto, te aseguro que tus enemigos usarán toda su sabiduría y astucia para hacer que llegues a ser una persona odiosa a tus semejantes y un traídos a la patria o a la religión que profesabas. Se acercarán a ti para preguntarte: ¿Estás seguro de tu salvación? ¿Tú crees que en verdad Jesucristo

---

[558] B. H. Carroll. *Comentario Bíblico: Los cuatro evangelios (Libros II): Tomo 6*. Trd. Sara A. Hale. (Terrassa (Barcelona), España. Editorial CLIE. 1986), 285.

[559] Mateo 22:16-17, (NVI).

[560] Mateo 22:18, (NVI).

[561] B. H. Carroll. *Comentario Bíblico: Los cuatro evangelios (Libros II): Tomo 6*. Trd. Sara A. Hale. (Terrassa (Barcelona), España. Editorial CLIE. 1986), 285.

resucitó? Ha pasado mucho tiempo desde que se escribió la Biblia, ¿crees que sigue siendo un libro contemporáneo? ¿En verdad creer que Dios te ama? Estas y muchas más preguntas te harán o ya te las hicieron. ¿Por qué preguntan? Por dos principales razones: *Primera*, porque si son cristianos, no están seguros de su salvación. *Segunda*, porque sus almas están turbadas y buscan quien se las pague; Es decir, buscan a quien molestar para que también su alma se perturbe.

¿Hasta cuándo nos turbarás el alma? - Le preguntaron los judíos a Jesucristo - Sí que sus almas estaban turbadas. Tan turbadas estaban que querían matar a Jesús antes del tiempo señado por Dios. Pero, Pastor, ¿Por qué querían matar a Jesús? Porque veían "que aquel Profeta vivía totalmente dedicado, no precisamente al Emperador ni a Herodes, sino a los olvidados, empobrecidos y excluidos por Roma y por las autoridades judía",[562] y esto no era bueno para sus intereses personales.

II.- INCREDULIDAD CONTRA REVELACIÓN.

El doctor Eugenio Heisey cuenta que "unos hermanos celebraban un culto cristiano en una

---

[562] José Martínez de Toda. *"Del César"* | *DIÁLOGOS sobre el Evangelio del Domingo*. (La Habra California. Internet. Consultado el 15 de octubre del 2021), ¿? https://jesuitas. co/guion-para-la-radio/1569-octubre-18-devuelvan-al-cesar-lo-que-es-del-cesar-y-a-dios-lo-que-es-de

cárcel. Después del servicio, uno de los reos hizo una pregunta:

- Díganme, hay montones de religiones y cada una dice que tiene la fe bíblica. ¿Por qué existen tantas? ¿Cuál es la verdadera?"[563]

La incredulidad se hace presente de una manera muy discreta. El reo, si estaban celebrando un culto cristiano, me supongo que tenía la revelación de Dios en sus manos, pero la duda sobre la verdad absoluta lo estaba encaminado hacia la incredulidad. ¡Ah, la señora incredulidad! Es una señora de mal agüero. Pastor, ¿por qué dice esto de la incredulidad? Lo digo por tres fuertes razones:

A.- Porque la incredulidad produce almas y mentes perturbadas.

El Evangelista Juan relata parte de la vida de un hombre llamado Lázaro y sus dos hermanas Marta y María que vivían en la aldea llamada Betania y que, eran muy amigos de Jesús de Nazaret. Juan dice que Lázaro murió. Aunque le avisaron a Jesús de su muerte, no llegó hasta cuatro días después a Betania. Al llegar a la aldea se paró ante la tumba y

---

[563]   Eugenio Heisey. *Los Dos Mundos*. (*Capítulo 4 de: Más allá del protestantismo*). (Costa Rica, CA. Revista: La Antorcha de la Verdad. Publicadora la Merced. Mayo – Junio del 2015. Volumen 29. Número 3), 12.

ordenó que quitaran la piedra que tapaba la tumba.[564] En esos días los muertos eran enterrados en cuevas y una gran piedra servía de puerta. Cuando Marta, la hermana de Lázaro escuchó la orden de Jesús intervino diciendo: "—Señor, ya debe oler mal, pues lleva cuatro días allí. - ¡El alma de Marta estaba turbada! Pero, en medio de esa turbación, escuchemos la maravillosa respuesta de Jesús -. —¿No te dije que si crees verás la gloria de Dios?".[565] La revelación del poder y la gloria de Dios se hicieron presentes frente a la tumba de Lázaro. Y, ¡Lázaro resucitó! Así, todos vieron la Gloria de Dios en Jesús, otra vez se repite la escena que narra Juan al decir: "Entonces la Palabra se hizo hombre y vino a vivir entre nosotros. Estaba lleno de amor inagotable y fidelidad. Y hemos visto su gloria, la gloria del único Hijo del Padre".[566]

Regresando a nuestro texto, notemos la respuesta que Jesús les dio a los judíos cuyas almas estaban perturbadas. "Jesús les contestó: —Ya se lo dije a ustedes, y no me creyeron. Las cosas que yo hago con la autoridad de mi Padre lo demuestran claramente; pero ustedes no creen, porque no son de mis ovejas".[567]

---

[564] Juan 11:1-44.

[565] Juan 11:39-40, (NVI).

[566] Juan 1:14, (NTV).

[567] Juan 10:25-26, (DHH).

Pues bien, debemos de preguntarnos: ¿En realidad los lideres judíos no sabían quién era Jesús de Nazaret? Me parece que sí sabían. Pero su incredulidad, no solo a sus enseñanzas y a sus milagros, les hacían parecer muy sabios en las Sagradas Escrituras. ¿Por qué digo que me parece que sí sabían quién era Jesús? Lo digo porque: "Desde muy temprano en su ministerio, algunos de los fariseos como Nicodemo habían testificado que solo podía hacer aquellas obras quien fuese enviado de Dios, esto es, quien estuviese Dios con el (3:2)".[568]

B.- Porque la incredulidad es un manto sobre la revelación divina.

¿Sabe hoy día el mundo que Jesucristo es Dios? Tú que me estás escuchando o leyendo este libro, ¿tú sabes que Jesucristo es Dios? Cuando Charles Russell, el principal traductor de *Las Escrituras del Nuevo Mundo*; es decir, la Biblia de los *Testigos de Jehová*, escribió su interpretación de Juan 1:1-3 de la siguiente manera: "En el principio la Palabra existía, la Palabra estaba con Dios y la Palabra era un dios. Él estaba en el principio con Dios. Todas las cosas llegaron a existir por medio de él, y sin él no llegó a existir ni siquiera una sola cosa".[569] En

---

[568]   Samuel Pérez Millos. *Comentario exegético al texto griego del Nuevo Testamento. JUAN*. (Viladecavalls (Barcelona), España. Editorial CLIE. 2016), 1029.

[569]   Juan 1:1-3, (Traducción del Nuevo Mundo de las Escrituras).

esta traducción, aunque pone *un dios* con minúscula, acepta que Jesucristo es Dios. También acepta que todo lo creado; es decir, que todo el universo fue creado por Jesucristo.[570]

¿Qué elemento esencial le hizo falta a Russell? ¡Aceptar a Jesucristo como su Señor y Salvador de su vida! Aunque tenía toda la revelación de Dios en sus manos y aun la tradujo a su manera, la incredulidad en el poder salvífico de Jesucristo le impidió experimentar la bendita Obra Redentora: ¡Russell nunca pudo ver la Gloria de Dios! Consideró a Jesucristo un dios menor que el Padre.

El filósofo Friedrich Wilhelm Nietzsche, definitivamente no creyó que Jesucristo fuera Dios. Más bien se enfocó en la *Muerte de Dios.* "Según Nietzsche, el hombre europeo descendiente de los hiperbóreos ha de asumir la gran e inevitable consecuencia de la muerte en la sociedad occidental de Dios, del dios judeocristiano, el vengativo y cruel

---

[570] Juan 1:1 es la más conocida de todas las perversiones de La Traducción del Nuevo Mundo. El texto griego original dice: "La palabra era Dios". La traducción del nuevo mundo lo traduce "la palabra era un dios". Se trata de leer la teología preconcebida de uno en el texto, en lugar de permitir que el texto hable por sí mismo. No hay ningún artículo indefinido en griego (un). Así que cualquier uso de un artículo indefinido en la traducción inglesa debe ser agregado por el traductor. (Got Questions. ¿Es la traducción del nuevo mundo una versión válida de la Biblia? La Habra, California. Internet. Consultado el 16 de octubre del 2021), ¿? https://www.gotquestions.org/Espanol/traduccion-nuevo-mundo. html

Yahvé".[571] Para él, ¡Dios había muerto! Y en su lugar puso el *Übermensch*.[572]

Con ese pensamiento, Nietzsche entonces se enfocó en las enseñanzas de Jesucristo, las cuales despreció. Y entonces, en la conclusión de su libro *El Anticristo*, arremetió contra el cristianismo, diciendo: "Yo quiero escribir sobre todas las paredes esta acusación eterna contra el cristianismo, allí donde haya paredes; yo poseo una escritura que hace ver aun a los ciegos … Yo llamo al cristianismo la única gran maldición, la única gran corrupción interior, el único gran instinto de venganza, para el cual ningún medio es bastante venenoso, oculto, subterráneo, pequeño; yo la llamo la única inmoral vergüenza de la humanidad".[573]

F. Nietzsche también tuvo la revelación de Dios en sus manos. Con él se repite la historia de los fariseos. A su locura filosófica, "Jesús le contestó: —Ya te lo dije, y no me creíste. Las cosas que yo hago con la

---

[571] Wikipedia, la enciclopedia libre. *Friedrich Nietzsche*. (La Habra, California. Internet. Consultado el 16 de octubre del 2021), ¿? https://es.wikipedia.org/wiki/Friedrich_Nietzsche

[572] *Übermensch*. Un Übermensch (pronunciado en alemán ['ʔyːbɐˌmɛnⁱʃʷ]; traducible como superhombre, suprahombre, sobrehombre). En la filosofía de Friedrich Nietzsche, es una persona que ha alcanzado un estado de madurez espiritual y moral superior al que considera el del hombre común. Wikipedia. La enciclopedia libre. (La Habra, California. Internet. Consultado el 16 de octubre del 2021), ¿? https://es.wikipedia.org/wiki/%C3%9Cbermensch

[573] Wikipedia, la enciclopedia libre. *Friedrich Nietzsche*. (La Habra, California. Internet. Consultado el 16 de octubre del 2021), ¿? https://es.wikipedia.org/wiki/Friedrich_Nietzsche. *El Anticristo*. (Las Vegas, NV, USA. Sin Casa Publicadora. Capítulo 62. Publicado el 10 de octubre del 2021), Sin numero de página.

autoridad de mi Padre lo demuestran claramente; pero tú no crees, porque no eres de mis ovejas".[574] F. Nietzsche, por su incredulidad en que Jesucristo ERA y ES el Salvador de la humanidad, ¡tampoco pudo ver la Gloria de Dios! El 3 de enero de 1889, sufrió un colapso mental y Nietzsche termino sus días en una clínica psiquiátrica en Basilea. Murió el 25 de agosto de 1900 sin ser una de las ovejas de Jesucristo, aunque tuvo la oportunidad de llegar a serlo. Dios le concedió un poco más de 50 años para llegar a ser una de sus ovejas, pero su incredulidad se lo impidió. Murió a los 55 años.

C.- Porque la incredulidad es un impedimento al llamado de Jesucristo.

Bueno, ¿y qué pasa con tu vida? ¿Exista también un manto de incredulidad en tu mente? ¿Ya eres una oveja de Jesucristo? Jesucristo no obliga a nadie para que lo siga, te concede el derecho de creer o de seguir en la incredulidad; Te invita a que seas parte de su Redil, pero no te mete a la fuerza. En el libro de Apocalipsis, Jesucristo dice: "Mira que estoy a la puerta y llamo. Si alguno oye mi voz y abre la puerta, entraré, y cenaré con él, y él conmigo".[575]

---

[574] Juan 10:25-26, (Trasliterado y aplicado por Eleazar Barajas).

[575] Apocalipsis 3:20, (NVI).

Dios no te ha dejado sin revelación – te ha dejado una biblioteca con sesenta y seis libros -. El Señor no te ha dejado en la ignorancia, tú sabes quién es Jesucristo. Lo que ahora está haciendo el Señor Jesús es invitarte a que seas parte de su Redil. *Mis ovejas escuchan mi voz y me siguen –* dijo Jesucristo -. Te invito a que pongas a un lado o en un lugar muy lejos tu incredulidad, en un lugar en donde nunca más la encuentres y entres al Redil de Jesucristo.

¿Eres tú una oveja de Jesucristo? Si lo eres, te aseguro que muy pronto, ¡Verás la Gloria de Dios!

II.- LA LEY DEL ESPÍRITU DE VIDA.

La siguiente declaración de Jesucristo es una rotunda afirmación de la seguridad de la Salvación proporcionada por el Señor Jesús. Escuchen bien sus palabras: "Mis ovejas reconocen mi voz, y yo las conozco y ellas me siguen. Yo les doy *vida eterna*, y *jamás perecerán* ni *nadie me las quitará*. Lo que el Padre me ha dado es más grande que todo, y *nadie se lo puede quitar*".[576]

El doctor Eugenio Heisey, en su libro titulado: *Más Allá del Protestantismo*, se preguntó: "¿Qué nos separa del mundo? – Y su respuesta fue – No es la vida monástica, no es la vida ascética, ni la

---

[576] Juan 10:27-29, (DHH). Las **Bols** e *itálicas* son mías.

vida legalista. Podemos vivir de manera austera y a la vez estar llenos de carnalidad, orgullo, vanagloria y egoísmo. La única ley que puede librarnos del mundo es la Ley del Espíritu de vida en Cristo Jesús, únicamente si somos participantes de la naturaleza divina, podemos escapar de la corrupción que hay en el mundo a causa de la concupiscencia".[577]

Adquirimos la naturaleza divina cuando nos arrepentimos. El conocimiento de Dios y su revelación no son suficientes para llegar a ser una oveja en el Redil del Pastor de los pastores. ¡Se necesita arrepentimiento! La sinceridad hacia Dios y hacia la humanidad no es suficiente para formar parte del Rebaño de Jesucristo. El Premio Nobel de literatura, José Saramago, dijo: "Si soy sincero hoy, ¿qué importa si me arrepiento mañana?".[578]

¿Y quién nos garantiza el mañana? ¡Nadie humanamente! El apóstol Santiago dijo: "Ahora oigan esto, ustedes, los que dicen: 'Hoy o mañana iremos a tal o cual ciudad, y allí pasaremos un año haciendo negocios y ganando dinero', ¡y ni siquiera saben lo que mañana será de su vida! Ustedes son

---

[577]   Eugenio Heisey. *Los Dos Mundos*. (*Capitulo 4 de: Más allá del protestantismo*). (Costa Rica, CA. Revista: La Antorcha de la Verdad. Publicadora la Merced. Mayo – Junio del 2015. Volumen 29. Número 3), 10-11

[578]   Gerardo Inzunza. *Las 100 Mejores Frases de José Saramago*. (La Habra, California. Internet. Consultado el 24 de septiembre el 2021), ¿? https://www.lifeder.com/frases-de-jose-saramago/

como una neblina que aparece por un momento y en seguida desaparece".[579] ¿Qué significan las palabras de Santiago? Significan que "nadie tiene control total sobre su vida. Esto vale especialmente con relación al futuro, que solo a Dios pertenece (Pr. 27:1; Lc. 12:16-21)".[580]

CONCLUSIÓN.

La salvación que Jesucristo ofrece es eterna; esto es, ¡No se pierde! El Señor no es mentiroso. ¡Es cumplidor! Si él te ha aceptado como una de las ovejas de su Redil, entonces, te promete seguridad eterna.

Recuerda, el Señor no obliga a nadie a que entre en su Redil, con su victoria en el monte Calvario sobre el pecado, la muerte y Satanás, tiene toda la autoridad para abrirte la puerta del Reino Celestial para entres a disfrutar de la presencia de Dios por toda la eternidad.

Uno de los muchos impedimentos para no aceptar la invitación de salvación que hace Jesucristo es la incredulidad. ¡Recházala! Jesucristo te está diciendo ahora mismo, "te doy vida eterna, y jamás perecerás ni nadie te quitará de mi presencia. Lo que el Padre

---

[579] Santiago 4:13-14, (DHH).

[580] Comentario en la *Biblia de Estudio Esquematizada*. (Brasil. Sociedades Bíblicas Unidas. 2010), 1853.

me ha dado es más grande que todo, y nadie se lo puede quitar".[581]

Es decir que en la salvación que Jesucristo ofreces existe una seguridad eterna.

¡Amen!!

¿BLASFEMÓ JESÚS AL HACERSE IGUAL A DIOS?

"Entonces los judíos volvieron a tomar piedras para apedrearle. Jesús les respondió: Muchas buenas obras os he mostrado de mi Padre; ¿por cuál de ellas me apedreáis? Le respondieron los judíos, diciendo: Por buena obra no te apedreamos, sino por la blasfemia; porque tú, siendo hombre, te haces Dios".

Juan 10:31-33, (RV, 1960).

INTRODUCCIÓN.

En el mensaje anterior dije que Jesús se encontraba en la *Fiesta de la Dedicación* y que, lamentablemente, ¡También allí fue despreciado! Los grandes líderes de la nación israelita lo cuestión de si es o no es el Mesías. Ahora se adentran más en su negativa de aceptar a Jesús de Nazaret como el Mesías que Dios había prometido a la nación de Israel.

En su negativa, y aun viendo las buenas obras de Jesús, buscaron un buen pretexto para apedrearlo: Porque se hacía igual a Dios.

Sus ojos estaban tan cegados por la envidia, por el celo religioso y por su mala interpretación de las Escrituras que no pudieron ver la Gloria de Dios en la persona de Jesucristo.

Recordemos que el apóstol Juan había dicho acerca de Jesús: "Aquel que es la Palabra se hizo hombre y vivió entre nosotros. Y hemos visto su gloria, la gloria que recibió del Padre, por ser su Hijo único, abundante en amor y verdad".[582] ¿Qué fue, entonces, lo que Juan vio en la persona de Jesús de Nazaret? Por lo menos Juan vio estas tres virtudes en el Mesías de Dios.

I.- IDENTIDAD DE PODER ENTRE JESUCRISTO Y EL PADRE.

Notemos estas profundas palabras de Jesús de Nazaret pronunciadas en la *Fiesta de La Dedicación:* "Lo que el Padre me ha dado es más grande que todo, y nadie se lo puede quitar. El Padre y yo somos uno solo".[583] Jesús estaba haciendo referencia a las ovejas que habían creído en él. Es decir, las personas que Su Padre le había dado como sus ovejas o los creyentes en él más las obras milagrosas que estuvo

---

[582]   Juan 1:14, (DHH).

[583]   Juan 10:29-30, (DHH).

haciendo: Jesús tenía el mismo poder que Dios Padre tiene. ¡Esto es lo que Juan vio en Jesús y por eso dijo que habían visto Su Gloria!

¡Qué gran seguridad tenemos los cristianos en Cristo Jesús! Cuando Jesús dijo: "Mis ovejas oyen mi voz y me siguen",[584] "habría parecido que Jesús ponía Su confianza en Su propio poder para defender lo Suyo, pero ahora vemos el otro lado de la moneda: es Su Padre el Que Le ha dado esas ovejas, y tanto El cómo Sus ovejas están en las manos de Su Padre".[585]

Esta seguridad nos hace pensar en la pregunta de nuestro tema de hoy: ¿Blasfemó Jesús al hacerse Dios? Y la respuesta es: ¡En ninguna manera! Nuestra seguridad presente y eterna está enraizada en esta dualidad divina: *Padre* e *Hijo*.

Por supuesto que no podemos dejar afuera de nuestra seguridad en Dios al *Espíritu Santo,* el cual cada día está presente en nuestro caminar cristiano haciendo todo lo posible para santificarnos y consagrarnos ante nuestro Redentor Cristo Jesús. Jesucristo dijo acerca del Espíritu Santo que lo glorificaría ayúdanos, guiándonos, consolándonos, enseñándonos y corrigiéndonos. En otras palabras: "Las ovejas del rebaño del Buen Pastor tienen el

---

[584]   Juan 10:27, (RV, 1960).

[585]   William Barclay, *Comentario al Nuevo Testamento: Volumen 6: JUAN II.* (Terrassa (Barcelona), España. Editorial CLIE. 1995), 91-92.

complemento de seguridad procedente el Padre",[586] y con el complemento de la presencia del Espíritu Santo, la puerta de la seguridad está con un triple candado, con una triple chapa: Es decir, ¡con una triple seguridad!

¡Nuestra Seguridad, como ovejas de Jesucristo es tan real y efectiva como el aire que respiramos! ¡Todo lo que es Dios está con nosotros! Cuando el apóstol Juan vio la identidad de poder entre Jesucristo y el Padre, en ninguna manera, Juan, pensó que Jesús de Nazaret estaba blasfemando al hacerse Dios. Para Juan, ¡Jesús ERA Dios en la carne! Por eso dijo que habían visto Su Gloria.

En cuanto esta seguridad: "Jesús tenía aquella seguridad inconmovible porque tenía una confianza inalterable en su Padre".[587] Pregunto: ¿Nosotros, tenemos esta misma seguridad? ¿Confiamos al cien por ciento en que Jesucristo, el Espíritu Santo y Dios Padre son la solución final a todo acontecimiento? ¿Tenemos una confianza inalterable en Jesucristo como Dios? ¿Oh, será posible que lleguemos a pensar que Jesús blasfemó al hacerse Dios?

Recordemos que los Evangelios nos dicen que Jesús tenía una inalterable confianza en Su Padre que todo lo que hizo fue con su permiso y autoridad,

---

[586] Samuel Pérez Millos. *Comentario exegético al texto griego del Nuevo Testamento. JUAN.* (Viladecavalls (Barcelona), España. Editorial CLIE. 2016).

[587] William Barclay, *Comentario al Nuevo Testamento: Volumen 6: JUAN II.* (Terrassa (Barcelona), España. Editorial CLIE. 1995), 92.

aunque él lo podría haber hecho por su propio poder, sin embargo, el apóstol Pablo recomendó a los hermanos de Filipos lo siguiente: "La actitud de ustedes debe ser como la de Cristo Jesús, quien, siendo por naturaleza Dios, no consideró el ser igual a Dios como algo a qué aferrarse. Por el contrario, se rebajó voluntariamente, tomando la naturaleza de siervo y haciéndose semejante a los seres humanos. Y, al manifestarse como hombre, se humilló a sí mismo y se hizo obediente hasta la muerte, ¡y muerte de cruz!".[588]

¿Lo notaron? Con este canto paulino, el apóstol en ninguna manera afirma que Jesús blasfemó al hacerse Dios. Pero sí afirma que, aunque ERA Dios, tomó una actitud de siervo. Puede que tú no blasfemes hablando mal de Jesucristo, pero ¿Qué del servicio en Su Reino? ¡Cuidado! Puede que no blasfemes contra el Señor con palabras, pero tal vez lo estás haciendo con los hechos.

Recuerda, Jesucristo no blasfemó en ninguna manera y tú y yo, tampoco debemos hacerlo. ¿Por qué no hacerlo? Son varias las razones para no blasfemar el nombre o sobre la persona de Jesús, pero, quiero mostrarles algo mucho mejor del porque no debemos blasfemar: ¡Porque somos de gran valor para Jesucristo! Cuando él dijo: "El Padre que me ha dado es mayor que todo", no estaba, Jesús, hablando

---

[588] Filipenses 2:5-8, (NVI).

de la superioridad del Padre, "sino que, para el Pastor, lo más grande es el rebaño que le fue dado, traduciendo estas palabras las podemos decir así: *como lo que mi Padre me dio es mayor que todo.* Esto significa que el rebaño es lo mayor que el Buen Pastor tiene y que lo ha recibido del Padre".[589]

¿¡Se dan cuenta!? ¡Somos bienaventurados al ser parte de lo más grande que tiene Jesucristo! ¡Somos sus amadas ovejas! Él es el Buen Pastor y nosotros sus ovejas. Y, Él no está blasfemando al amarnos como la cosa más preciosa que Dios tiene.

II.- LA PALABRA HECHA CARNE.

Dentro de la teología hebrea, Jesús sí había blasfemado.[590] Pues: "Para los judíos, la afirmación de Jesús de que El y el Padre eran una misma cosa era blasfemia. Era invadir una persona humana el lugar que solo le correspondía a Dios. La ley judía establecía la pena de lapidación por el pecado de blasfemia".[591] "La blasfemia fue un delito grave en la ley que Dios le dio a Moisés. Los israelitas debían adorar y obedecer a Dios. En Levítico 24:10-16, dice

---

[589]   Samuel Pérez Millos. *Comentario exegético al texto griego del Nuevo Testamento. JUAN.* (Viladecavalls (Barcelona), España. Editorial CLIE. 2016).

[590]   Got Questiosns. *Blasfemia.* Blasfemar es hablar de Dios con desprecio o ser insolentemente irrespetuoso. La blasfemia es un reproche verbal o escrito del nombre de Dios, de su carácter, su obra o sus atributos. (La Habra, California. Internet. Consultado el 28 de octubre del 2021), ¿? https://www.gotquestions.org/Espanol/blasfemia-blasfemar.html

[591]   William Barclay, *Comentario al Nuevo Testamento: Volumen 6: JUAN II.* (Terrassa (Barcelona), España. Editorial CLIE. 1995), 94.

que un hombre blasfemó el nombre de Dios. Para los hebreos, un nombre no era simplemente una etiqueta práctica. Era una representación simbólica del carácter de una persona. El hombre en Levítico que blasfemó el nombre de Dios fue apedreado hasta la muerte".[592] El Señor le dijo a Moisés: "Diles a los israelitas: "Todo el que blasfeme contra su Dios sufrirá las consecuencias de su pecado".[593]La pregunta es: ¿Estaba Jesús blasfemando el nombre de Dios? ¡Claro que no! ¡Jesucristo nunca usó el nombre de Su Padre en vano!

Cuando los judíos se estaban preparando para apedrearlo, Jesús, con la calma que le caracterizaba les preguntó por cuál de las grandes obras que había hecho, como sanando a los enfermos, alimentando a los hambrientos, consolando a los afligidos y enseñando la Doctrina del Antiguo Testamento en su cumplimiento, por cuál de ellas lo iban a apedrear. Su respuesta fue que, por ninguna de ellas, sino por blasfemo. ¡Interesante!, ¿no lo creen así? "Obras tan llenas de benevolencia, poder y belleza que no podían venir sino de Dios. ¿Por cuál de todas ellas Le querían apedrear? Y ellos respondieron que no

[592] Got Questiosns. *Blasfemia*. Blasfemar es hablar de Dios con desprecio o ser insolentemente irrespetuoso. La blasfemia es un reproche verbal o escrito del nombre de Dios, de su carácter, su obra o sus atributos. (La Habra, California. Internet. Consultado el 28 de octubre del 2021), ¿? https://www.gotquestions.org/Espanol/blasfemia-blasfemar.html

[593] Levítico 24:15, (NVI).

era por nada de lo que había hecho, sino por lo que pretendía ser".[594]

¡Ah, las mentes egoístas e hipócritas! Son mentes que confunden la mantequilla con la magnesia. Son mentes que confunden lo malo con lo bueno y lo bueno con lo malo. La confusión de los judíos fue tan grave que aun querían matar antes de tiempo a Jesucristo. Mentes como la de ellos son las mentes que hoy quieren desterrar el nombre de Jesucristo antes de que el venga en gloria con todos sus ángeles. Estas personas son los blasfemos, ¡nunca el Señor Jesucristo!

Jesucristo, con aquella calma y sabiduría que adornaban su gloriosa personalidad, de la cual Juan dijo: "Y vimos Su Gloria", contesta a su acusación de blasfemo con una pregunta: "¿por qué acusan de blasfemia a quien el Padre apartó para sí y envió al mundo? ¿Tan solo porque dijo: 'Yo soy el Hijo de Dios'?"[595]

El teólogo y escritor Raymond E. Brown, dice que: "Deberíamos de observar que el Padre a 'Santificado' o consagrado a Jesús: es el mismo verbo que el Antiguo Testamento utiliza para referirse a la

---

[594] William Barclay, *Comentario al Nuevo Testamento: Volumen 6: JUAN II.* (Terrassa (Barcelona), España. Editorial CLIE. 1995), 95.

[595] Juan 10:36, (NVI).

consagración del Templo".[596] Raymond se refiere a la palabra *"haguiazein,* el verbo correspondiente al adjetivo es *haguios,* que quiere decir santo".[597] Y santo es una persona, una cosa o un lugar apartado para algo especifico; Cuando hablamos o pensamos en el término Santo entendemos que Dios ha apartado a la persona o lugar o cosa para un propósito especifico.

Ahora bien, en la *Fiesta de Dedicación* que, por cierto, es la *Fiesta de Hanukkah* que los judíos celebran casi al mismo tiempo en que nosotros celebramos la Navidad,[598] en ese tiempo, cuando es "la dedicación y consagración del altar y del Templo",[599] Jesucristo se hace el tema central de la fiesta. Es decir que, Jesús asegura que Dios Padre lo ha consagrado (*haguiazein*) para que sea El el que sea sacrificado sobre el altar levantado (*hecho santo*) para él en el Monte Calvario y así, consagrar (*haguiazein;* RV, *santificar*) un Templo Santo para

---

[596]   Raymon E. Brown, *Introducción al Nuevo Testamento. 1.- Cuestiones preliminares, evangelios y obras conexas. Volumen 7.* Td. Antonio Piñero. (Madrid, España. Editorial Trotta. 2002), 98.

[597]   William Barclay, *Comentario al Nuevo Testamento: Volumen 6: JUAN II.* (Terrassa (Barcelona), España. Editorial CLIE. 1995), 95.

[598]   Wikipedia, la enciclopedia libre. *La Fiesta de Janucá (Hanukkah).* Llamada también la Fiesta de las Luces o luminares. La festividad se celebra el 25 de Kislev del calendario judío, fecha que cae entre finales de noviembre y principios de diciembre del calendario gregoriano, aunque en 2019 fue a final de diciembre (del día 22 al día 30). (La Habra, California. Internet. Consultado el 28 de octubre del 2021), ¿? https://es.wikipedia.org/wiki/Januc%C3%A1

[599]   Raymon E. Brown, *Introducción al Nuevo Testamento. 1.- Cuestiones preliminares, evangelios y obras conexas. Volumen 7.* Td. Antonio Piñero. (Madrid, España. Editorial Trotta. 2002), 98.

Su Padre Dios. Un Templo llamado Iglesia que hoy día le canta:

> *"Somos el pueblo de Dios*
> *Somos un pueblo especial*
> *Llamados para anunciar*
> *Las virtudes de Aquel*
> *Que nos llamó a su luz*
>
> *Somos el pueblo de Dios*
> *Su sangre nos redimió*
> *Y su espíritu dio*
> *Para darnos poder*
> *Y ser testigos de Él"*.[600]

Un pueblo que con su canto está diciendo que La Palabra, es decir, Dios, se ha carne en la persona de Jesús. Y esto no es ninguna blasfemia, sino que es Teología Bíblica pura y Teología Cristiana Evangélica. Es La Palabra hecha carne de la cual el apóstol Juan dijo que en él: ¡"Vimos Su Gloria"!

III.- DEPENDENCIA DIVINA.

Aunque Dios se había hecho carne en la persona de Jesucristo, y como Dios que ERA y ES, podría haber hecho todo a su propia voluntad; Él lo podría hacer. Sin embargo, notamos que, como ha dicho

---

[600]   Marcos Witt. *Somos el pueblo de Dios.* (La Habra, California. Internet. Consultado el 28 de noviembre del 2021), ¿? https://www.letras.com/marcos-witt/274357/

Pablo, se humilló así mismo y se hizo obediente. En esa obediencia se sujetó a la voluntad de Su Padre. También notamos que hizo una gran declaración: "Mi Padre y yo somos uno". ¿Estaba blasfemando al decir tales palabras? ¡No, claro que no! Ya lo he mencionado más de una vez diciendo que Jesús no estaba blasfemando al decir estas palabras ni nunca blasfemó. Jesús nunca habló de Dios con desprecio; nunca fue insolentemente ni irrespetuoso contra Su Padre Dios. Pero ¿cómo entendemos esta declaración de Jesús de que: "Mi Padre y yo somos uno"? Bueno, hoy sabemos que: "El Padre, según revelaciones bíblicas es principio sin principio. Quiero decir que aunque el Hijo y el padre son *uno*, el Hijo procede del Padre, mientras que el Padre no procede de ninguna otra cosa o ser. Por esa razón Cristo insiste en su procedencia del Padre que le envió (Jn.3:16). Si hace la obra de Salvador y Pastor es consecuencia de haber sido enviado, aunque también El vino voluntariamente".[601] Es decir que el Señor Jesús, aunque estaba sujeto a la voluntad de su padrea, aun así, también tenía y tiene dependencia divina.

"Christo llegó para darnos una gran lección a todos". Dijo Rosemarie Wolmarans. Y no se refería a Jesucristo, sino a un niño que estaba en edad escolar pero que lo habían rechazado en varias escuelas.

---

[601] Samuel Pérez Millos. *Comentario exegético al texto griego del Nuevo Testamento. JUAN.* (Viladecavalls (Barcelona), España. Editorial CLIE. 2016). 1039.

Llegó, junto con su mamá a una Escuela Cristiana. Rosemarie quien era la directora de la Escuela, vio que la madre empujaba el niño en su carrito, de inmediato pensó que el niño ya no estaba en edad de estar en carrito de bebe. Pero cuando vio sus piernitas, entonces se dio cuenta él porque estaba en andadera: Tenía aparatos ortopédicos en sus piernas.

Muchas escuelas lo habían rechazado. Éramos su última esperanza, comenta la directora. Pero ¿Qué pensarían los maestros de canto, de gimnasia, y de arte? Y al fin tomó una decisión. "Mire – le dijo a la madre -, vamos a probar dos semanas, si él está contento con nosotros y los maestros manejan bien el asunto, se podrá quedar.

"Las dos semanas pasaron" y nadie dijo nada de que Christo saliera de la escuela. Christo venció todos los obstáculos escolares. Y les había dado un gran regalo. "Les había enseñado a los otros niños lo que era la compasión, la amabilidad, la paciencia y el amor". Al final del año escolar la directora comentó: "Nos había hecho comprender a todos la importancia de perseverar, de ser valientes y de vencer la adversidad con una actitud alegre y positiva".[602]

Aunque Christo tenía que depender de sus aparatos ortopédicos para ser un buen estudiante, también tomó su propia dependencia de carácter

---

[602] Rosemarie Wolmarans. *El nuevo de la escuela*. (Pleasantville, N.Y. Estados Unidos de América. Selecciones Del Reade's Digest. Agosto del 2007), 99-101.

estudiantil. Christo dependía del cuidado y educación de sus maestros y de su madre y, aun así, tuvo su propia dependencia para estudiar, jugar y hacer felices a los que le rodeaban. Esto mismo o similar es lo que pasó con el Señor Jesús; Dependía del que lo envió a cumplir su ministerio salvífico pero al mismo tiempo, por su propia voluntad, en lugar de blasfemar al hacerse igual a Dios, nos redimió; es decir, nos trajo la libertad que como pecadores necesitábamos. El que nunca habló mal de Su Padre: ¡Nos trajo salvación!

CONCLUSIÓN.

No. Definitivamente no, Jesús nunca blasfemó. "Jesús es el Maestro perfecto porque no basa Su autoridad en lo que dice, sino en lo que hace".[603] Como tiene la misma identidad de poder que tiene el Padre, entonces, el hace que los corazones más perversos de los hombres lleguen a ser parte del Pueblo de Dios.

Él se hace el Buen Pastor de cada uno de los que redime y los lleva a su Redil para que allí puedan ver Su Gloria. La misma Gloria que tiene Su Padre.

Además, su autoridad no es solamente en lo que dice, aunque lo dijo con toda autoridad, sino mucho más en lo que hace porque, el Salvador de nuestras

---

[603] William Barclay, *Comentario al Nuevo Testamento: Volumen 6: JUAN II.* (Terrassa (Barcelona), España. Editorial CLIE. 1995), 95.

vidas tiene dependencia divina para hacer toda clase de milagros. Es decir que ES Dios en toda la palabra. Esto significa que cuando los líderes judíos le dijeron a Jesús que "Por buena obra no te apedreamos, sino por la blasfemia; porque tú, siendo hombre, te haces Dios",[604] estaban completamente en un error.

¡Jesucristo nunca blasfemó! ¡Es Dios perfecto! Es el Dios que nos quiere hacer perfectos hoy para siempre.

¡Amen!!

---

[604] Juan 10:33, (RV, 1960).

CONCLUSIÓN DEL LIBRO

Aunque hemos pasado por algunas de las páginas del Evangelio de Juan, no pudimos separarnos de la introducción juanina. La razón es que: "Los primeros dieciocho versículos de Juan constituyen el modelo y el bosquejo de todo su libro".[605] Desde allí parte la gran verdad juanina que hemos recorrido en estos veinte mensajes, y será la misma temática en el Libro Dos: ¡Vimos su Gloria! Cada uno de los mensajes hace referencia a esta declaración del apóstol Juan: "Aquel que es la Palabra se hizo hombre y vivió entre nosotros. Y hemos visto su gloria, la gloria que recibió del Padre, por ser su Hijo único, abundante en amor y verdad".[606] Al recorrer las primeras páginas del Evangelio de Juan he notado esta gran verdad dicha por Juan y, seguramente que la volveré a ver y meditar en los siguientes mensajes.

Se ha hecho notar en este libro que uno de los propósitos de Dios es que el ser humano pueda contemplar la Gloria del que Él ha enviado; esto es, ver la Gloria divina en Jesucristo. Una Gloria que no lo hace ser un dios más, sino que es Dios Hijo en una

---

[605] B. H. Carroll. *Comentario Bíblico: Los cuatro evangelios (Libros I y II): Tomo 6.* Trd. Sara A. Hale. (Terrassa (Barcelona), España. Editorial CLIE. 1986), 66.

[606] Juan 1:14, (DHH).

UNIDAD Trinitaria imposible de llegar a comprender con nuestras mentes finitas. El concepto Trinitario en la Biblia es profundo e incomprensible. Sin embargo: "Si pudiéramos creer en una explicación dada por la filosofía humana no podríamos tener otra mejor que la de Sabelios, 'Dios el Padre es el sol, Jesucristo es la luz del sol, y el Espíritu Santo, es el calor del sol'."[607] Aunque ciertamente esta declaración no es del todo satisfactoria para una total comprensión de la Doctrina de la Trinidad, sí nos ayuda a entender parte del ministerio Divino Trinitario; sí nos ayuda para entender un poco más la declaración juanina que dice: "Entonces la Palabra se hizo hombre y vino a vivir entre nosotros. Estaba lleno de amor inagotable y fidelidad. Y hemos visto su gloria, la gloria del único Hijo del Padre".[608]

El novelista José Saramago, en cierta ocasión dijo "- Escribir, para mí, es un trabajo. No separo el trabajo del acto de escribir, como si fuesen cosas distintas. Yo me dedico a poner palabras una detrás de otra o antes que otra, para contar una historia, para decir algo que creo importante o útil, o, por lo menos, importante o útil para mí".[609] El haber

---

[607] B. H. Carroll. *Comentario Bíblico: Los cuatro evangelios (Libros I y II): Tomo 6.* Trd. Sara A. Hale. (Terrassa (Barcelona), España. Editorial CLIE. 1986), 67.

[608] Juan 1:14, (NTV).

[609] José Saramago. *Las mejores 100 frases de José Samargo.* (La Habra, California. Internet. Consultado el 3 de agosto del 2020), ¿? https://www.lifeder.com/frases-de-jose-saramago/

escrito estos veinte mensajes fue un gran trabajo para mí. Al mismo tiempo fue de un descubrimiento de la amplitud de la declaración juanina que, paso a paso fue dándome un conocimiento de las profundas verdades bíblicas, así como una satisfacción espiritual al contemplar por fe la Gloria de Jesucristo.

En Cristo Jesús:
Eleazar Barajas

BIBLIOGRAFÍA

Allan, Kurt, Matthew Black, Carlo M. Martini, Bruce M. Metzger, and Allen Wikgren. *The Greek New Testament* (Germany. Biblia-Druck, D-Stuttgart. 1994).

Arboleda. *Dwight L. Moody.* (Terrassa (Barcelona), España. Libros CLLIE. 1990).

Aquino, Santo Tomás De. (*Cantena Aurea. Comentarios Evangelio: San Lucas.* (San Bernardino, California. Ivory Fall Books. 2016).

Aquino, Santo Tomás De. (*Cantena Aurea. Comentarios sobre el Evangelio de San Juan.* (San Bernardino, California. Ivory Fall Books. 2016).

Baker, Diana. *El poder Espiritual de las Siete Fiestas de Dios: Descubre la relevancia que estas celebraciones tienen para el cristiano y los eventos futuros.* (Córdoba, Argentina. Editorial Imagen. 2015).

Barclay, William. *Comentario al Nuevo Testamento: Volumen 1: MATEO I.* Td. Alberto Araujo. (Terrassa (Barcelona), España. Editorial CLIE. 1997).

Barclay, William *Comentario al Nuevo Testamento: Volumen 2: MATEO II.* Td. Alberto Araujo. (Terrassa (Barcelona), España. Editorial CLIE. 1997).

Barclay, William. *Comentario al Nuevo Testamento. Volumen 4. LUCAS.* (Terrassa (Barcelona), España. Editorial CLIE. 1996).

Barclay, William. *Comentario al Nuevo Testamento: Volumen 5: JUAN I.* (Terrassa (Barcelona), España. Editorial CLIE. 1995).

Barclay, William. *Comentario al Nuevo Testamento: Volumen 6: JUAN II.* (Terrassa (Barcelona), España. Editorial CLIE. 1995).

Barclay, William. *Comentario al Nuevo Testamento. Filipenses, Colosenses y 1ª y 2ª Tesalonicense. Volumen 11.* Trd. Alberto Araujo. (Terrassa (Barcelona), España. Editorial CLIE. 1999).

Barth, Karl. *Esbozo de Dogmática.* Prólogo de J. I. González Faus. Presencia Teológica. Trd. José Pedro Tosaus Abadía. (Bilbao, España. Editorial Sal Terrae. 2000).

Beecher, Stowe Harriet. *La Cabaña del Tío Tom.* (Las Vegas, NV. USA. Sin la mención de Casa Editorial. Impreso el 12 de diciembre del 2020).

Benware, Paul N. *Panorama del Nuevo Testamento. Comentario Bíblico Portavoz.* Trd. Santiago Escuain. (Gran Rapids, Michigan. Editorial Portavoz. 1993).

Beuses, Elvis D. *Como vencer el miedo: Supera los límites y bloqueos que te impiden Disfrutar La Vida Que Deseas.* (San Bernardino, California. Sin Casa Editorial. Junio 2019).

Biblia de Estudio NVI Arqueológica: Un viaje ilustrado a través de la cultura y la historia bíblicas. (Miami, Florida. Editorial Vida. 2009).

Biblia de Letra Grande. Santa Biblia: Revisión de 1960. (Corea. Editorial Caribe. 1998).

Biblia de Estudio Esquematizada. (Brasil. Sociedades Bíblicas Unidas. 2010).

Biblia Peshitta en español. Traducción de los antiguos manuscritos arameos. (Nashville, Tennessee. Publicada por Holman Bible Publishers. 2006).

Bock, Darrell L. *Comentarios Bíblicos con Aplicación: Lucas. Del Texto bíblico a una aplicación contemporánea.* (Miami, Florida. Editorial Vida. 2011).

Brown, Raymon E. *Introducción al Nuevo Testamento. 1.- Cuestiones preliminares, evangelios y obras conexas. Volumen 7* [1]. Td. Antonio Piñero. (Madrid, España. Editorial Trotta. 2002).

Brown. E. Raymond. *El Evangelio y las cartas de Juan.* Td. María del Carmen Blanco Moreno. (Bilbao, España. Editorial Desclee de Brouwer, S. A. 2010).

Bruce, F. F. *Los Manuscritos del Mar Muerto. Qumrán en el siglo XXI: Apéndice de Florentino García Martínez.* (Viladecavals (Barcelona), España. Editorial CLIE. 2011).

Bruce, F. F. *Israel y las naciones: La Historia de Israel Desde el Éxodo Hasta la Destrucción del Segundo Templo.* (Grand Rapids, Michigan. Editorial Portavoz. 1988).

Bubeck, Mark I. *Venciendo al enemigo: Oración guerrera contra la actividad demoniaca.* Tr. Santiago Escuain. (Grand Rapids, Michigan. Editorial Portavoz. 1984).

Caballero, Pablo Román. *Sanidad Emocional. Jesús Nos Salva Y Sana Nuestras Emociones.* (San Bernardino, California. 2018).

Calcada, Leticia: Editora General. *Diccionario Bíblico Ilustrado Holman.* (Nashville, Tennessee. USA. B&H Publishing Group. 2008).

Carroll, B. H. *Comentario Bíblico: Los cuatro evangelios (Libros I y II): Tomo 6.* Trd. Sara A. Hale. (Terrassa (Barcelona), España. Editorial CLIE. 1986).

Cavanaugh, William T. *Ser Consumidos: Economía y deseo en clave cristiana.* Trd. Agustín Mareno Bravo. (Granada, España. Editorial Nuevo Inicio. 2011).

Cohen, Richard. *Una segunda oportunidad.* (Coral Gables, Florida. Selecciones del Reader's Digest. Revista mensual. Diciembre de 1993).

Danyans, Eugenio. *Conociendo a Jesús en el Antiguo Testamento. Cristología y Tipología Bíblica.* (Viladecavalls (Barcelona), España. Editorial CLIE. 2008).

Earley, Dave y David Wheeler. *Evangelismo es ...: Cómo testificar de Jesús con pasión y confianza.* (Nashville, Tennessee. Publicado por B&H Publishing Group. 2012).

Enoc, *El Libro de. Capítulo 69:27.* (San Bernardino, California, USA. Editorial: Plaza Editorial, Inc. 2011).

F. F., Bruce. *La Epístola a los Hebreos: Texto de la Versión Reina Valera, Revisión de 1960, con introducción, comentarios y notas.* (Grand Rapids, Michigan. Nueva Creación y William B. Eerdmans Publishing Company.1987).

Felipe, *El Evangelio de.* Con comentarios. Vladimir Antonov; Redactor de la versión rusa. Anton Teplyy; traductor al español. (San Bernardino, California. Sin Casa Editorial. 2014).

Flores, José. *Cristología de Juan.* (Terrassa (Barcelona), España. Editorial CLIE. 1975).

Flores, José. *Cristología de Pedro.* (Terrassa (Barcelona), España. Editorial CLIE. 1978).

Foxe, John. *El libro de los mártires: una historia de las vidas, sufrimientos y muertes triunfantes de los cristianos primitivos y de los mártires protestantes.* Tr. Santiago Escuian. (Terrassa (Barcelona), España. Editorial CLIE. 2003).

Frenn, Jason. *Rompiendo las barreras: venciendo la adversidad y alcanzando tu máximo potencial.* (Buenos Aires, Argentina. Editorial Peniel. 2006).

Gordon, A. J. *El ministerio del Espíritu Santo.* Trd. Eliseo Vila. (Terrassa (Barcelona), Espeña. Editorial CLIE. 1984).

Hand, Clow Barbara. *El Código Maya: La aceleración del tiempo y el despertar de la conciencia mundial.* Trd. Ramón Soto. (Rocherter, Vermont, USA. Inner Traditions en Español. Una división de Inner Traditions International. 2007).

Heisey, Eugenio. *Más allá del Protestantismo.* (Costa Rica, C.A. Publicadora la Merced. 2011).

Hendriksen, Guillermo. *El Evangelio Según San Mateo: Comentario del Nuevo Testamento.* Td. Humberto Casanova. (Grand Rapids, Michigan. Distribuido por T.E.L.L. Subcomisión Literatura Cristiana. 1986).

Hendriksen, Guillermo. *1 y 2 Timoteo/Tito: Comentario el Nuevo Testamento.* (Grand Rapids, Michigan. Publicado por la Subcomisión Literatura Cristiana de la Iglesia Cristiana Reformada. 1990).

Henry, Matthew. *Comentario Exegético Devocional a Toda la Biblia. Mateo.* Td. Francisco Lacueva. (Terrassa (Barcelona), España. Editorial CLIE. 1984).

Hipona, San Agustín de. *La Trinidad.* (San Bernardino, Ca. Ivory Falls Books. 2017).

Hitler, Adolf. *Mi Lucha* (Spanish Editión). Escrito en el presidio de Landsberg Am Lech, el 16 de octubre de 1924. Primera parte. La segunda en 1926. (San Bernardino, California. Sin autor. Septiembre de 2019).

Hovey, Alvah. *Comentario expositivo sobre el Nuevo Testamento. I Corintios – 2 Tesalonicenses.* Trd. Jaime C. Quarles. (El Paso, Texas. Casa Bautista de Publicaciones. 1973).

Internet. Todas las citas copiadas del Internet reciben su debido crédito en las notas al pie de la página.

Jiménez, R. Carlos. *Crisis en la Teología Contemporánea.* (Deerfield, Florida. Editorial Vida. 1985).

Kenyon, E. W. *Realidades de la Nueva Creación.* Trd. Belmonte Traductores. (New Kensington, PA. Whitaker House. 2014).

La Antorcha de la Verdad. (Costa Rica. Revista bimestral. Editorial: La Merced. Julio-Agosto. 2018. Volumen 32. Número 4).

La Antorcha de la Verdad. Costa Rica, CA. Revista bimestral. Publicadora la Merced. Volumen 32. Número 6. Noviembre-diciembre. 2018).

La Antorcha de la Verdad. (Costa Rica, CA. Revista bimestral. Publicadora la Merced. Volumen 34. Número 6. Noviembre-diciembre. 2020).

Lahaye, Tim. *Manual del Temperamento: Descubra su Potencial.* (Miami, Florida. Editorial UNILIT. 1987).

Lewis, Jonatán P. *Misión Mundial. Tomo 3.* (Miami, Florida. Editorial Unilit. 1990).

Lyon, Ireneo de. *Contra los herejes.* (San Bernardino, California. Ivory Falls Books. 2017).

Mackay A. Juan. *El Otro Cristo Español.* (Lima, Perú, Sudamérica. Tercera Edición. Edición especial de celebración de las Bodas de Diamante del Colegio San Andrés (antes Anglo Peruano). Impreso en noviembre de 1991).

MacArthur, John. *Una vida Perfecta: La historia completa del Señor Jesucristo.* (Estados Unidos de América. Grupo Nelson. 2014).

Macarthur, John. *El Evangelio Según Jesucristo: ¿Qué significa realmente el "sígueme" de Cristo Jesús?* Td. Rafael C. de Bustamante. (El Paso, Texas. Editorial Mundo Hispano. Décima edición 2012).

María Magdalena, *Evangelio de. Apócrifo Gnóstico.* Prólogo de Juli Peradejordi. (Barcelona, España. Ediciones Obelisco. 2006).

Maxwell, John C. *Actitud de vencedor: La clave del éxito personal.* (Nashville, TN. Editorial Caribe. 1997).

MacGeady, María Rosa. *Dios, por favor ayúdame*. (USA. Conenant House. 1997).

Millos, Pérez Samuel. *Comentario exegético al texto griego del Nuevo Testamento. JUAN.* (Viladecavalls (Barcelona), España. Editorial CLIE. 2016).

Nelson, G. Eduardo: *La adoración y la música en la Biblia.* Mervin Breneman: Exposición y Ricardo Souto Copeiro: Ayudas Prácticas. Comentario Bíblico Mundo Hispano. Tomo 8. SALMOS. (El Paso, Texas. Editorial Mundo Hispano. 2002).

Nuevo Testamento: *Lo Más Importante es el Amor.* (Souh Holland, IL. EE.UU. Editorial La Liga Bíblica. 1979).

Nisly Duane, Editor. *La Antorcha de la verdad.* Revista bimestral. (Costa Rica. Editorial Publicadora la Merced. Volumen 33, Número 6. Noviembre-diciembre. 2019).

Pontón, Marcelo. *Dinámicas Familiares a través de la vida de José: La Túnica del Padre.* (Viladecavalls (Barcelona), España. Editorial CLIE. 2016).

Prince, Derek. *Derribando Fortalezas.* Traducción a cargo de Belmonte Traductores. (Charlotte, North Carolina. Derek Prince Ministries International. 2013).

Roh, Richard. *El Cristo Universal: Como una Realidad Olvidada Puede Cambiar Todo lo que Vemos, Esperamos y Creemos.* Td. Ian Bilucich. (Hialeah, Florida. Ediciones Juanunol. 2019).

Segura, Eduardo Delás. *Dios es Jesús de Nazaret. Cristología desde dentro.* (Terragona, España. DSM ediciones. 2007).

Selecciones del Reader's Digest. (Hollywood, Florida, USA, St. Ives Ing. Diciembre de 1993).

Spafford, G. Horatio. *Alcancé salvación.* (El Paso, Texas. Himnario Bautista. Casa Bautista de Publicaciones. 1986).

Spangler, Ann. *Mujeres Terribles de la Biblia*. (Miami, Florida. Editorial Vida. 2016).

Sperry, Chafer Lewis. *Teología Sistemática: Tomo I*. trds. Evis Carballosa, Rodolfo Mendieta P. y M. Francisco Lievano P. (Dalton, Georgia, E. U. A. Publicaciones Españolas. 1974).

Stanley, Charles F.: Editor general. *Biblia Principios de Vida:* RV1960. (USA. Grupo Nelson. 2010).

Stedman, Ray C. y James D. Denney. *Aventurándonos en el conocimiento de la Biblia; Una guía global de la Palabra de Dios.* (Grand Rapids, Michigan. Publicaciones RBC. 1997).

Strobel, Lee. *El Caso de Cristo: Una investigación exhaustiva*. Trd. Lorena Loguzzo. (Miami, Florida. Editorial Vida. 2000).

Swindoll, R. Charles. *Arraigados en la fe. La depravación de la humanidad. La salvación.* (Deerfield, Florida. Editorial Vida. 1986).

Taub, Emmanuel. *Mesianismo y redención: Prolegómenos para una teología política judía.* (Madrid, España. Miño y Dávila editores. 2013).

Tenney, Merrill C. *Nuestro Nuevo Testamento: Estudio panorámico del Nuevo Testamento. Edición revisada y aumentada.* (Grand Rapids, Michigan. Editorial Portavoz. 1973).

Tomas, *El Evangelio de. Sabiduría Gnóstica.* (México. Berbera Editores S. A. de C. V. 2008).

Tozer, A. W. Los *Atributos de Dios. Volumen Uno: Con guía de estudio. Un viaje hacia el corazón el Padre.* Trd. María Mercedes Pérez, María del C. Fabri Rojas y María Bettina López. (Lake Mary, Florida. Casa Creación. 2013).

Trenchard, Ernesto. *Introducción a los cuatro evangelios.* (Madrid, España. Literatura Bíblica. 1974).

Van, Natta Bruce. *Una vida milagrosa: Historias verídicas de encuentros sobrenaturales con Dios.* Trd. pica6.

com (con la colaboración de Danaé G. Sánchez Rivera y Salvador Eguiarte D.G.). (Lake Mary, Florida. Publicado por Casa Creación. 2013).

Vila, Samuel. *Manual de Teología Apologética: Respuesta a los "supuestos"... de las teorías modernistas.* (Terrassa, (Barcelona), España. (Editotial CLIE. 1990).

Viola, Frank y George Berna. *Paganismo ¿En tu cristianismo?* Trd. Silvia Himitian. (Miami, Florida. Editorial Vida. 1011).

Warren, Rick. *Respuestas a las dificultades de la vida.* (Miami, Florida. Editorial Vida. 2011).

White, E. G., L. Munilla y C. E. Wheeling. *Buscando la paz interior.* (Jemison, AL. U.S.A. Inspiration Books East, Inc., 1989).

Wight, H. Fred. *Usos y costumbres de las tierras bíblicas.* Trd. Godofredo González. (Grand Rapids, Michigan. Editorial Portavoz. 1981).

Wiley, H. Orton y Paul T. Culbertson. *Introducción a la Teología Cristiana.* Trd. H. T. Reza. (Kansas City, Missouri, E.U.A. Casa Nazarena de Publicaciones. 1969).

Wilkins, Michael. *Comentarios Bíblicos con Aplicación: Mateo. Del Texto bíblico a una aplicación contemporánea.* (Nashville, TN. Editorial Vida. 2016).

Zacharías, Ravi y Kevin Johnson. *Jesús entre otros dioses: La verdad absoluta del mensaje cristiano: Edición para jóvenes.* (Betania sin ciudad editora y sin fecha de edición).

Eleazar Barajas
La Habra, California.

Printed in the United States
by Baker & Taylor Publisher Services